编委会

（第二版）

ZHONGHUA CHUANTONG WENHUA YU
DAXUESHENG LIYI XIUYANG

中华传统文化与大学生礼仪修养

宋艳春　吕明利　王浩元　主编

厦门大学出版社
XIAMEN UNIVERSITY PRESS
国家一级出版社
全国百佳图书出版单位

图书在版编目(CIP)数据

中华传统文化与大学生礼仪修养 / 宋艳春，吕明利，王浩元主编. -- 2 版. -- 厦门 ：厦门大学出版社，2023.12(2025.7 重印)

ISBN 978-7-5615-9133-8

Ⅰ. ①中… Ⅱ. ①宋… ②吕… ③王… Ⅲ. ①中华文化-关系-大学生-礼仪-研究 Ⅳ. ①K203②G645.5

中国版本图书馆CIP数据核字(2023)第193630号

责任编辑 章木良
美术编辑 李嘉彬
技术编辑 朱 楷

出版发行 厦门大学出版社
社 址 厦门市软件园二期望海路 39 号
邮政编码 361008
总 机 0592-2181111 0592-2181406(传真)
营销中心 0592-2184458 0592-2181365
网 址 http://www.xmupress.com
邮 箱 xmup@xmupress.com
印 刷 厦门金凯龙包装科技有限公司

开本 787 mm×1 092 mm 1/16
印张 12.25
字数 260 千字
版次 2020 年 8 月第 1 版 2023 年 12 月第 2 版
印次 2025 年 7 月第 3 次印刷
定价 42.00 元

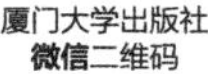

厦门大学出版社
微信二维码

厦门大学出版社
微博二维码

前　言

中华民族有着数千年灿烂辉煌的历史和文明，在这漫长的岁月里，古代先贤为我们留下了文学、艺术、哲学等领域的浩如烟海的巨大成就。然而自进入现代文明后，随着西方经济、文化的大力发展，不仅让中西方文明碰撞出了强烈的火花，也让更多追赶时尚、潮流的年轻人在不知不觉间更多地推崇西方文化，我们不能全盘否定西方文化中优秀的一面，但西方文化往往也伴随着消费主义、个人主义、金钱至上等不利于年轻人成长的一面。

中华传统文化中所包含的“淡泊名利”“仁义”“孝悌”等精神，都是年轻人思想弊病的最佳解药；传统文化为年轻人指明了人生的方向、人生的目标、人生的价值等，让逐渐在物质世界里迷失自我的年轻人可以走出误区，找到人生的真谛。

曾经很多年轻人觉得传统文化已然落后于时代，但今天看来，传统文化中的很多内容不但并不迂腐、落后，反而都极具有智慧和才华。重新认识传统文化，也就是重新认识过去的世界和如今的世界之间的联系。

传统文化是一个相当广泛的概念，不仅有大家熟知的儒学，更包含了法家、佛家、道家、兵家等各种传统思想中有价值的部分，以先秦经典、诸子百家学说为根基，涵盖了两汉经学、魏晋玄学、宋明理学和同时期的汉赋、六朝骈文、唐宋诗词、元曲与明清小说以及历代史学等一套特有而完整的文化、学术体系。学习传统文化，既可以陶冶性情，增进个人的修养与道德，更可以增长见识，了解做人、做事的原则。传统文化的学习会让更多的年轻人增强民族自豪感与认同感，知道自己从何而来，自己的使命是什么，如何与人、与社会、与世界相处。

本书主要选择了一些与个人修身、礼仪有关的传统文化内容，通过介绍、列举古代先贤的观点、做法，来告诉年轻人如何在现实生活中修养自己的身心，控制自己的行为，展现自己的礼仪，增进自己的德行见识。全书共分为六章，从叙述德行的重要性延伸到治学、交友时的礼仪和美德，比如诚信、公正、孝悌、谦让、淡泊等方面，既有理论论述又兼具历史典故，使读者在轻松的阅读中有所启发。

“修身、齐家、治国、平天下”，新的时代已经把重任交给了新时代的年轻人，实现中华民族伟大复兴的中国梦的基础，就是让我们的年轻人站在历史巨人的肩膀上眺望，从先贤的文化中汲取营养，让年轻人有共同的思想基础，让年轻人“修其心治其身，而后可以为政于天下”。

目 录

第一章

厚德载物·明礼知耻

天行健，君子以自强不息。地势坤，君子以厚德载物。

——《周易·象传》

天（即自然）的运动刚强劲健，相应于此，君子处世，应像天一样，力求自我进步，刚毅坚卓，发愤图强，永不停息；大地的气势厚实和顺，君子应增厚美德，容载万物。

第一节 人无德不立于世

1. 德为人之本

人无德不能立于世，德是所有生活、事业行为的根基。有多厚的德行，就能受到别人多大的尊重。守德，就要明辨是非，恪守原则，不义则不为。高尚的德行与情操，一直是中华民族所延续传承下来的美好品质，在中华儿女的血脉里澎湃流淌着，几千年不变，几千年不息。

如果父母无德，就不能教育好孩子；如果孩子无德，就不能孝敬父母；如果官员无德，就会鱼肉百姓；如果经商无德，就会欺骗顾客……总之，德是一个人的立身之本，也是社会稳定发展的基础之一。要以德立本，无本不立，唯有从德行上做到了是非分明，在行为上以德服人，一个领导才能深服众人，一个国家才能为他国所敬仰。

一个人的钱财、运气或美貌，都不是决定人生的关键，最关键的是一个人自身的德行。孔子的学说之所以能够流传至今而不朽，就是因为他崇尚德行礼仪，并且号召更多的人和他一样，追求道德的最高境界“仁”。如果一个人没有德行，其他的一切，比如财富、地位、智慧等都会变得毫无价值，甚至可以称为灾难的根源。

【国学故事】

以德传家

从前有一个富翁，年近半百好不容易才生了一个儿子。富翁对儿子娇生惯养，百依百顺，儿子想要什么就给他什么，想做什么不管对错都让他去做。时间久了，富翁的儿子变得非常任性，捉弄欺负家里的仆人，父母、老师的话也是从来不听。

儿子的老师对富翁说：“古人说‘爱子，则教之以义方’，孩子年龄不小了，要严厉起来。”富翁听了摇摇头，觉得自家孩子从小就没受过委屈，如果太严厉，怕孩子受不了，反正自家财大气粗，孩子将来就算学业无成也无所谓。随着富翁儿子渐渐长大，周围的人也都劝过富翁，让他要好好地教育自己的儿子，富翁反倒很不高兴，觉得自己家儿子什么都好。日子一长，便无人再劝，富翁的儿子也变得越来越骄纵。

富翁的儿子长大以后，成了远近闻名的浑不懔，时常辱骂他人，惹出官司，可他从不放在心上，因为他知道自己有一个有钱的爹，可以帮他摆平这些官司。富翁也一直对别人说：“我家儿子真有本事，从来不会让别人欺负到自己头上……”后来儿子交了一群狐朋狗友，每日饮酒作乐、欺辱良民，流连秦楼楚馆，打牌赌博。富翁此时觉得孩子再这样下去，非把家产都输进去不可，可是孩子已经长大了，管也管不住了。一次在大街上强抢民女，还把那民女的哥哥打死了，富翁慌忙打点，可是新来的县令是个刚正不阿的清官，早就听说这富翁的儿子作恶多端，遂将其判处死刑。

儿子被判死刑后，富翁后悔不已，终日抑郁，不久也撒手人寰。家中的财产也都落入了妻妾、本家手中。

富翁给了他的儿子一切，但是唯独没有给这个孩子德行；孩子什么都会，却唯独不会做人。德行是一个人立身的根本，就如建筑下面的基础一样，基础越牢固，建筑就越安稳。基础决定了建筑的高度，德行决定了人生未来可以到达的高度。

想要获得良好的德行，就要勤于修身立德。修身立德从来不是空洞的口号，也没有捷径，而是体现在一言一行、一举一动当中，广大青年要坚持“吾日三省吾身”，做到“见贤思齐”，在提高自我修养方面下一番苦功，才能进一步磨炼本领、砥砺品格，绽放人生的光芒。

【国学故事】

包仔王传说

厦门集美上塘村有一个村庄俗名“包仔王”，这里流传着诚心致富的动人故事。

清朝道光年间，有一个以弹棉为业的王氏小匠，从厦门城里买了一包棉花，带回家里才发现那包棉花里面居然藏有18条金条。王氏大为惊诧，但他对这金条却没有动心，而是苦恼没有找到失主，于是他暂时把金条小心翼翼地藏起来。

原来这包棉花是南洋华侨富翁朱凤行从南洋托运回国的，朱凤行担心回乡路途不安宁，为安全之计，特将金条裹在棉花包里先行托运回厦门商铺。不料商铺老板不知底细，误将裹金条的棉花包当作一般的商品卖给了王氏。朱凤行来厦后得知多年经营积蓄的一笔巨财就此全没了，犹如晴天霹雳，全家都失了魂。

朱凤行毕竟是商场老手，很快冷静下来，虽觉得渺茫无望，但仍抱有一丝希望。怀着死马当活马医的心情，朱凤行开始查找，一家一家，一户一户地大海捞针。但家里人也犯疑，即使找上了拾金者，对方不认账也是无可奈何，毕竟天下不爱财的人少之又少。

当朱凤行找到了王氏家里时，王氏十分高兴失主终于找上门，当场分文不差将金条奉还。此情此景让朱凤行大为感动，他将王氏视为救命恩人，当场巨金赠送王氏谢恩。朱凤行膝下无子，向王氏要了一个儿子为义子，并带到南洋从商，两家从此来往密切。王氏有了财富，开始建房盖屋产，管制田产，从此王氏家族兴旺，人口曾达1000多人。

王氏因为一包棉花，靠拾金不昧的精神，诚心起家发迹，于是就有了“包仔王”的美称。

（资料来源：《包仔王的故事》，台海网，2015年11月3日）

2. 浩然之气存于天

《孟子·公孙丑上》里有一则关于“浩然之气”的成语典故，孟子学生公孙丑问何为“浩然之气”？孟子回答：“其为气也，至大至刚，以直养而无害，则塞于天地之间。”意思是说：浩然之气，是天下最刚直不阿的；如果对于自身的浩然之气加以培养而不对其进行损害的话，则浩然之气就会充斥天地间。他所说的气便是极其伟大、极为刚强的，这种刚强之气须与义和道配合，缺乏道义，气就会萎靡不振。由此我们知道，孟子非常注重自己内心的道德修养且善于培养自己的“浩然之气”。

“浩然之气”有着极强的生命力，摧枯拉朽，刚猛异常，拥有无穷无尽的力量。例如，在国家生死存亡之时，无数仁人志士身上那种疾恶如仇、刚正不阿、为民族大义而奉献的气节，就是我们所说的“浩然正气”。

气是人人都有的，但“浩然之气”是思想意志经不断磨炼而形成的，是必须经过长期的道德修养，日积月累才形成的，而不是偶尔一次的正义行为便可以获得，所以说，并不是人人都能磨炼获得“浩然之气”。至今，它仍然是培养人的道德修养的一个高标准。

在生活中，人们唯有以正直之心去待人接物，并去除私心，才能无论身处何时何地，都俯仰无愧。在大是大非的问题上，应注意坚持正确的原则和立场，不要像墙头草一样随风摇摆，立场不坚，也不要明知错误还坚持到底、执迷不悟。

【国学故事】

南宋大臣文天祥

“人生自古谁无死，留取丹心照汗青。”这是南宋时期著名的政治家、文学家、爱国诗人文天祥留下的著名诗句。他本来是个文官，为了抗元，义无反顾地走上了战场。

当时，元朝派出了大军，要一举消灭南宋政权，文天祥听到消息，拿出自己的全部家产，招募三万壮士组成义军，抗元卫宋。有人对文天祥说：“元军人多马壮，你的部队才三万人，要怎么抵挡？”文天祥回答说：“国家已经到了生死存亡之际，我的力量虽然单薄，也要为国尽忠！”

后来，南宋统治者投降了元军，但文天祥仍然坚持抗战。他说：“救国如救父母。父母有病，孩子还是要全力抢救！”不久，文天祥的部队还是没能抵抗住元军的铁蹄，但他坚决不肯投降，还写下了“人生自古谁无死，留取丹心照汗青”这样有气节的诗句，表明自己至死不变的决心。他拒绝了忽必烈的多次劝降，终于实现了舍生取义的伟大理想，慷慨就义。文天祥刚毅不屈的精神，代代相传，是我们中华民族宝贵的精神财富。

在危难之时，有文天祥的“人生自古谁无死，留取丹心照汗青”，有杨继盛的“浩气还太虚，丹心照千古。生平未报国，留作忠魂补”，有陆游的“一身报国有万死，双鬓向人无再青”，有吉鸿昌的“恨不抗日死，留作今日羞。国破尚如此，我何惜此头”，有海瑞的“三生不改冰雪霜，万死常留社稷身”，有李梦阳的“人生富贵岂有极？男儿要在能死国”，还有秋瑾的“拼将十万头颅血，须把乾坤力挽回”。他们都是我们中华民族在各个时代的英雄与精英人物，挽救我们民族于最危急的关头，使浩气荡涤长存。只有我们新时代的大学生将这浩然之气永久传承，我们的国家、我们的社会才会有希望。

习近平总书记在发表2023年新年贺词时提道：“明天的中国，希望寄予青年。青年兴则国家兴，中国发展要靠广大青年挺膺担当。年轻充满朝气，青春孕育希望。广大青年要厚植家国情怀、涵养进取品格，以奋斗姿态激扬青春，不负时代，不负华年。”2022年，他在中国人民大学考察时也强调：“希望广大青年用脚步丈量祖国大地，用眼睛发现中国精神，用耳朵倾听人民呼声，用内心感应时代脉搏，把对祖国血浓于水、与人民同呼吸共命运的情感贯穿学业全过程、融汇在事业追求中。”当代大学生要做到德才兼备、情理兼修，怀着对祖国、对人民的热爱，才能成就事业，成就人生。

第二节　有德乃有才

1. 惟贤惟德，方有大作为

《论语·述而》中说，子曰："君子坦荡荡，小人长戚戚。"实际上也是告诉我们，德才兼备的人才能被称为君子，而有才无德的人会被称为小人。

【国学故事】

谦虚的稻穗

有一位学者收了一个小徒弟，这个小徒弟为人聪慧，做事机敏，唯一不足的就是喜欢夸耀，学习有一点成就，就要在其他人面前显摆。

一次，这位学者又听见这个小徒弟在吹嘘，便将他带到一片快要收割的稻田，指着稻田问小徒弟："你看这片稻田长了如此多的稻穗，你觉得哪个稻穗是饱满的？哪个稻穗是瘪的呢？"小徒弟摇摇头，说："徒弟不知道，这些稻穗看起来长得都一样呀。"

学者对小徒弟说："我知道。"看到小徒弟怀疑的眼神后，学者继续说："你看这些稻穗，有的沉甸甸地弯腰垂着，风吹起来晃动的幅度也很小；有的呢，却高高地昂着头，风一吹就左右摇晃。"小徒弟看着稻田点点头，学者又继续说道："其实人和这稻穗是一样的。有的人沉默无言，从来不炫耀自己，并不是他们没有值得炫耀的，而是他们内心是充实的。他们觉得自己的那些东西还根本不值得去炫耀。而有的人就不一样了，觉得取得了一点点的成就就很了不起了，兴奋得跳来晃去，到处炫耀，其实这正显示出了他们学的还远远不够。"

小徒弟这才明白，老师是想用稻穗来告诉自己，真正有学问、有才华的人就像这饱满的稻穗一样，从不喧哗炫耀，而是垂向大地，踏实肯干。

朱光潜在《谈修养·谈学问》中说道："各级学校大半把教育缩为知识传授，而知识传授的途径就只有读书，教员只是'教书人'。这种错误的观念如果不改正，教育和学问恐怕就没有走上正轨的希望。"现在一些所谓的"知识分子"的毛病在于只看到知识的狭义上的"实用"，尤其是功利主义的"实用"，比如取得一点知识，混得一种资格，谋求一个职位，解决饭碗的问题，甚至将知识看作一种获得巨大利益的自私工具。所以大学里"出路"最广的金融、计算机等专业常常爆满，而哲学、数学等专业却"门庭冷落车马稀"。

这种"学习功利化"的错误观念须及早纠正。知识改变不了命运，修养才能改变命运，有知识没有道德，只会对社会贻害无穷，有了知识还有修养，才能为社会做出贡献。一个人到了只顾赚钱，而对真善美毫无兴趣的地步，就只能算是“行尸走肉”；一个民族到了只顾体肤需要而不珍视精神生活的价值时，也就必定逐渐没落了。

【国学故事】

有才无德的丁谓

丁谓在宋真宗时期历任参知政事（副相）、枢密使和同中书门下平章事（正相），前后共在相位七年。此人有才却无德，最终被贬黜而死。

丁谓在复审案件时，与一般官吏长久难以决断不同，他一看案情，一言判决，众人都释然而悟；听凭满座宾客各自陈述，他从容应接，随口解答，条分缕析，统摄满座，没人能超出其意。

丁谓的文才也不错，著有《景德会计录》《建安茶录》《刀笔集》《青衿集》《晋公集》《晋公谈录》《丁晋公词》等十多种。

丁谓办事的才智更是为人称颂。传说宋真宗在位时，皇宫曾起火。一夜之间，大片的宫室楼台殿宇亭榭变成了废墟。为了修复这些宫殿，宋真宗派当时的晋国公丁谓主持修缮工程。当时，要完成这项重大的建筑工程，面临着三个大问题：第一，需要把大量的废墟垃圾清理掉；第二，要运来大批木材和石材；第三，要运来大量新土。不论是运走垃圾还是运来建筑材料和新土，都涉及大量运输的问题。如果安排不当，施工现场会杂乱无章，正常的交通和生活秩序都会受到严重影响。丁谓研究了工程之后，制订了这样的施工方案：首先，从施工现场向外挖了若干条大深沟，把挖出来的土作为施工需要的新土备用，于是就解决了新土的问题。其次，从城外把汴水引入所挖的大沟中，于是就可以利用木排及船只运送木材、石料，解决了木材、石料的运输问题。最后，等到材料运输任务完成后，再把沟中的水排掉，把工地上的垃圾填入沟内，使沟重新变为平地。这个方案不仅节约经费和时间，并且工地的秩序井然，使城内的交通和生活不受施工的太大影响，是最科学的施工方案。实施后的效果也有力地证明了这一点。

但如此有才能的丁谓却是一个有才无德的典型。做事“多希合上旨”，被“天下目为奸邪”。做人无骨，喜欢阿谀奉承。他与王钦若、林特、陈彭年、刘承规都以奸邪险伪著名，人称“五鬼”。宋真宗赵恒十分迷信，丁谓极力迎合，以神仙之事启迪皇帝，还撺掇皇帝举行泰山封禅，劳民伤财，耗费大量财力物力。

丁谓极擅长溜须拍马，而“溜须”一词，据说正是源于他。据史料记载，丁谓初入仕途时就伙同王钦若大肆建造道观，屡屡上奏天降祥瑞，以迎合皇帝的心意，不久他便因此升任参知政事。当时的正相是寇准，丁谓对其毕恭毕敬，言听计从。某日，朝臣们在一起商政议事，事后一起用饭，汤水挂在了寇准的胡须上，丁谓起身为寇准揩拂，即“溜其须”，寇准笑曰：“参政，国之大臣，乃为长官拂须耶？”说得丁谓既羞又恼，从此对寇准怀恨在心。

于是，丁谓罗织罪名极力排挤寇准，而后寇准被罢相贬官。但最后，丁谓也被罢相，贬到崖州（今海南省三亚市）司户参军，四个儿子也全被降黜。

2. 有才无德，行而不远

德，是每一个人安身立命之本。孔子创立的儒学，其核心也就是一个德字。德，就是一种规范，一种不违天理不违人伦的行为标准。

大学生将来都要走上职业岗位，从工作的本身而言，工作的报酬固然包括金钱，但更珍贵的是经验的积累和品格的建立，没有端正的态度，即便才能再高、潜力再大，也很难出色地完成任务。一个有道德的员工，必定受人尊重，而且恪守职责、自尊自强，这样的员工才是企业需要的人才，才可以有更大的空间实现自己的人生价值。这样的人无论在哪个地方，都会闪耀出自己的光芒。尚德不尚力，重视品德超过重视才能，这是中国传统的招贤纳士的标准，也是选拔人才的标尺。

子曰："骥不称其力，称其德也。"（《论语·宪问》）意思就是说，一匹千里马，我们不称赞它的力气，而是要称赞它的品德。尚德不尚力，重视品德超过重视才能，这是中国传统的招贤纳士的标准，也是选拔人才的标尺。

【国学故事】

智氏的灭亡

春秋的时候，晋国卿士智申要选一位才华出众的继承人，其实他内心早就已经选定好了，那就是智瑶。但是智氏的族人智果表示反对，智果说："智瑶不如智宵！"智申反驳道："智宵面相太凶狠。"智果解释说："智宵只是表面凶狠，而智瑶则是内心凶狠。"智申又说："智瑶须髯飘逸，身材威猛，善骑射，能驾车，才艺出众，智能超群，能言善辩，坚强果断，这些别人都比不了。"智果则说："但是他唯独没有仁德之心。施政者当有仁爱之心，德行出众，如果只有才能而没有仁德，是没有人会拥护他的。如果智瑶是我智氏的继承人，则智氏一族定会有灭门之灾。"最终，智申还是没有听智果的劝告，坚持立智瑶为继承人。于是智果带领自己的家人到了晋国，改智氏为辅氏，表示脱离智氏。

果然，智瑶成为智氏的领袖后，骄傲自满，凭借自己的势力屡次凌辱其他家族的领袖，惹得天怒人怨。最后，因为他贪图土地，发动晋阳之战，又狂傲自大不听劝谏，最终被韩、赵、魏三家联手打败，智瑶被杀，智氏一族灭亡，只有智果那一支活了下来。

一个人的一生能走多远，一个人能够得到多少的尊重和认可，取决于一个人具有什么程度的德行。所有人都想"得"，但是"得"并不是因为他人给了你多少，而是靠自己的"德"来决定。有德行的人，充分发挥自己的聪明才智，才能在社会中获得巨大的成就，与他人和谐相处。修炼“德”就是获取“得”。有德者才能获得真正的成功。

【国学故事】

高风亮节的蔡复一

在曾厝垵文化村里的金门大厦有座古宅，这座古宅建于清道光二年（1822），占地面积1188平方米，至今已有200多年的历史。在这座祖祠里，曾有一位令家族和百姓敬仰的官员蔡复一。蔡复一被称为“学博才高，下笔千言，兼工四六”，据史料记载，他生于明万历四年（1576），是当时泉州府同安县金门人，自幼聪颖过人，12岁便写出了洋洋万余言的《范蠡传》，18岁中举人，19岁考进士，是厦门科举史上最年轻的进士之一，历任刑部主事、员外郎、湖广参政、山西左布政、右副督御史、兵部侍郎。

他一生正直，为官清廉，心系百姓，想百姓所想，为百姓安居出谋策划，深受百姓爱戴。有一次他在地方当官时，宰相的侄子在当地犯了法，蔡复一不惧宰相的权威，依法处置了宰相的侄子。

蔡复一一生始终秉持“报国以忠心，担国事以实心，持国论以平心”的宗旨，怀揣着一颗炙热的爱国之心。明天启二年（1622），作为兵部右侍郎的蔡复一奉朝廷之命，经过七次大战，歼灭敌军近万人。其间，即使守卫另一战线的官员临阵脱逃，给蔡复一造成腹背受敌的被动局面，也没有改变他坚持作战的决心。最终，他因积劳成疾，49岁就病逝于军中。

蔡复一去世后，当时的皇帝表彰其为兵部尚书，赐葬，谥号清复。在同安历史上，他的官职仅次于苏颂。一直以来，蔡复一因其高风亮节被两岸民众广为崇拜。

（资料来源：《蔡复一：孝顺亲长、廉洁正直代代传》，百度贴吧，2016年10月8日）

第三节　礼义廉耻　国之四维

中华民族自古以来就有着崇德、尚德的传统。《管子·牧民》中写道："国有四维，一维绝则倾，二维绝则危，三维绝则覆，四维绝则灭。"古人认为，如果失去了礼、义、廉、耻这"四维"，国家必将覆灭。到战国时期，孟子提出了仁、义、礼、智的"四端"之说。西汉董仲舒又提出了"五常之说"，仁义礼智信这五种品德成了当时普遍认同的道德标准。到宋朝时，人们愈加认识到了道德的重要作用，宋代理学家朱熹总结的"朱子八德"就是"孝悌忠信，礼义廉耻"，也被称作"八行"或"八端"，这也成为儒家精神所推崇的为人基本道德。儒家思想认为，在"八德"之中，孝是根，悌是本，忠、信、礼、义、廉、耻则是枝叶花果。

"孝悌忠信，礼义廉耻"被奉为传统美德的精髓，不仅指导着人们立身行道、进德修业，而且在中国古代的传统政治中发挥了重要作用。

【国学故事】

得民心者得天下

乐喜，字子罕，春秋时期宋国人，出身贵族，公元前564年开始执掌国政。有一次，楚国想攻打宋国，先派了一名使节到宋国探查情报。子罕在自己的家里接待了这位楚国来的使节，这使节见他家的南墙弯弯曲曲，西边邻居家里淌出的水竟然从他家的门口流过，觉得非常不能理解。子罕却习以为常地解释说："邻居家是三代生产皮革的工人，如果我想把他家逼走确实很简单，但是这样的话宋国的人买鞋买皮革就会非常不方便，他家也会失去生活的来源。西边的地势本来也高出许多，禁止水向东流，情理上也实在说不过去。"

子罕的一番话让楚国的使节大为钦佩，回到楚国之后便向楚王进谏："不可攻打宋国。宋国君臣都很得人心，仁相子罕明理亲民，如果攻打宋国会无功而返。"大圣人孔子听说这件事后不无感叹道："在朝廷上修养自己的品德，就能让千里之外的敌人不敢进攻，说的就是子罕这样的人吧。"

由于子罕的德行高洁，虽然宋国只是一个小国，却在南有楚国，北有晋国，东有齐国这三个大国的环绕下，没有一个国家敢轻易对宋国发动战争。

2019年，习近平总书记在纪念五四运动100周年大会上的讲话，对青年提出了希望："新时代中国青年要听党话、跟党走，胸怀忧国忧民之心、爱国爱民之情，不断奉献祖国、奉献人民，以一生的真情投入、一辈子的顽强奋斗来体现爱国主义情怀，让爱国主义的伟大旗帜始终在心中高高飘扬！"孙中山先生也说过，做人最大的事情，就是要知道怎样爱国。爱国，是人世间最深层、最持久的情感，是一个人立德之源、立功之本。作为中华儿女，我们要了解中华民族历史，秉承中华文化基因，有民族自豪感和文化自信心。要时时想到国家，处处想到人民，做到“利于国者爱之，害于国者恶之”。爱国，不能停留在口号上，而是要把自己的理想同祖国的前途、把自己的人生同民族的命运紧密联系在一起，扎根人民，奉献国家。

当代大学生将来会走向各种各样的工作岗位，在各个岗位的工作中，要坚定不移听党话、跟党走，把祖国的利益放在个人利益之上，将自己的个人命运同国家命运紧紧地联系在一起，脚踏实地，敢担当、能吃苦、肯奋斗。只有这样，我们的祖国才能实现和平稳定向前发展，中华民族伟大复兴的中国梦才能实现。

第二章

君子养心·克己复礼

子曰："克己复礼为仁。一日克己复礼，天下归仁焉。为仁由己，而由人乎哉？"颜渊曰："请问其目。"子曰："非礼勿视，非礼勿听，非礼勿言，非礼勿动。"颜渊曰："回虽不敏，请事斯语矣。"

——《论语·颜渊》

有一次孔子的弟子颜回请教如何才能达到仁的境界，孔子回答说："努力约束自己，使自己的行为符合礼的要求。如果能够真正做到这一点，就可以达到理想的境界了，这是要靠自己去努力的。"颜回又问："那么具体应当如何去做呢？"孔子答道："不符合礼的事，就不要去看、不要去听、不要去说、不要去做。"颜回听后向孔子说："我虽然不够聪明，但决心按照先生的话去做。"

第一节　温和恭谦，惟宽惟厚

1. 有才不骄，得志不傲

提到温和恭谦，人们都会很自然地想到古时候的君子。那提到君子，我们又会想起什么呢？“君子谦谦，温和有礼，有才而不骄，得志而不傲，居于谷而不卑。”性格温和懂礼仪，有才华却不骄傲，实现志向但不傲慢，处于低谷也不自卑。君子是我们要追求的一种品格，君子也是人生中一种需要持之以恒的修行。

君子的温和体现在这几个方面：拥有关心他人的态度，谦和的言语和行动，温和的面容，平易近人，不摆架子，不固执，不傲慢，入乡随俗，为人端正，对长辈恭敬，对他人尊重，言行举止皆有礼有节，不对富贵者弯腰，不对贫苦者刻薄。这既是做人的修养，也是家庭的教养。

君子说话时要委婉，留有余地，不把话说尽、说死，照顾别人的感受，做事时也要不失礼、不过激，委婉含蓄地表达自己的意见和建议，展现平和的气质、豁达的心胸，表里如一，实实在在，对人宽容友爱。这些都符合儒家“仁”的要求、“恕”的精髓。

【国学故事】

孔融让梨

孔融（153—208），字文举，鲁国曲阜（今山东曲阜）人。东汉末年文学家，“建安七子”之一，家学渊源，为孔子的二十世孙、太山都尉孔宙之子。他的文学创作深受魏文帝曹丕的推崇和喜爱。据史书记载，孔融幼年时聪颖好学，能背诵很多诗词歌赋，与自己的兄弟互助友爱，非常注重礼节。

在孔融四岁的时候，有一天孔融和兄弟们一起吃一盘梨子，孔融把大的梨子分给了自己的哥哥和弟弟，把最小的梨给了自己。父亲笑着问他为什么要这样做。孔融奶声奶气地回答：“树有高的和低的，人有大的和小的，我年纪小，理应把大的梨给哥哥们吃。”父亲听到孔融这样回答十分惊喜，便又问他：“那弟弟也比你小啊。”孔融说：“弟弟比我小，我应该照顾弟弟，让着弟弟，所以我把大的梨给了弟弟。”

孔融小小年纪就懂得了兄弟姐妹之间要互相礼让、互相照顾，不仅让全家人都感到意外惊喜，而且这件事很快就传遍了街坊邻居，还流传到了今天，成为很多父母教育子女要谦恭礼让的范例。

北宋林逋《省心录》中说道：“强辩者饰非，谦恭者无争。”意思就是强词夺理的人总是在掩饰自己的过错，谦虚、温和、恭谨的人很难与人起争执。满而不溢，泰而不骄，即使自己才华斐然、成绩出众，也需要保持一颗谦恭的心，不能自视甚高、骄傲自满。

西汉戴德《大戴礼记·哀公问五义》中说："闻志广博而色不伐，思虑明达而辞不争。"即使见多识广也没有骄傲自夸的神色，思想明确考虑透彻却没有争强好胜的言辞，这就是君子修身的礼仪要求和礼仪规范。

子曰："参乎！吾道一以贯之。"曾子曰："唯。"子出。门人问曰："何谓也？"曾子曰："夫子之道，忠恕而已矣。"《论语·里仁》里的这段记载，实际上是孔子一生都在坚持的事情，就是"忠恕"，这也是孔子所倡导"仁"的两个层面。孔子说："夫仁者，己欲立而立人，己欲达而达人。能近取譬，可谓仁之方也已。"孔子认为有仁之人，自己要成就，而且要使别人成就，自己要显达，而且要使别人显达，能设身处地，推己及人，这说的就是"忠"。有一次子贡问孔子："有一言而可以终身行之者乎？"孔子回答说："其恕乎！己所不欲，勿施于人。"孔子又强调了"恕"是可以毕生去实践和努力的道德品质，其中"恕"的内涵就是自己不喜欢的，不要强加给对方，方法在于推己及人。朱熹对此也解释说"尽己之谓忠，推己之谓恕"，不违背自己坚持的本心就是忠，能把自己的心推及他人就是恕。有忠恕之心，就能将心比心，推己及人，温和恭谦。

【国学故事】

六尺巷的由来

清朝康熙年间，张英担任文华殿大学士兼礼部尚书。他在老家桐城的官邸与一吴姓人家为邻，两家院落之间有条巷子，供双方出入使用。后来吴家要建新房，想占这条路，张家人不同意。双方争执不下，将官司打到当地县衙。县官考虑到两家人都是名门望族，所以不敢轻易了断。

这时，张家人一气之下写封加急信送给张英，要求他出面解决。张英看了信后，认为应该谦让邻里，他在给家里的回信中写了四句话："千里来书只为墙，让他三尺又何妨？万里长城今犹在，不见当年秦始皇。"家人阅罢，明白其中含义，主动让出三尺空地。吴家见状，深受感动，也主动让出三尺房基地，"六尺巷"由此得名。张英用三尺的宅基地换来了邻里的和睦与流芳百世的美名。

（资料来源：《清朝张英六尺巷的故事简介》，翻百科，2022年4月17日）

"满招损，谦受益"，最早见于《尚书·大禹谟》。意思是说骄傲自满会导致损失，谦虚谨慎会让人受益良多。自古以来，我们这个国家就是以谦虚为美德，谦虚也是传统文化智慧里最惠泽后人的一句处世箴言。"虚心竹有低头叶，傲骨梅无仰面花。”“君子胜人不以力，有化存焉。化者，诚服之也。故曰：满招损，谦受益。”在这些经典的教化下，一代又一代人戒骄戒躁，养成谦虚谨慎的好修养。

【国学故事】

郭子仪谦虚问道

郭子仪，唐代著名的政治家、军事家，官至宰相。有一天他就佛家怎么解释“傲慢”一词去请教禅师。但是，禅师并不理会他是赫赫有名的郭子仪，当他话音刚落，禅师就怒发冲冠，斥道：“你这个呆头说什么胡话？”

周围的人吓了一跳，都不知道老禅师葫芦里卖的是什么药。此刻的郭子仪，也是被弄得一头雾水，为禅师的无礼而愤怒。不过眨眼之间，禅师像是川剧变脸一般，脸色恢复了往常的平和安宁，笑着对郭子仪说：“这就是傲慢。”

郭子仪对禅师的解释会心一笑，怒气也瞬间全消了。他向禅师深深地鞠了一个躬，真心诚意地对禅师说：“您的解释真的太好了！那么什么是谦虚呢？”禅师也深深地向郭子仪鞠了一躬，很真诚地说：“多谢您的夸奖，我只是用了另一种方法来解释而已！”而后禅师站直身子说：“这就是谦虚。”郭子仪被禅师的睿智和幽默深深地折服。

（资料来源：《傲慢、天堂与地狱》，大西北，2014年2月7日）

傲慢无礼会让其他人愤怒、恼火、嫉恨，损失和灾祸也就会纷至沓来；而谦恭谨慎、温和有礼，则会赢得其他人的好感与尊重，机会与成功就会接踵而至。

做人要有谦虚的品格和胸怀，才能在成长的过程中不断蜕变。谦虚可以催人奋进，使人向上自律，成为一个有自知之明、虚心求教的人，这样的人才能用平等的心对待他人，用好学的心不断进步。只有勤勉好学、埋头苦干，才能高其品、养其德，历史上有太多太多功成名就的伟人，他们无一不具备谦虚谨慎的性格和美德。

【国学故事】

让与不让

晋文公逃亡的时候，忠心耿耿的赵衰跟随左右，深受晋文公的赏识和信任。晋文公回到晋国以后，嘉奖当时跟随他逃亡的大臣，众大夫都互相邀功争抢，唯有赵衰礼让不争。后来，晋楚之间发生城濮之战，战前晋文公让赵衰为卿，赵衰辞谢，让给年轻而有才的栾枝、先轸。卿士狐毛去世之后，晋文公第三次要任命赵衰为卿，他又让给了先且居。最后晋文公为了表彰他的功绩，特意扩充三军，赵衰才接受卿位。他这种礼让不争的风格，使得晋国很多年轻有为的人才迅速出现，为晋文公建立一代霸业打下了坚实的基础。

此外，赵衰的辞让不争让他在晋国很得民心，受过其礼让的家族都对他感恩戴德。因此在他去世以后，他的儿子赵盾得到了众人的支持，很快就成为晋国的执政大臣，他的家族也繁荣兴旺起来。

可惜，赵衰的辞让没有传给自己的儿子。赵盾当政期间作风十分强硬，专制朝政，虽然家族的势力在他的时候达到顶峰，却被很多人不满。赵盾死后，赵家的赵同、赵括也都专政跋扈，甚至和比自己地位高的卿士争权夺利，结果遭到了栾氏、郤氏等众大夫的厌恶。在晋景公时，爆发了著名的“下宫之乱”，赵同、赵括等全部被杀，赵氏只剩下一个幼小的孤儿，就是历史上著名的“赵氏孤儿”。

（资料来源：《〈春秋〉：礼让是一种洒脱的境界》，360doc个人图书馆，2017年10月8日）

晏子说：“分争者不胜其祸，辞让者不失其福。”（《晏子春秋》）赵氏家族的兴衰也恰好证明了这一点，越是不争，天下就越没有能和你相争的；越是争强好胜，争勇斗狠，祸患反倒比平时迅捷而至。所以，真正有智慧的人都是固穷守下，用不争的手段、谦虚的态度来获得其他人的认可和追随。

【国学故事】

悲惨的戚夫人

汉高祖刘邦的原配吕氏皇后，在刘邦去世之后，对之前颇受宠幸的戚夫人展开疯狂残酷的报复。在汉高祖生前，戚夫人为了让自己的儿子将来能当上皇帝，争权夺利，极力推自己的儿子坐上太子的位置而不得。刘邦逝世后，戚夫人却被剁去四肢、熏瞎眼睛、熏聋耳朵做成了人彘，他的儿子赵王如意也被吕后毒死。相反，另一个夫人薄氏就从来不争，一直默默无闻，所以吕后当权后也没有打击报复她。平定了吕氏之乱后，朝中大夫们也因薄氏母子从不争宠、德行优秀，便迎立薄氏的儿子为帝，这就是汉文帝，从此开启了汉朝的“文景之治”。

（资料来源：《薄姬与戚夫人同是刘邦的妃子，两种截然不同的结局》，网易，2017年8月6日）

老子说：“上善若水，水善利万物而不争。处众人所恶，故几于道。……夫唯不争，故无尤。”（《道德经》）意思是：水是天下最善良的事物，水哺育万物，滋润万物，却从来不与万物相争夺。它总是流向低矮处，处于卑下的地方，水这种低下的选择，使它能积蓄甚广，然而天下却没有什么是可以与水相争的。最善、最有智慧的人就应该像这水一样，也许居处于不起眼的地方，但心胸宽广，待人真诚，友爱无私，贡献他人，却从不与他人争权夺利。人生在世，多付出、多贡献，少私利、少争夺，这样其他人才会认可你、感激你，你的学习也好，事业也好，才会得到他人的帮助。

上善若水，是和平不争的美德。在国际关系中，中国坚持走中国式现代化和平发展道路，始终高举和平、发展、合作、共赢的旗帜，呼吁世界各国弘扬和平、发展、公平、正义、民主、自由的全人类共同价值，为促进世界和平发展做出巨大贡献。可以说，君子的品格是中国人的理想品格，是中华文明道德精髓的集中体现。

2. 心胸宽厚，不争而争

在中华传统文化中，有很多成语和句子来形容“宽厚”，如“有容乃大”“不念旧恶”“既往不咎”“宰相肚里能撑船”等。一个道德高尚的人，是心胸宽广、博大无私的，看待任何的人和事都以追求真理为出发点，而不是以个人荣辱得失的主观意识为出发点，更不会结党营私、组成小团体、徇私护短，对待任何事任何人都不会有事先的成见，而是海纳百川，兼容并蓄。我们要学会去宽容他人的缺点弱点，发现他人的优点长处，不要以偏概全，不要因为他人的一小点失误错处就否定一个人。这就是君子的胸襟与气度。

李斯在《谏逐客书》中有句名言：“泰山不让土壤，故能成其大；河海不择细流，故能就其深。”一个人心胸有多宽广，就决定了他能取得多大的成就。心胸广博，虚怀若谷，别人才愿意去信任他，愿意与他共事；兼收并蓄，博采众长，才能包容各种人才，有各种人才的共同努力，才能不断推动人生向更高处更广处发展。

【国学故事】

曹操与张绣

张绣，东汉末年割据宛城的军阀，汉末群雄之一。在曹操征伐宛城的时候，张绣降而复反，曹操的长子曹昂、侄子曹安民、爱将典韦都死于混战。后来，曹操和袁绍对峙官渡，张绣准备投降袁绍，贾诩却劝他投降曹操，说曹操志在天下，定不会因旧日恩怨而报复于他。果然，曹操不仅没有报复张绣，还亲自迎接，执手言欢，并让自己的儿子娶了张绣的女儿，与他结为姻亲。曹操这样做既消除了自己的后患，又得到了张绣的支持，所以才能专心于官渡战场，并取得胜利。曹操是一代枭雄，心胸广博，不因旧日恩怨而计较，反而兼收并蓄，广纳天下英才，成就了一方霸业。

（资料来源：《曹操的儿子被张绣所害，贾诩一句话，二人直接成了儿女亲家》，网易，2023年1月26日）

只有心胸宽广无私的人，才能容纳比自己更有才华、更有能力的人，也只有这样，才能做大事、建大业。汉高祖刘邦之所以能够成功，就是因为他知人善任：萧何在政治上颇有建树，他就把后方交给萧何管理；张良足智多谋，他便对张良完全放心，言听计从；韩信在军事上举世无双，他就任用韩信为大将军。正是这些人的共同努力，才有了汉朝最终一统天下的胜利。

【国学故事】

唐太宗与直言进谏的魏征

唐太宗李世民和谏臣魏征的故事大家都耳熟能详，但事实上，魏征曾是李建成的部下，而且魏征曾多次建议李建成除掉李世民。玄武门之变后，将士们将魏征押到李世民的面前。李世民了解魏征的才华，不仅没有报复，反而对魏征十分尊重，称赞他的才能。后来，魏征多次直言进谏，有时很让李世民下不来台，但发怒之后，李世民总能平静思考，采纳魏征的建议和意见，这对之后“贞观之治”盛世局面的形成至关重要。

（资料来源：《唐太宗与魏征：一段贤君良臣的佳话》，12历史网，2018年5月19日）

心胸宽广的人，能够豁达地面对他人犯下的错误，还能豁达地面对失败和挫折，在困境中保持源源不断的乐观向上的精神，带领他人改变现状，突破困难。生活中有太多烦恼，其实就是自己的心胸还不够宽广造成的。平时，对人多一点宽容，多为他人想想，你会发现生活中百分之九十的烦恼和抱怨会消弭于无形。

第二节 日省其身，慎独节俭

1. 自省是进步的开始

曾子曰：“吾日三省吾身：为人谋而不忠乎？与朋友交而不信乎？传不习乎？”（《论语·学而》）这段话的意思是说：“我每天好几次这样省察自己：为别人办事，有没有尽心尽力？与朋友来往，有没有信守承诺？老师教我做人做事，我真正去实践了吗？”

《淮南子·主术训》讲道：“圣人之于善也，无小而不举；其于过也，无微而不改。”意思是说：圣人对于善的事情，无论多小也要提倡；对于自己犯的过失，再小也要及时地改正。在物欲横流的世界，新旧道德的激烈交锋始终没有停止，甚至出现了道德“空白”之地，导致社会道德出现了一定程度的混乱与无序，比如个人至上主义、享乐主义、消费主义等。如何在这样的浪潮和时代中保持自我本色？自省就成为其中一个最重要的方法。曾子的三省吾身理论，就是要求我们不断地反省自己的言行举止，见微知著，防微杜渐，修正自己身上不好的地方，提高自身的道德水准。

【国学故事】

大禹自省

我们都知道大禹治水的故事，大禹是人们对禹的尊称，他与尧、舜并称古代三大最杰出的帝王。在当时，洪水时常泛滥成灾，给百姓造成了巨大的灾难和损失。大禹在舜的时期受命治水，三过家门而不入，最终解决了水患，造福百姓。舜见大禹治水有功，深受百姓的爱戴，便将部落首领的位置禅让给了大禹。

有一次，大禹乘车出行，到领地巡视，刚巧这时候有一个罪犯被押着从他车前经过。大禹吩咐把车停下，问押送罪犯的人：“这个人犯了什么罪？”押送的人回答说：“他偷别人家的稻谷时被抓住了，我们把他送去治罪。”大禹听完后便走下车，来到罪犯的身边，问道：“你为什么要偷别人家的稻谷呢？”罪犯不敢说话，吓得低着头不吭声。大禹见他不说话，便尽力地规劝他，说着说着眼泪都流了下来。

大禹身边的人见了，十分不解。有一个便问道：“这人偷别人的东西，就应该送去受罚，大王为什么却痛哭不止？”大禹擦了擦眼泪说：“我不是为了一个人而流泪，而是怨自己。尧和舜做领袖的时候，用‘德’来教化百姓、引导百姓，老百姓才能安居乐业，从来没有人有盗窃、杀戮这些不好的德行。可如今我做了领袖，老百姓里却有人开始偷盗抢劫，做出这种事情来。虽然犯罪的人不是我自己，但是这是由于我没有尽到自己的责任而导致的，这就是我伤心的理由。”说完，大禹当即命人在一块龟板上刻下“百姓有罪，在于一人”八个字，然后将那罪犯放走了。

（资料来源：《大禹哭囚为自省》，360doc个人图书馆，2017年5月23日）

荀子在《劝学》篇中说道：“故木受绳则直，金就砺则利，君子博学而日参省乎己，则知明而行无过矣。”木材经过墨线比量才会变得笔直，金属的刀剑用磨刀石磨过才会变得锋利，君子博览全书，认真好学，并且每天检验反省自己，那么他就会智慧明理并且做到行为不出差错。在每天的学习生活中不停地对照和反省自己的小的不足，实际上就是从微小的地方开始防止将来出现更大的祸乱。

老子在《道德经》中说道：“其安易持，其未兆易谋；其脆易泮，其微易散。为之于未有，治之于未乱。合抱之木，生于毫末；九层之台，起于累土；千里之行，始于足下。为者败之，执者失之。是以圣人无为故无败，无执故无失。民之从事，常于几成而败之。慎终如始，则无败事。”局面在安定的时候是容易保持和维护的，事变没有出现迹象时容易图谋；事物脆弱时容易消解，事物细微时容易失散。做事情要在它发生以前就处理妥当；治国理政，要在祸乱产生之前就早做准备。参天的大树，生长于嫩嫩的绿芽；九层的高台，是用一堆泥土筑成的；千里远行，是一步一步走出来的。尽量避免有所作为中的失败，尽量避免有所执着中的损害。要像圣人那样防患于未然，把困难和失败想在事情未开始之前。很多人做事情，总是在快要成功的时候失败。倘若在快结束时也像开始时那样谨慎，就没有办不成的。老子的这番话就是在告诫我们，不管是做人还是做事，都要从始至终地谨慎小心，要时常反省哪里有错误，要记住“千丈之堤，以蝼蚁之穴溃；百尺之室，以突隙之烟焚”。

【国学故事】

扁鹊见蔡桓公

扁鹊觐见蔡桓公，在蔡桓公面前站了一会儿，便对蔡桓公说：“您在肌肤纹理间有些小病，不医治的话，病情恐怕会加重。”蔡桓公说：“我没有病。”扁鹊只好摇摇头恭敬地离开。蔡桓公对着周围的大臣笑着说：“这些当医生的，就喜欢给没病的人治‘病’，这样才显得他们医术高超。”蔡桓公身边的大臣也都大笑着附和蔡桓公。

过了十天，扁鹊再次觐见蔡桓公，说：“您的病已经在肌肉里，如果不及时医治将会更加严重。”蔡桓公对扁鹊说的话不理不睬。扁鹊离开后，蔡桓公很不高兴。又过了十天，扁鹊再一次觐见蔡桓公，说：“您的病已经发展到肠胃里了，再不及时治疗将会更加严重。”蔡桓公这次还是没有理睬扁鹊的话。扁鹊离开后，蔡桓公非常生气。又过了十天，扁鹊远远地看见了蔡桓公，马上掉头就跑。蔡桓公于是特意派人问他。扁鹊说：“小病在皮肤纹理之间，汤药的力量就能医治好；病在肌肉和皮肤里面，用针灸也可以治好；病在肠胃里，用火剂汤可以治好；病在骨髓里，那是司命神管辖的事情了，医生是万万没有办法医治好的。现在病在骨髓里面，我也就因此不再请求为他治病了。”

过了五天，蔡桓公身体疼痛，派人寻找扁鹊，扁鹊知道自己治不好蔡桓公的病，早就已经逃到秦国了。蔡桓公于是病死了。

（资料来源：《扁鹊见蔡桓公》，古诗文网，2021年4月22日）

韩非子云：“故良医之治病也，攻之于腠理。此皆争之于小者也。夫事之祸福亦有腠理之地，故曰：‘圣人蚤从事焉。’”（《韩非子·喻老》）意思就是说，好的医生治病，趁着病还在表皮就开始加以治疗，这都是为了抢在病情还在刚开始的时候及早处理。与治病的道理一样，事情的祸福在刚露一点苗头的时候，也要及早加以处理。

2. 防微杜渐，有过必改

老子曰：“天下难事必作于易，天下大事必作于细。”（《道德经》）天下的任何事情都是由简单到复杂，由微小到巨大。我们要懂得防微杜渐，将有可能发生的祸事制止在萌芽状态。荀子也说：“故不积跬步，无以至千里；不积小流，无以成江海。”（《荀子·劝学》）从量变到质变，在一个人的成长道路上，需要持之以恒的积累，严格地把控积累的方向和道路，在对的方向持之以恒，锲而不舍，在不对的方向悬崖勒马，迷途知返。这对每个人的成长都有着重要的教化意义。

《左传·宣公二年》中说道：“人谁无过，过而能改，善莫大焉。”有智慧的人懂得错误不可能避免，所以也并不害怕犯错，甚至大胆试错，将这些不可避免的错误当成自己进步的阶梯；一般的人害怕犯错误，但也能在犯错之后被动地接受，寻找改进这些错误的办法；而愚蠢的人则不愿意直面自己的错误，反而还极力掩饰自己的错误，唯恐别人会发现自己的错误，甚至事后对过错避而不谈。所以，同样是犯错误，不同的人对待错误的方式却大不相同，得到的东西也就会有不同。

从垂髫到暮年，我们的一生会犯各种各样的错误，可以说，错误无处不在，错误是不能完全避免的，我们只能尽力减少错误的发生；错误不能绝对避免，只能在发现以后及时改正。“金无足赤，人无完人”，即便是圣人也有偶尔犯错的时候，也会有各种不足。那么如何面对自己的错误，就是一种“诚”，也是对个人修养的考验。

直面自己的过错，并且能够及时改正，是最正确、对自己本身最好一种的办法；而掩饰错误、固执己见不改正错误，就是对自己最愚蠢的一种办法。错误发生以后，不要因为惧怕可能会随之而来的讥笑、责罚就固执地不肯承认错误，更不要怨天怨地以及过度自我责备，而是要摆正自己的态度和端正自己的心态，静下心来好好想想自己出现错误的原因，哪里要改正，哪里还有不足。

【国学故事】

孔子认错

陈司败问："昭公知礼乎？"孔子曰："知礼。"孔子退，揖巫马期而进之曰："吾闻君子不党，君子亦党乎？君取于吴，为同姓，谓之'吴孟子'。君而知礼，孰不知礼！"巫马期以告。子曰："丘也幸，苟有过，人必知之。"

【今译】

陈司败问："鲁昭公知礼吗？"孔子说："知礼。"孔子出来以后，[陈司败]向巫马期作了个揖，走近他说："我听说君子是不偏袒别人的，难道君子也偏袒别人吗？鲁君娶了一个吴国女子，是同姓，却称她为'吴孟子'。如果说鲁君知礼，还有谁不知礼呢？"巫马期[把这些话]告诉孔子。孔子说："我真幸运，如果有了过错，人家一定会指导。"

（资料来源：徐志刚译注：《论语通译》，北京：人民文学出版社，2000年，第85～86页）

实际上，正视自己的错误才是真正处世的智慧，正视错误是君子的修养达到了"诚"的标志，大方正视自己的错误也是一种人格魅力。人们之所以会害怕承认错误，无非是因为害怕承认了错误而遭到责罚或者被他人耻笑。但是如果我们换位思考一下，我们真的会因为他人的错误而耻笑这个人吗？实际上大部分的人都不会故意讥讽耻笑他人，反而还会一定程度地给予这个人帮助和指导，让他改正错误。所以我们自己犯了错误也没必要害怕来自他人的耻笑，这都是杞人忧天罢了。退一万步来讲，如果真的有人耻笑你，看热闹，那是这个人的自身修养还不够，我们大可不必理会他；但如果因为这样就掩盖错误，让自己不能安心，那么事情也许就会向着更为严重的方向发展，这就大大地得不偿失了。

自我反省，可以说是古代圣贤君子对心性修养的具体践行。如果说宽恕和原谅他人的过错是一个层次，那么反求诸己，看到他人的问题能够反省自身的问题，就是更高的层次。孔子说："君子求诸己，小人求诸人。"君子与小人的区别在于君子反求自己，小人苛求他人。孟子也说："爱人不亲，反其仁；治人不治，反其智；礼人不答，反其敬。行有不得者皆反求诸己，其身正而天下归之。"凡是行为遇到问题，不能达到目标，首先要返回自身寻找问题，而不是向外求全责备。自身的德行端正，天下之人自然会归福。"经过不懈努力，党找到了自我革命这一跳出治乱兴衰历史周期率的第二个答案。"党的二十大报告中的历史总结，也是与反求诸己的思想一脉相承的。

【国学故事】

自省自律的曹鼐

明朝英宗时期的内阁首辅曹鼐，字万钟，号恒山，北直隶宁晋（今河北宁晋）人。曹鼐自少为人豪爽，有大志，博览群书。曹鼐年轻时，对自己的品行有非常高的要求。为了自律，曹鼐在家中放置了一个大瓶子，瓶子旁边放着两袋豆子，一袋黄豆，一袋黑豆。每天，他都向瓶子里扔几粒豆子，有时多有时少，没有定数。

曹鼐的朋友们问他："你是在收集豆子吗？"曹鼐说："我是在监督自己的内心。如果我今天做了好事，就把一粒黄豆扔进瓶子；如果我做了坏事，就把黑豆扔进瓶子。一个月下来，我发现瓶子里的黑豆远远多过黄豆，可见我平日里做了多少不好的事情。"曹鼐说完，朋友们都感叹曹鼐的自律。曹鼐坚持这种做法不过半年，黄豆的数量就渐渐多了起来，黑豆越来越少，曹鼐也成为远近闻名的君子。

后来，曹鼐高中了状元，入朝为官，英宗时官至内阁首辅。曹鼐在内阁首辅的位置上三年，"明敏爽朗，临事果断，能言善辩。王振专权，人莫敢忤，杨士奇死后，唯鼐尚能随事调护，所言多见从"。可见曹鼐为首辅时多么刚正不阿，敢于与宠监相抗衡。

《续太平广记·厚德部·曹鼐》篇里载有一则轶事，给他的自省和自律加上一个有趣的旁注。当时曹鼐为泰和典史，在抓盗贼时抓到了一个非常美艳的女盗贼，"甚美，目之心动"，因天晚不及回衙，当晚只能夜宿破庙当中。女盗贼多次想用美色诱惑曹鼐，曹鼐不理，但是美色当前，心中总是有一番纠结。于是，他就在纸片上写上"曹鼐不可"四个字，写了烧，烧了又写，如是者数十次，最终一整夜都不曾乱了心智被女盗贼迷惑。

明正统十四年（1449），他因"土木之变"以身殉国，终年48岁。一年后，英宗被放回。英宗复位后，感念曹鼐忠直，为国捐躯，追赠太傅。

（资料来源：韦度：《慎独：自我完善必修课》，北京：中国华侨出版社，2013年，第2页）

如果不是曹鼐长期以来对自己严格自律，时常自察自省，不停地从错误中完善自己，那么在关键的时刻可能就守不住自己的内心，犯下后悔一生的大错。可见时常自省，不停地修养德行，保持克制，时常改正，是人生中非常重要的一件事情。孔子曰："见贤思齐，见不贤而内自省也。"（《论语·里仁》）《大学》中说："身修而后家齐，家齐而后国治，国治而后天下平。自天子以至于庶人，壹是皆以修身为本。"这就是古代智慧的核心，修身齐家治国平天下，必须从修身开始做起，修身是一切事业的成功之本，是一切理想能够实现的前提条件。

3. 独处是一种艺术

【国学故事】

杨震拒金

《后汉书·杨震传》记载，杨震经四次升迁后为荆州刺史、东莱太守。到郡上任的时候，路过昌邑，过去他曾推荐的荆州茂才王密正在做昌邑的县令。这天晚上，王密去拜见杨震，为感谢杨震的知遇之恩，在怀中揣了十斤黄金，要送给杨震。杨震说："我了解你，你却不怎么了解我，我怎么会要你送的这些金子？"王密说："这么晚了，没有人知道这件事的。"杨震说："天知、地知、你知、我知，何谓人不知！"王密只好羞愧地告辞。

（资料来源：《〈人民日报〉绝佳好文：君子慎独，高人慎众》，搜狐网，2020年10月29日）

中国人修身，必讲"慎独""自律"，自察自省就是慎独的其中一种表现。慎独是指谨慎地审视自己、检讨自己、对待自己，即使在一个人独处时，也要懂得自律，让一切行为不违背自己的原则，符合社会道德。《大学》中说："小人闲居为不善，无所不至。见君子而后厌然，掩其不善，而著其善。人之视己，如见其肺肝然，则何益矣。此谓诚于中，形于外，故君子必慎其独也。"意思是：那些没有道德修养的小人，在闲居独处的时候无论什么坏事都做得出来。当他们见到那些有道德修养的人的时候，就会躲躲藏藏企图掩盖他们所做的坏事，而装出一副似乎做过好事的模样，想尽办法显示出自己的美德。但是其实别人看到你，就像能看到你自己的肝肺一样，那么这样自欺欺人的做法又有什么用吗？这就叫作内心的真诚会直达外表，所以君子在独处时也一样会谨慎自律。

【国学故事】

许衡慎独

许衡是我国古代杰出的思想家、教育家和天文历法学家。一年夏天，许衡与很多人一起逃难。在经过河阳时，由于长途跋涉，加之天气炎热，所有人都感到饥渴难耐。这时，有人突然发现道路附近刚好有一棵大大的梨树，梨树上结满了清甜的梨子。于是，大家都你争我抢地爬上树去摘梨来吃，唯独只有许衡一人，端正坐于树下不为所动。

众人觉得奇怪，有人便问许衡："你为何不去摘个梨来解解渴呢？"许衡回答说："不是自己的梨，岂能乱摘？"问的人不禁笑了，说："现在时局如此之乱，大家都各自逃难，眼前这棵梨树的主人早就不在这里了，主人不在，你又何必介意？”许衡说：“梨树失去了主人，难道我的心也没有主人吗？”许衡始终没有摘梨。

（资料来源：《〈人民日报〉绝佳好文：君子慎独，高人慎众》，搜狐网，2020年10月29日）

慎独是一种高境界的道德修养。在历史上道德彰显之人莫不慎独。圣人孔子，不仅仅在朝堂上严尊“君君臣臣”之仪，在颠沛流离之途也坚守君子之礼，席不正不坐，语非礼不言。诗人屈原，虽身处浊世，惨遭罢黜流放，仍能“沐后弹冠，浴后更衣”。

慎独是一种境界。清朝名臣林则徐在居所醒目处悬挂一幅字，上书“慎独”二字，用于警醒、勉励自己。曾国藩总结自己一生的处事经验，写了著名的家训《日课一条》，其中第一条说：“慎独则心安：自修之道莫难于养心。……故能慎独，则内省不疚，可以对天地，质鬼神……人无一内愧之道，则天君泰然，此心常快足宽平，是人生第一自强之道，第一寻药之方，守身之先务也。”

慎独是需要非凡勇气的。苏轼说：“古之立大事者，不惟有超世之才，亦必有坚忍不拔之志。”（《晁错论》）那些成就大事业的人，无一例外地严格遵守着慎独这种美好的品质。面对名利诱惑，若没有慎独的勇气和品质，就会利令智昏，一步步滑入犯罪的深渊。君子能坚守住自己的欲望，独自面对自己的内心，懂得自察自省，匡正自己的错误，便不会导致遗憾终生的后果。

我们一般人更需要慎独，需要自觉的自律。懂得自律的人，心中时时都有一杆秤，都有一条红线，不管做什么事情，都要用心中的这杆秤衡量一下，认真地想想有没有踩到自己心中的这条红线。无论任何时候，有规有矩，有进有退，分寸合度，尺度恰当，不出格，不过分，不越雷池一步。懂得慎独，是一种高洁的美丽，必然在生命的长河中闪烁出光彩。

【国学故事】

廉　石

东汉末年的陆绩，官任郁林太守，处世慎独，为政清廉，注重名节。他任满后经海道坐船返回故里，因实在没有可以运回家乡的东西，又怕船太轻会扛不住海上风浪的颠簸，只好请船夫搬来一块石头压在船头。陆绩回乡后，心生感念，便请人将这块石头运回宅院，并书“郁林石”三字镌刻其上。明弘治九年（1496），监察御史樊祉把这块巨石移入城内官衙中，取名“廉石”，作为百官之戒。清朝苏州知府陈鹏年又将廉石移至苏州况钟祠旁。从三国到今天，1800多年过去了，这块廉石虽历经风雨，却依然伫立，警示着世世代代的人们慎独、清廉、守名节。

（资料来源：廉石，360百科）

当今社会有太多的诱惑，面对种种诱惑，我们一定要敢于拒绝，勇于拒绝，不能为了所谓的意气、虚荣心或者面子，就放松警惕，如果不警觉就很容易被拉下水。1000多年前，诸葛亮在《诫子书》中就曾经告诫他的后人："非淡泊无以明志，非宁静无以致远。"同学们在未来会走向社会、走向职场，只有耐得住寂寞，才能冷静地思考人生的方向，才能正确看待自己的工作。在工作过程中，让自己品味寂寞，品味工作的价值，也许你会发现，你的工作不仅有很多的乐趣而且很有意义。所以，经得住诱惑，耐得住寂寞就显得无比重要。

4．拒绝诱惑，不酿大错

【国学故事】

爱画成魔的冯志圻

《清朝野史大观》记载，清道光年间，刑部大臣冯志圻酷爱碑帖书画。可以说，他爱碑帖书画成痴成魔。但是，他从来不在别人面前提及他的爱好，赴外地巡视时更是三缄其口，从不吐露丝毫心迹。有一次，有一个下属通过打探，得知了他的这一爱好，便献给他一本宋拓碑帖。结果，冯志圻原封不动地把碑帖给退了回去。有人劝他打开看看也无妨大雅，他却说："这种古物乃稀世珍宝，我一旦打开，就可能爱不释手，不想退还。如果不打开看，还可以想象它是赝品，退回去也不会后悔。"

诱惑之所以成为诱惑，就是因为它迎合了人们的欲望。日常生活中，绝大多数人抵御诱惑的能力非常有限，意志也非常薄弱。冯志圻也不例外，但是他却用自己的果敢行动战胜了内心的波动，选择了战胜诱惑最有把握的办法。

蔡元培在《中国人的修养》中说道："自制之目有三：节体欲，一也；制欲望，二也；抑热情，三也。"自制是节制欲望的意思。欲望本来并不坏，人们所追求的高尚节操、伟大事业，也有不少发源于此。但是就像骏马善于奔跑一样，如果不加以控制任由它驰骋，那么就难免会掉入水沟、撞上墙壁，甚至因此而丧失生命；如果不用清醒的理性、坚定的意志来节制欲望，它的害处将无休无止。不只是个人，如果整个国家的人民都成为欲望的奴隶，那这个国家也就无法进步，没有前途。

口腹之欲，并没有错，饿了就要吃饭，渴了就要喝水，但是如果每天都是山珍海味，大吃大喝，沉溺于酒精，不仅不会满足，还会让身体垮掉，志气昏沉，灵气湮没。欲望，就是崇尚名誉、追求财产、追逐快乐的行为。如果没有欲望，人生也就失去了一些乐趣，但放纵过度就会有巨大的危害。

【国学故事】

眼识破，忍不过

明末白话小说《醒世恒言》中也讲过一个有关诱惑的故事，大意是唐朝时的录事薛某因病发烧，高烧烧到第七天时他梦见自己化为一条金色的鲤鱼跃入池中。此时他饥肠辘辘，忽然看见岸边正在钓鱼的渔夫，薛录事明知有钓钩，却最终难以抵挡鱼饵的诱惑而一口咬了上去，结果被渔夫钓了上来。故事的作者冯梦龙点评说，这就叫“眼里识得破，肚里忍不过”。

现实当中“识得破”和“忍不过”的何止薛录事，《大学》中说：“知止而后有定，定而后能静，静而后能安，安而后能虑，虑而后能得。”大千世界，形形色色的诱惑会蒙蔽人的眼睛，会阻止人前进的步伐，甚至成为可怕的陷阱。耐得住寂寞，扛得住诱惑，这样我们才能一步步远离青涩、摆脱浮躁，让心态变得平和成熟，在工作中有长足的进步和发展。

豹死留皮，人死留名，重视名誉是人类的美德。但是如果急于出名而不顾其他，所引起的弊端不是自大就是谄媚。自大的人，专门抬高自己而贬低他人，为掩饰自己而排斥他人，自己的才智、学识一天天昏乱倒退，虚假的名声也终究不能长久。即使自己的学识真的已经比他人卓越了，但内心过于骄傲自负，可能就会转而欺凌父母或者兄弟姐妹，傲慢地对待上级和长辈，这样就可能犯下更大的错误。谄媚的人，屈从自己来顺从世俗，只做那些不会错的和不会刺痛他人的行为，以此来附和阴暗的世道，虽然能偷来一时的名声，却会被他人耻笑。这些都是不能自制的害处。

5. 克制欲望，节俭向上

“节俭者，自奉有节之谓也，人之处世也，既有贵贱上下之别，则所以持其品位而全其本务者，固各有其度，不可以执一而律之，要在适如其地位境遇之所宜，而不逾其度耳。”（《中国人的修养》）节俭，是日常生活花费有所节制的意思。人生在世，我们要做的就是完成各自的责任，当然也就各有其准则，不可用单一的标准来要求，关键要符合其环境所适宜的标准，不过度。饮食不必过多，吃饱肚子就可以；衣服鞋帽和出行工具不必太好，体现礼仪就可以。我们要继承祖先的事业，勤勤勉勉不能松懈，节省使用所得到的财物，就会家有余财，并可以救济他人，而且节俭的人欲望一定也较少，少的欲望就使其不会被物质奴役，如此一来，就可以修身养性。

家人节俭，那么家庭就容易管理；国人节俭，那么国家就一定安定。因为人人都节俭的缘故，所以财物就富足，人民便得以安居乐业，而爱国的观念也就自然而然地产生。否则奢侈的风气弥漫，人人浪费无度，连救济贫苦都没有余力，更不用说体恤国家了。国家是由人民组成的，如果人民都贫穷，那么国家也就不会富足。自古以来，所有的国家都是先节俭而后兴旺，先奢侈而后败落，这样的例子数不胜数，比如罗马帝国就是这样衰亡的。

【国学故事】

丁鸿劝谏

东汉和帝刘肇即位后，窦太后专权。她的哥哥窦宪官居大将军，任用窦家兄弟为文武大官，掌握着国家的军政大权。看到这种现象，许多大臣心里很着急，都为汉室江山捏了把汗。大臣丁鸿就是其中的一个。

丁鸿很有学问，对经书极有研究。对窦太后的专权，他十分气愤，决心为国除掉这一祸根。几年后，天上发生日食，丁鸿就借着这个当时认为不祥的征兆，上书皇帝，说皇帝如果亲手整顿政治，应在事故开始萌芽时就注意防止，这样才可以消除隐患，使得国家能够长治久安。他指出窦家权势对于国家的危害，建议迅速改变这种现象。和帝本来早就已经有这种打算，于是迅速撤了窦宪的官，窦宪因此和他的兄弟们自杀。

（资料来源：《成语故事：防微杜渐》，知乎，2020年8月30日）

明末清初的著名理学家、教育家朱柏庐的《治家格言》中提道："宜未雨而绸缪，毋临渴而掘井。自奉必须俭约，宴客切勿留连。"意思是说，凡事要先准备，像没到下雨的时候，就要把房子修补完善，不要"临时抱佛脚"，到了口渴的时候才来挖井。自己的生活上必须节约，聚会在一起吃饭切勿流连忘返。"故方其盛也，举天下豪杰莫能与之争；及其衰也，数十伶人困之，而身死国灭，为天下笑。夫祸患常积于忽微，而智勇多困于所溺，岂独伶人也哉？"北宋欧阳修在《新五代史·伶官传序》里说到，当后唐庄宗李存勖强盛的时候，普天下的豪杰，都不能跟他抗争；等到他衰败了，几十个伶人围着他就命丧黄泉，被天下人耻笑。

人生中的祸患常常是从细微的事情中积淀下来的。人的智慧和勇气常常为自己所溺爱的事物所困。以小见大，从事物开端时就要防止被"蝼蚁"侵蚀，不可放纵自己，沉溺于享乐，时时慎独，事事清醒，才能在人生的路上走得更长、更远。

第三节 谨言慎行，修德不辍

1. 说话不能假大空

孔子的弟子子路为人有些爱炫耀，孔子就十分担心他因为面子而不懂装懂，从而阻碍了他自己的进步，于是告诉他说：“由，诲汝知之乎？知之为知之，不知为不知，是知也。”（《论语·为政》）知道就是知道，不知道就是不知道，这才是真正的智慧。

诚恳踏实，无论是待人接物还是学习生活，遇到不懂不知道的，一定要虚心求教。不能因为一时的虚荣而假装知道。

【国学故事】

不懂装懂

从前，有位僧人与一位文士同宿于夜航船中。文士高谈阔论，僧人敬畏慑服，双脚蜷缩而眠。过了一阵，僧人感觉文士言语中多有破绽，就问文士说：“请问这位相公，‘澹台灭明’是一个人还是两个人？”学子说：“是两个人。”僧人又问：“这个尧舜是一个人还是两个人？”学子说：“当然是一个人！”僧人听了笑着说：“这么说来，还是让小僧先伸伸脚吧。”

（资料来源：张岱：《夜航船》，杭州：浙江文艺出版社，2018年，第12页）

“不知而自以为知，百祸之宗也。”（《吕氏春秋》）意思是说：自己没有能力，什么都不懂，却为了虚荣、财富而装懂，这就是一切过错和祸患开始的源头。

不懂装懂的人就会像南郭先生一样，当别人没有仔细考察你的能力时，你还能滥竽充数，但是当面临真正的考验时，一切的谎言就会暴露在阳光底下，那时丢掉的不仅仅是面子了。如果本来什么都不知道却偏偏喜欢吹嘘，这样不懂装懂的人只能让别人看到自己的虚荣与不实，看到自己的浅陋与无知。

【现代故事】

沉默是金

小李是个聪明伶俐、活泼好动的女孩，在公司里和每个同事的关系都很密切，可是这一切只是表面现象，其实大家都不是很喜欢她，背后给她起了个外号叫“包打听”。

也许是由于过分活跃的原因吧，小李总能打听到别人都不知道的公司“内幕”，经常神秘兮兮地对周围的同事说：“你知道吗，咱们公司的小花要高升啦，你知道为什么吗？哎呀，原因嘛，你懂得！”“小张得到了上司的赏识，据说全靠脸蛋。”“小王去给老板跳舞啦。”“小林和主管……”时常弄得公司上下绯闻四起，就像一个隐私超市。

后来，大家都不喜欢和她说话了，她却仍然不管什么话题都积极参与，而且每次都是她说得最多，似乎她什么都知道，时常把别人想说或者不想说的也一股脑儿地都说了。所以，只要她一开口说话，大家就都变得“沉默是金”了。

同学们将来都会走向工作岗位，而语言往往能反映一个人的道德修养和文化水平。在工作场合与人交往时，善于交流应该是一种重要的能力和素质，也是增进社会关系的重要秘诀。但是，我们在说话时要做一个有心人，有些话能说，有些话却不能乱讲，否则就会招来不必要的麻烦。

对学习和工作要投入，对同学同事要以诚相待。可以表现自己的与众不同，但不要过分炫耀。说出的话就好像泼出的水一样，想要成为一个会说话的人，说话的时候就要注意分寸，把握好度，三思而后行。当说则说，不当说则不说，不能口若悬河，滔滔不绝，一不小心就会留给他人不谦虚、不稳重的印象。

不能将喜怒哀乐带到未来的工作中去，也不要满腹牢骚，逢人就吐苦水，千万不要像祥林嫂一般唠叨个不停。有的人把发牢骚和倒苦水当作与同事拉近距离的一种方式，殊不知过度的牢骚、怨言只会让周围的人感到可笑幼稚。

2. 祸从口出，注意说话的礼节

《诗经·大雅·抑》云：“白圭之玷，尚可磨也；斯言之玷，不可为也。”意思是说脂玉上的斑点，可以琢磨掉；言语的玷污，一旦说出口，再也无法消弭。有时我们不经意间说错了一些话，一旦察觉到，就会不自觉地用手来遮挡自己的嘴巴，但是“驷不及舌”，话说出了，就没有追悔的余地了。即便是在完全不透风的屋子里说话，也可能隔墙有耳，“君子无易由言，耳属于垣”（《诗经·小雅·小弁》），时刻记住“病从口入，祸从口出”。孔子至周观礼，在后稷庙里看到一尊铜铸的金人，嘴巴上有许多道封条，这个铜人的背后有这样一段铭文：“戒之哉！无多言，多言多败。”（《孔子家语·观周》）言多必失，我们只有恪守礼仪，非礼勿言，才有可能不失言于人。

孔子说：“可与言而不与之言，失人；不可与言而与之言，失言。知者不失人，亦不失言。”（《论语·卫灵公》）如果一个人通达事理，可以跟他谈论某方面的事情，却选择了沉默，那样就是失人；如果一个人昏庸愚钝，无法跟他谈论某方面的事情，却喋喋不休，那样就是失言。智者会根据所面对的人，来决定说话的内容，决定是不是可以说这些内容。所以智者既不会失人，也不会失言。孔子这段话的意思就是告诉我们，言语要随着对象的变化而加以调整。

我们的应对之辞，要根据对象的不同而有所区别。应对之辞，古代主要有“唯”“诺”两种。“唯”，相当于“是”，意味着无条件地服从。“诺”，相当于“好”，意味着有限度地认同。对于父亲、老师的召唤，不可以用“诺”，只能用“唯”，而且要立即起身，不可怠慢。我们今天面对父母、师长的召唤，应该干脆利落地喊一声“是”，然后立即起身来到他们跟前，听从吩咐。

回应师长，还有一点要注意，即“毋噭应”(《礼记·曲礼上》)。“噭”通“叫”，是声响高急的意思。噭应，就是回应时声音过于高亢。高亢的声音里往往掺杂一些不健康的情绪，如厌烦、逆反等。所以，《弟子规》说：“尊长前，声要低。低不闻，却非宜。”回应师长，声量要适中，声色要亲切，不可掺杂不良情绪。

传统社会，人们有名、有字、有号。名，是父亲或其他长辈所取；字是行成人礼时，嘉宾所取；号，则是自己所拟。字往往与名有某种关联，用以表达德行上的追求。号，则往往显示个人的人生志趣。一般同辈的人交往不可以直呼对方的姓名，而要称字。现代社会绝大多数人没有字，但仍可以以某兄、某姊等来称呼。

中华传统礼仪，尤其讲究尊卑有序。《弟子规》说：“称尊长，勿呼名。”晚辈不可以直接称呼尊长的姓名。古时，不仅不可以称尊长之名，即便是与其名同音的字，有时候也不敢说出口，这就是避讳。避讳本来是指在尊长去世后，讳言其名。慢慢地，对于活着的人也要避其讳。后来，名讳的避忌越来越严格，不仅名要避，字也要避。《三国志》记载，汉末，司马朗九岁时，“人有道其父字者”，司马朗说道：“慢人亲者，不敬其亲者也。”对方下不了台，赶忙致歉。常林七岁时，父亲的朋友登门造访，问常林说：“伯先在不？汝何不拜？”常林回答说：“对子字父，何拜之有？”传统社会，为人子者，如果听到别人提及父母的名讳，要马上站起来以示恭敬。如果父母去世了，听到别人提及跟亡亲名字同音的字，都会勾起内心对亡亲的思念，即所谓“闻名心瞿”(《礼记·杂记下》)。现代社会，师长没有字号，我们可以用某师、某伯、某叔、某姨等来称呼尊长。

跟不同的人谈话，要注意谈话的内容扣合对方的身份。与做父母的人谈话，要讨论怎样教育子女；与做子女的谈话，则讨论怎样孝敬父母；与做兄长的人谈话，则讨论怎样训导幼弟；与做弟弟的人谈话，则讨论怎样承事兄长；与教师谈话，则讨论怎样教育学生；与学生谈话，则讨论怎样努力学习。谈话内容要与对方身份符合，益于开启话题，逐渐深入交流。如果谈话内容未能符合对方的身份，“群居终日，言不及义”(《论语·卫灵公》)，于人于己，都没有益处，纯属浪费时间。

言语内容方面有一项特殊的礼仪，即“对子毁父，理所不容”。当着为人子女的面，辱骂其父母等尊者师长或说他们的坏话，是不合礼的。《世说新语》里记载的“陈太丘与友期”的故事，充分说明了这个问题。

【国学故事】

陈太丘与友期

陈太丘和朋友相约出行，约定在中午。过了中午还没到，陈太丘不再等候就离开了，离开后朋友才到。元方当时年七岁，在门外玩耍。朋友问元方："你的父亲在吗？"元方回答道："等了您很久您却还没有到，现在已经离开了。"朋友便生气地说道："真不是君子啊！和别人相约出行，却丢下别人自己走。"元方说："您与我父亲约在正午，您没到，这是不讲信用（的表现）；对孩子骂他父亲，这是没礼貌（的表现）。"朋友惭愧，下车去拉元方，元方头也不回地走进了大门。

（资料来源：陈太丘与友期，百度百科）

同样的话，在不同时机说出，其效果可能截然不同。卫国大夫公叔文子"时然后言，人不厌其言"（《论语·宪问》）。相反，如果在不恰当的时机，喋喋不休，饶舌不已，只会令人心生厌烦。

若有事要向师长禀报，应该做到"妥而后传言"（《仪礼·士相见礼》）。妥，原来是指安坐，这里我们可以根据实际情况来定。若非紧急之事，来到师长跟前，或者立定，或者坐定，待气息平舒后再述说，不可匆遽慌忙，气喘吁吁地述说。

说话前要"始视面"，察言观色。否则，未见颜色而言，就如同盲人。

"毋儳（chán）言。"（《礼记·曲礼上》）儳言，就是错乱话题。与师长谈话时，话题应该由师长来主导，长者没有提及的话题，不要主动提出。否则，言未及之而言，贸然提出师长没有涉及的话题，就会显得为人浮躁。

毋插话。"先生问焉，终则对。"（《礼记·曲礼上》）师长问话时，不要插话。有时候，言未尽，意已传，但是即便如此，我们也不可打断师长，定要等他说完，再来应对。

顾望而对。"侍于君子，不顾望而对，非礼也。"（《礼记·曲礼下》）礼尚谦。若多人同侍长者，长者向众人发问，侍坐者当先看看周围，待他人来回答，或者请他人先来回答，不宜急着抢先回答。过了一会儿，若终无人回应，再来回答长者的问题。《论语·先进》中记载，有一次子路、曾皙、冉有、公西华侍坐，孔子让弟子各言其志。子路"率尔而对"，大谈自己的治国手段如何如何，结果夫子"哂之"。孔子之所以哂笑子路，就是因为他没有做到"顾望而对"，"为国以礼，其言不让"，言行不合，陷入悖谬而不自知。

如实对。如果师长提及的话题，自己也了解相关情况，师长询问时，应该如实禀报，不可隐瞒，也不可含糊其词，"毋剿说，毋雷同"。

唐代著名诗人刘禹锡曾经创作过非常多著名的诗篇，但是有一篇文章虽然不为人熟识，却是刘禹锡最为诚心之作，这就是《口兵诫》。刘禹锡少年得志，写得一手漂亮的文章，在京城士林名声很大，22岁便考上了进士。34岁的时候，身为监察御史的刘禹锡，与柳宗元、陈谏、韩晔等一起，参与了王叔文、王伾等发起的政治改革，结果以失败告终。刘禹锡被贬为朗州司马，在偏僻的朗州，以有罪之身待了十年之久。

人有才华，便企图表露。看到不顺眼的事情，就要"说道说道"，这是人之常情。但是，也正因为水平高低不同，说道的结果就会遭人厌烦，甚至厌恶。被厌恶的结果，那就是要倒霉。刘禹锡大概是有体会的，所以，他写了一篇《口兵诫》。这篇文章的大概意思是嘴就像杀人的刀一样，不能随便用，要谨慎、要忍耐，"可以多食，勿以多言"。

【国学诗文】

口兵诫

唐·刘禹锡

余读蒙庄书曰："兵莫憯于志，莫邪为下。"缺然知志（一作智）士之伤夫生也。他日，读远祖中垒校尉书曰："口者，兵也。"蠢然知言之为兵，又憯乎志。因博考前载，极其两端。夫志兵之薄人，激烈抗愤，不过无从容于世耳。口兵之起，其形渥焉。繇是知吾祖之言为急，作诫以书于盘盂。

五刃之伤，药之可平。一言成痏，智不能明。人或罹兵，道途奔救。投方效技，思恐其后。人或罹谮，比肩狐疑。借有纷解，毁辄随之。故曰：舌端之孽，惨乎楚铁。夷灶诚谋，执戈以驱。掩人诚智，折笄以（一作之）詈。贤者诲子，信其有旨。发言之难，往古犹尔。辩为诈媒，默为德基。玉椟不启，焉能瑕疵。犨麋深居，孰谓可嗤。我诫于口，惟心之门。无为我兵，当为我藩。以慎为键，以忍为阍。可以多食，勿以多言。

"良言一句三冬暖，恶语伤人六月寒。"有时候祸从口出，发言不谨慎就有可能招来祸端；与人交往，如果唇枪舌剑，一不小心就会使言语变成刀枪棍棒伤人于无形。

孔子说："君子居其室，出其言善，则千里之外应之，况其迩者乎？居其室，出其言不善，则千里之外违之，况其迩者乎？"（《周易·系辞》）一个人在自己家里说一句话，不管是善还是不善，都会引起千里之外的回应。言行对于我们来说，就像是弓弩的扳手，只要轻轻扣动它，言行发出去，就会招来赞誉或者羞辱，这就是所谓的"无言不雠"（《诗经·大雅·抑》），意思是说没有一句话不会得到回应和反响。因此，我们要重视起语言方面的礼仪。言谈本身有五项礼仪需要遵守：一、不说谎言、恶言、离间语；二、宜讲求谦辞敬语；三、慎言；四、疑则不言；五、不食言。

谎言，也称诳语，诳就是欺骗的意思。《礼记·曲礼上》有云："幼子，常视（通'示'）毋诳。"儿童的行为往往都是模仿大人而来，所以成年人应该给孩子正确的示范，不应该教孩子欺骗。

【国学故事】

不欺骗孩子的曾子

曾子的夫人去集市上去赶集，他的儿子哭着也要跟着去。母亲对他说："你先回家待着，待会儿我回来杀猪给你吃。"曾子的夫人从集市上回来，就看见曾子要捉小猪去杀。她就劝止说："我只不过是跟孩子开玩笑罢了。"曾子说："妻子，这可不能开玩笑啊！小孩子没有思考和判断能力，要向父母亲学习，听从父母亲给予的正确的教导。现在你欺骗他，这就是教孩子骗人啊！母亲欺骗儿子，儿子就不再相信自己的母亲了，这不是正确教育孩子的方法啊。"于是把猪杀了吃了。

（资料来源：《诚信故事：曾子杀猪》，搜狐网，2018年12月26日）

现实生活中，我们常常漫不经心地说一些谎话来安抚孩子，殊不知这样做会渐渐地让我们的孩子不再信任我们，很多时候，我们的一句话会对孩子造成深刻的影响，所以不可不慎重。另外，大话往往是不尊重实际的话，所以也是谎话，诚实守信是为人处世最基本的道德品质。

恶言，就是指污言秽语、恶毒的语言。《弟子规》提道："奸巧语，秽污词，市井气，切戒之。"意思是奸诈的花言巧语、污秽不堪的词语、粗鄙伧俗的市井之气，万万不可模仿。我们应当追求的是个人修养的不断提高，个人行为气质的优雅高贵。《大学》中说："言悖而出者，亦悖而入。"意思是说用违背情理的话去责备别人，别人也会用违背情理的话去责备你。对待别人，不可恶语相向，更不能随便非议、讥笑，否则会招来反唇相讥，自取其辱，要做到"不苟訾"（《礼记·曲礼上》）。

离间语，就是挑拨离间、搬弄是非的言语。从甲处听到乙的过错或绯闻，就向乙说，或者从乙处听到甲的过错，就向甲说。更有些人无中生有，捏造绯闻，这些都是离间语。人与人相处，最忌讳"两头传话"。

流言蜚语，没有切实根据的话不能传。"流言止于智者"（《荀子·大略》），自媒体蓬勃发展的今天，我们说话的渠道极大地拓宽，但也正是因为这样，很多时候信息来源不明，虚实莫辨，即使视频等"眼见为实"却不合常理的信息，也有可能是合成来欺骗别人的。我们应当秉持"疑则不言"（《大戴礼记·曾子立事》）的原则，审慎对待，不要轻易就变成了他人的传话筒。当我们了解事实的真相时，有义务对此进行澄清，使"流言止焉"（《大戴礼记·曾子本孝》）。

人之患，常在好多言，而少有实行。不食言，即不失信。若与他人有约定，就要说到做到。第一，要考虑约定的事情是否违背公序良俗，是否合乎道义；第二，要考虑这件事是不是在自己的能力范围之内，可以做到的才能应允。如果贸然答应了别人的要求，一个不小心就会使自己陷入背信弃义或进退两难的境地。“言顾行，行顾言”（《中庸》），言行要相合。“言必可行也，然后言之；行必可言也，然后行之。”（《新书·大政》）所说的话，没有不可以付诸实施的；所做的事，没有不可以对人说的。信守承诺且光明磊落，才是为人处世的正道。孔子教导子贡：“先行其言，而后从之。”（《论语·为政》）先行后言，笃实为人，确实可以避免很多时候的“自食其言”。

身处不同场合，我们说话的方式也应该有所不同。在公共场合，商讨公事时，言语要“敬以和”（《新书·容经》），恭敬而和气，不可因为观点不同而疾言厉色。觉得自己的观点正确，想要说服对方时，则要秉持“仁心”，委婉开解，不可得理不饶人，予以讥讽、抨击；他人在阐述观点时，我们要抱着“学习心”，谦虚地聆听；自己与他人观点不同，争辩利弊时，要秉持“公道心”，不要夹杂个人情绪。这就是荀子说的“以仁心说，以学心听，以公心辨”（《荀子·正名》）。只有这样，议事论事才能顺畅高效。

在军事、体育活动场合，言容要“屏气折声”（《新书·容经》）。屏气，是指安静时如屏息，静穆地听不到任何声响。折声，可以有两种理解。第一种是把“折”读作 shé，折声就是放低声音，指行军时若说话，要降低声音；第二种是把“折”读作 zhé，折声就是指发声时，声音雄壮、直折、干脆，这是战斗时士气高昂饱满的表现。前一种理解跟屏气语义有所重复，后一种理解更周全。我们从大阅兵仪式可以直接感受到这种屏气折声的状态。体育场举行运动赛事时，如果声音细弱、有气无力，必然得不到好的成绩。在祭祀场所，言语要“文言有序”（《新书·容经》）。

祭文一般都是用古雅的四言韵文，这就是文言有序。另外，“祭事不言凶”（《礼记·曲礼下》）。祭祀前，一般要斋戒，参与祭祀人员在斋戒期间不可以想着凶悖之事；到了祭祀当天，更不可以谈论一些不相关乃至凶悖之事。这样做是为了保持内心的虔诚尊敬。

居丧时，言容“恸（忧伤）然慑（恐惧）然若不还”（《新书·容经》），即一副有气无力的样子。因为孝子内心悲痛，思慕亡亲，无心饮食，自然就会气力不足。另外，“居丧不言乐”（《礼记·曲礼下》），即居丧时不可以谈论玩乐。

第三章

交友有道·见贤思齐

司马牛忧曰："人皆有兄弟，我独亡。"子夏曰："商闻之矣：死生有命，富贵在天。君子敬而无失，与人恭而有礼，四海之内皆兄弟也。君子何患乎无兄弟也？"

——《论语·颜渊》

司马牛忧愁地说："别人都有兄弟，唯独我没有。"子夏说："我听说过：死生各有命运，富贵由天安排。君子只要对待所做的事情严肃认真，不出差错，对人恭敬而合乎于礼，那么，天下人就都是自己的兄弟了。君子何愁没有兄弟呢？"

第一节　君子立身，不偏不党

《礼记》曰："同门曰朋，同志曰友。""同门"指在一个老师的门下学习；"同志"指志趣相投的人，有共同的爱好和习惯、共同的理想和追求。

朋，双月。月有肉的含义，指代两个人。同学、战友、同事都可以是朋友，互相帮助、互相支持，还有老友、邻友、棋友等。

亚里士多德则把朋友定义为"促使他人变得更好、更健全的那个人"。

传统社会，人们信奉"四海之内皆兄弟"的理念，陌生人相见常以"兄弟"相称。近代以来，人们以"同志"相称。谭嗣同欲冲决伦常之网罗，唯独赞赏朋友一伦，认为它合乎平等、自由的原则，提出要用它来改造其余四伦。"人生得一知己足矣，斯世当以同怀视之"，不论沧海桑田，朋友总是我们人生中不可或缺的一份牵绊。

《周易·兑卦》云："君子以朋友讲习。"孔颖达注解道："同门曰朋，同志曰友，朋友聚居，讲习道义。"也就是说，朋友是志同道合者，而朋友的聚会是互相讲解学习所不明之理，相互滋益。朋友的重要性无须多言，没有人能够在人生漫长的旅途中独自一人行走。每一个人都会需要帮助，也会在旅途中给予他人帮助。

其实人也是一样，或多或少都会受到环境的影响，如果身边都是君子，我们也会受到影响而变得正直清明；如果身边都是邪佞小人，自己也就沾染许多不良的风气。所以，人一定要学会选择适宜的环境，选择可交可信的朋友，这样才是对自己负责任的行为。

【国学知识】

古代交友的各种称呼

八拜之交：旧称异姓结拜的兄弟姐妹。
患难之交：指一同经历忧患艰难的朋友。
布衣之交：指平民百姓之间的来往。布衣，旧时平民百姓家的衣服。
车笠之交：指不以贵贱而异的朋友。
杵臼之交：指不分贵贱而交的朋友。
肺腑之交：指无话不谈、推心置腹的朋友。
金石之交：指友情浓厚如金石般坚固的朋友。
金兰之交：指友情契合如兄弟般的朋友。

人是社会性动物，没有人喜欢孤独，人生的快乐有一大半要建立在人与人的关系上面。只要人与人的关系调处得好，生活就会有幸福感、快乐感。许多人感觉生活苦恼，原因大半在没有把人与人的关系调整合适。在人伦中，先儒指出五个最重要的，就是君臣、父子、夫妇、兄弟、朋友。这五伦中，父子、夫妇、兄弟起始于家庭，君臣和朋友起始于国家社会。先儒谈伦理修养，大半在五伦上做功夫，认为五伦上面如果无亏缺，个人修养到了最高境界，家庭和国家社会也就自然稳固了。五伦之中，朋友一伦的地位很特别，它不像其他四伦都有法律基础，而是起始于自由的结合，没有法律的力量维系它或者限定它，它的基础是友爱、信任和道义。它在我们整个人生当中的地位是极为重要的。

如果把人与人之间的好感称为友谊，那么君臣、父子、夫妇或者兄弟之间，都绝不能没有友谊。在中西文里“友”字都含有“爱”的意义。无爱不成友，无爱也不能成为君臣、父子、夫妇或者兄弟。换句话说，无论哪一伦，都必须有友谊的要素蕴含其中，朋友才是一切人伦的基础。懂得与朋友相处，就是懂得如何与人相处，就是懂得如何做人。一个人在处友方面如果有亏缺，他的生活不但不能快乐，反倒绝对是有巨大损失的。

交朋友的目的是互相促进，一段好的友谊能促进一个人的成长。谁都知道，有真正的好朋友是人生一件乐事。人是社会的动物，人一生下来就富有同情心，所以我们也就需要他人同情心的支撑。读一篇好的诗文，看一片好的风景，没有人在身旁分享，就会觉得美中不足。遇到一件大喜事，没有人和你同喜，你的欢喜也就要减少三两分；遇到一个大的灾难，没有人和你分担痛苦，你的悲痛也会被放大三两分。

世界上最让人痛苦的刑罚就有幽禁和充军，逼得你和你最亲近的人分开，独自承受无亲无友的孤寂寒冷。人是一种很奇怪的生物，有时候孤高自赏、闭门谢客，要把心里所想的看成妙不可言，“不可与俗人道”，其实潜意识当中唯恐他人不注意自己，不知道自己，不赞赏自己。

“同声相应，同气相求”，交友一事，往小了说，可以影响生活的幸福、工作的快乐；往大了说，影响个人修养，决定人生成败。如何选择朋友，如何对待朋友，如何维护友情，什么样的朋友不要也罢，都是值得深深思考的。在交友处世等方面，古人也给我们留下了许多宝贵的人生经验。

【国学故事】

君子之交淡如水

唐贞观年间，薛仁贵出身于薛氏世族，平日喜好舞枪弄刀，也结交了一帮江湖好友。后来薛仁贵父亲去世，家族产业在他不懂经营和任意挥霍之下被消耗殆尽，而那些所谓的江湖好友也就此作鸟兽散，甚至于他的亲伯父都不愿意接济帮助他，幸亏有好朋友王茂生夫妇的帮助，不然薛仁贵早已了却此生。之后，薛仁贵参军，在军队中立下赫赫战功，被封为平阳郡公。一登龙门，声誉百倍，慕名到他家送礼拉关系的客人络绎不绝，然而都被薛仁贵一一回绝，唯独王茂生夫妇前来送的两坛美酒被收下。他命人打开酒坛准备畅饮一番时，发现里面装的不是美酒而是清水。薛仁贵的下属看到这样的状况，认为是王茂生戏弄薛仁贵，便建议薛仁贵惩罚他。岂料薛仁贵并没有生气，反而命人取来大碗，当众饮下三大碗王茂生送来的清水，在场的人都不解其意。

薛仁贵喝完这三碗清水后说："过去我落难时，全靠王兄夫妇经常资助，没有他们就没有我今天的荣华富贵。如今我美酒不沾，厚礼不收，却偏偏要收下王兄送来的清水，因为我知道王兄贫寒，送清水也是王兄的一番美意，这就叫君子之交淡如水。"

此后，薛仁贵与王茂生一家关系甚密，两人"君子之交淡如水"的佳话也流传了下来。

（资料来源：《你知道"君子之交淡如水"的故事吗？》，易网，2020年7月30日）

【国学故事】

管仲和鲍叔牙

春秋时期，齐国的管仲和鲍叔牙是好朋友。起初，他们二人曾合伙做买卖。管仲家中很穷，出的本钱没有鲍叔牙多，但在分取利润的时候管仲都要多拿一点儿。时间久了，他的行为被人发现，告诉了叔牙。鲍叔牙听后并没有生气，反而大度地对别人这样说："管仲家中贫穷，他这样做并不是贪财，而是为了赡养父母，这也是我所同意的。"管仲曾经几次帮助鲍叔牙谋划事情，不但没有办好，反而将事情办砸了。管仲自己也很惭愧，不好意思见叔牙。叔牙便找到他，开导说："事情没有办好，是时机的问题，这也不是你所思意的，无须介意。"

管仲做过小官，但每次都被罢免，他还曾当过兵，可每次战斗中都躲在后面，逃跑又在最前面。知道他经历的人都嘲笑他，说管仲既没有什么能耐，又胆怯怕事，还有人劝说鲍叔牙赶紧远离管仲这样的人。但鲍叔牙说："管仲做官不成，不是他能力不够，而是没有人赏识他；管仲当兵先逃走，不是他胆小，而是他的家中有老母亲需要赡养。"

后来，管仲和鲍叔牙都去辅佐齐国的公子，管仲辅佐公子纠，而鲍叔牙辅佐公子小白。在君位争夺之中，小白取胜成了齐桓公，而公子纠则失败被杀。作为公子纠的同党，管仲也被当作囚犯押送回国。当齐桓公要杀死管仲泄愤的时候，鲍叔牙又一次站了出来，对齐桓公说："管仲是这个天下少有的贤才，君王您如果只想保住社稷的话就杀了他，但如果您希望将来有大的作为，一定要赦免管仲并重用他。"

齐公对鲍叔牙十分信任，于是赦免了管仲的罪过，并任用他为丞相。管仲在丞相的位子上，果然大展才华，辅佐齐桓公"九合诸侯，一匡天下"成为春秋五霸之首。在谈到自己的成功时，管仲对周围的人感慨说："生我的人是我的父母，但真正了解我的人只有鲍叔牙啊！”

（资料来源：《春秋合伙人：管仲与鲍叔牙》，360doc 个人图书馆，2015年5月3日）

鲍叔牙就是一个心胸宽广的朋友，总是能够站在朋友的角度思考问题，朋友在危难时他为朋友开脱，朋友有了才能他为之欣喜、尽力推荐。生命中若能交到这样的好朋友，一两个就足以让人感到幸运，胜过趋炎附势、心胸狭隘的朋友千万个。

【国学故事】

仗义执言，患难与共

1079年，“乌台诗案”爆发，苏轼被贬黄州，与他往来密切者皆受牵连。当时情况尚未明朗，挺苏的有，倒苏的也不少；有人有急于撇清关系，有人往来打点，祈求平安。

此时的黄庭坚，不过是个人微言轻的小官，与苏轼平时只是笔友，甚至没见过面。此事本来可以与他无关，但他不惜赔上前程，逆流而上，仗义执言。不仅上书高喊：苏子瞻是最了不起的文人，苏子瞻是忠君爱国的，苏子瞻无罪！还在苏轼生活困窘、精神寂寞的时候，不避时嫌，给他写信、对诗，诉说思念。在当时，此举无异于平地惊雷，冒天下之大不韪。

幸好，宋朝有不杀文人的传统；幸好，苏轼有众多的门生为其奔走；幸好，以王安石代表的部分新党，还保持着士大夫的操守。最后，以苏轼被贬黄州结束此案，传唱千古的《赤壁赋》便在那里诞生。黄庭坚本人，只是得到了“罚金”处分。

真正的友谊是什么？不仅是春风得意时的把酒言欢，更是贫困潦倒中的仗义执言。当知道你遭遇困苦时，感同身受，记挂在心，力所能及，永远站在你的身边，愿意尽最大可能帮助你脱离艰难。古语常言“君子之交淡如水”，并非指感情淡得像水一样，而是不含任何功利之心，是纯粹的感情，长久而亲切。

真正的知己，不依附、不盲从、不讨好，各自发光，彼此照亮，在擅长的天地大展拳脚。当彼此相对，便褪去光环，一起饮一壶茶，醉两盏酒，交流心得，岁月静好。

（资料来源：《苏轼：相识满天下，知己仅一人》，酒文化守望者微信公众号，2023年3月12日）

真正的朋友就是这样，平时感情似乎淡如清水，但到了关键时刻却能为你赴汤蹈火。君子之交平淡、安静，不需要什么海誓山盟，不需要说什么同生共死，只要彼此之间情意相通，能够和气、平安、淡然地守护最朴实的友情就足够了。平淡的味道最为绵长，平淡的友情最为可贵，平淡之中才蕴含着最真挚的感情、最强大的力量。

【国学故事】

知音之交——俞伯牙与钟子期

春秋时，楚国有个叫俞伯牙的人，精通音律，琴艺高超。但他总觉得自己还不能出神入化地表现对各种事物的感受。

老师知道后，带他乘船到东海的蓬莱岛上，让他欣赏自然的景色，倾听大海的涛声。伯牙只见波浪汹涌，浪花激溅；海鸟翻飞，鸣声入耳；耳边仿佛响起了大自然和谐动听的音乐。

他情不自禁地取琴弹奏，音随意转，把大自然的美妙融进了琴声，但是无人能听懂他的音乐，他感到十分的孤独和寂寞，苦恼无比。一夜，伯牙乘船游览。面对清风明月，他思绪万千，弹起琴来，琴声悠扬。忽然他感觉到有人在听他的琴声，伯牙见一樵夫站在岸边，即请樵夫上船，伯牙弹起赞美高山的曲调，樵夫道："雄伟而庄重，好像高耸入云的泰山一样！"

当他弹奏表现奔腾澎湃的波涛时，樵夫又说："宽广浩荡，好像看见滚滚的流水，无边的大海一般！"伯牙激动地说：知音！这樵夫就是钟子期。后来子期早亡，俞伯牙悉知后，在钟子期的坟前抚平生最后一支曲子，然后尽断琴弦，终不复鼓琴。

（资料来源：《八拜之交详解之知音之交：伯牙子期》，360文库，2021年5月12日）

【现代故事】

周恩来与陈嘉庚的友谊

陈嘉庚生于1874年，是中国近现代史上著名的爱国华侨、南洋侨领，被毛泽东誉为"华侨旗帜，民族光辉"。他早年赴南洋经商，创办实业，成为闻名世界的"橡胶大王"；毕生致力于爱国活动、教育救国，倾资办学，创办了集美学校和厦门大学。

民主革命时期，周恩来与陈嘉庚只有两次见面，来往函电亦不多，但两人的交往确如周恩来所说，最要紧的是心相通。

新中国成立后，陈嘉庚历任第一届、二届全国人大常委会委员，第二、三届全国政协副主席，中华全国归国华侨联合会主席等职。在为建设新中国而共同奋斗的日子里，周恩来与陈嘉庚的交往更加密切。

在陈嘉庚的最后岁月里，日理万机的周恩来经常去探望。1960年3月，陈嘉庚因脑出血病危，周恩来闻讯赶到圆恩寺探视。他指示医护人员，采取一切措施抢救和细心护理。临终，陈嘉庚留下遗嘱，其中一条事关祖国统一；一条是关于他银行存款的安排；一条是"集美学校还要办下去"。周恩来得知后指示：照嘉老的意思办。集美学校不仅要办下去，而且要办得更好。

陈嘉庚去世后，周恩来指示由国务院有关部门牵头，妥善处理陈嘉庚未完事务，包括他生前开工建设的工程和启动的项目，资金缺口由国家垫补；兴建陈嘉庚生前计划兴建而未动工的归来堂，不足的资金由国家支付。在周恩来总理的关怀下，归来堂于1962年陈嘉庚先生逝世一周年后落成。

周恩来比陈嘉庚小24岁，但两个人灵犀相通，交往20余年；周恩来与陈嘉庚在共同的革命事业中结为知己，彼此互相尊敬、欣赏、关怀……陈嘉庚去世后，周恩来竭力完成挚友的遗愿，保护好挚友创办的文化事业，尊重和爱护嘉庚先生的兴学精神，这是多么让人艳羡的友谊！

（资料来源：《陈嘉庚的两会故事》，福建共青团微信公众号，2023年3月12日）

第二节　交益友，远损友

古人云：“近朱者赤，近墨者黑。”与优秀正直的人交往，自己就会向好的方向发展，反之就会向着道德败坏的方向发展，所以在与人交往的过程中，我们应该学会辨别是非对错，尽量做到交益友而不交损友。让我们通过与益友的交往，不断提高修养，增长才干，做一个德才兼备的人。

【国学故事】

近朱者赤，近墨者黑

墨子曾经和弟子们出游，在路上遇到了一处染丝的作坊，作坊的大瓮中装满了各种颜色的染料，被染过的麻布挂满架子。墨子看到了，感慨地对弟子们说：“君子自修，就如这染布一样啊！”弟子们没有领会，墨子接着说：“用黑色的染料，便成为黑色的布匹；用黄色的染料，便成为黄色的布匹。染料不同，丝的颜色也会跟着不同，所以染布这事是不可以不谨慎的。人就好比这丝，和什么样的人在一起，就会染上什么样的品德、气质。夏桀、商纣、周幽王之所以成为亡国之君，就是因为所染的人不善；齐桓公、楚庄王、吴王阖闾等人之所以能成为一代霸主，就是因为所染的人正确恰当。不仅是国君，普通人也是一样啊。一个人所交的朋友都爱好仁义，淳朴谨慎，遵守法纪，那么他的家道就日益昌盛，名声也就日益显赫，居官治政也会合于正道，比如段干木、禽子、傅说等人就是这样的朋友；一个人所交的朋友如果都不安分守己，结党营私，那么他的家道就会日益衰落，名声也越来越差，居官治政也不得其道，如子西、易牙、竖刁等人就是这类的朋友。你们平时对自己所染的人，所交的朋友一定要慎之又慎啊！”

弟子们这才知道老师的意思，都点头称是。

【现代故事】

举报朋友成功

女孩有一个好闺蜜，两人一起考上同一所大学。闺蜜好看善良，各方面条件都比女孩优越，无形中让女孩感到自卑。

毕业后，闺蜜没有直接参加工作，虽初次考研失败，但是并没有放弃，而是选择二次备战考研，继续深造。

女孩心里很矛盾，一方面希望闺蜜能顺利过关，一方面又怕闺蜜考得太好，感觉一旦闺蜜过关了，自己与她的差距会越来越大。

结果，闺蜜二次考研结束后，没有心机的闺蜜把自己在考场上的事情与她分享了：当考试结束铃响起后，她仍继续作答了。作答时特别紧张，也很害怕被监考老师发现……后来，这个“塑料朋友”根据闺蜜之前告诉她的准考证号、考场等信息，悄悄去举报了闺蜜。举报成功，闺蜜的考研成绩被取消了。

这位闺蜜考试响铃了还继续作答，确实违反了考试规则，但女孩举报的行为是以朋友的身份该做的事情吗？这与《伊索寓言》中的《农夫和蛇》也有点类似，农夫救了蛇，对蛇好，没想到蛇却咬死了农夫……

交友不慎往小了说是身心的伤害，是利益的损失，往大了说甚至是生命的剥夺，那么择友就必须谨慎，仔细筛选，交良友，远损友。

（资料来源：《“举报朋友成功”：永远不要低估人性中的恶》，学姐的口袋微信公众号，2023年6月3日）

【国学故事】

交错朋友的后果

后羿是夏朝有名的弓箭手，逢蒙向他学习射箭，完全学会了射箭的技术以后，他觉得天下只有后羿的箭术胜过自己了，便杀死了后羿。孟子说：“这件事，后羿有过错。”弟子公明仪不理解，问：“后羿教逢蒙射箭有什么过错呢？”孟子说：“郑国曾派濯孺子去进攻卫国，卫国派庾公之斯去追击他。濯孺子说：‘今天我的病发作了，不能拿弓，我活不成了！’问给他驾车的人：‘追我的是谁？’驾车的人说：‘是庾公之斯。’濯孺子便说：‘我死不了啦。’驾车的人说：‘庾公之斯是卫国优秀的射手，您为何说您死不了呢？’濯孺子说：‘庾公之斯曾向尹公之他学射箭，而尹公之他向我学射箭。尹公之他是正派人，他选择的朋友也一定正派。正派人是不会乘人之危的，更何况我还是他老师的老师。’庾公之斯追上来，问：‘您为什么不拿弓箭？’濯孺子说：‘今天我的病发作了，不能拿弓。’庾公之斯说：‘我向尹公之他学射箭，尹公之他又向您学射箭，我不忍心用您的技术反过来伤害您。虽然如此，今天的事是国君的大事，我不敢废弃。’于是拔出箭，在车轮上敲了几下，去掉箭头，射了几箭，然后回去了。”

（资料来源：《逢蒙学射于羿文言文》，新知网，2019年4月9日）

忌妒之心人人有之，但见不得你好的朋友要及时识别且远离，他们无法欣赏你的优势，意识不到有这样的朋友多有福气，而是会产生攻击和破坏心理，认为别人优秀会威胁自己本质上源自内心的自卑，无法肯定自己的价值。

【国学故事】

孙膑与庞涓

战国初期，孙膑、庞涓两人跟随鬼谷子学习兵法，相互之间称兄道弟，结下了友谊。后来，庞涓出仕魏国，做了魏惠王的将军。成为将军以后，他并未想着推荐自己曾经的朋友和同学孙膑，反而忌妒他，认为相对于自己，老师更偏爱孙膑，孙膑也是天下唯一能在兵法之上胜过自己的人。于是，庞涓骗孙膑说将要推荐他在魏国为官。孙膑欣喜地赶来，但等待他的不是高官厚禄，而是庞涓的陷害。庞涓捏造罪名，将孙膑处以膑刑和黥刑，想使他和他的才能一起埋没于世。

但孙膑并没有自暴自弃，而是时刻想着报仇雪恨。当齐国使者出使魏都大梁之时，孙膑以刑徒身份偷偷拜见齐使，用言辞打动了他。齐使于是偷偷将孙膑载回齐国。后来，孙膑受到将军田忌的赏识，又被推荐给了齐威王。几年以后，庞涓率领军队进攻赵国，孙膑、田忌率军救援，在桂陵将魏军击败。又过了两年，庞涓进攻韩国，孙膑再次跟随齐军出征救援，在马陵设下埋伏，庞涓中计，自杀而死（一说被乱箭射死）。

（资料来源：《孙膑与庞涓一起跟鬼谷子学兵法，桂陵之战庞涓临终对孙膑说三个字》，历史稿，2017年12月20日）

孙膑、庞涓本是同门求学的好友，就是因为庞涓的忌妒，而导致了两人反目为仇，孙膑落得一身残疾，庞涓最终也身死战场。同样是朋友，有的相互扶助，创建出一番伟业；有的相互仇杀，将一生都浪费在仇恨与复仇之上。在做人上，庞涓是失败的，忌妒狭隘，害人害己；而在处世上，孙膑也是失败的，择友不善的失败贻害一生。

忌妒是一种极为卑劣的品质。德国哲学家黑格尔（Georg Hegel）曾经说过："有忌妒心的人自己不能完成伟大的事业，便尽量低估他人的伟大、贬抑他人的伟大性使自己与他本人相齐。"忌妒的人最怕别人胜过自己，别人如果超过自己，他就会将别人视为仇敌，想尽办法打压、排挤，甚至进行人身陷害。我们在交友、择友的时候，一定要远离爱忌妒的人，和这种人交往，就像睡榻之旁豢养了一条恶狼一样，对自己来说是一种巨大的危险。古人云："莫道浮云终蔽日，应信绿叶乐扶花。"和朋友相处的时候，自己一定要有宽广的胸怀。世上那么多人，你的朋友能有几个？你应该珍惜他们，爱护他们，为他们的才能而感到自豪，为他们的成就而感到骄傲，在他们需要帮助的时候尽力去帮助，在他们成功的时候为他们锦上添花，这样你才配称为别人真正的朋友。

总之，与人交往心胸宽广是一种美德，忌妒狭隘是一种过错。做个不忌妒的朋友，远离那些忌妒的朋友，你才能拥有真正的友谊。

薛仁贵是个了解友情真谛的聪明人。真正的友情不在于多么热烈，而在于平淡却能保持长久；真正的友情不在于多么“门当户对”，而在于心意相通，彼此交心；真正的友情不在于赞美的言语、丰厚的礼物，而在于发自内心的关心与支持。真正的朋友在你快乐的时候可能不会出现在你身边，在你得势的时候可能会与你保持距离，但当你悲伤、失意之时，他们总是愿意给你安慰和支持，毫不犹豫地伸出援助之手。

【国学故事】

李斯和韩非的“同门之谊”

李斯佩服韩非的学识才华，韩非欣赏李斯的乐观果决。在同窗岁月里，二人情同手足，结下了兄弟般的情谊。韩非和李斯同为荀子的弟子，却各为其主，品行也大相径庭。两人同时出现在视人才为贵宾的秦国，这时秦国又要灭韩，这之间牵涉的利益太多。但很明显，孤身一人在秦国的韩非，无论于公于私，都处于弱势地位。

李斯知道他和韩非的目的不同，且他的提议妨碍自己的主张，只有除之而后快。

秦王也因为韩非不能为自己所用，便要杀了他。李斯赐了韩非子一杯诀别酒，亲手杀掉了自己曾经的同窗好友。“势不足以化，则除之。”如果权势不能使之驯化，就除掉他。他们曾经指点江山，激扬文字，本以为可以相互扶持，结果却如此不堪。

（资料来源：《李斯与韩非的表面同窗关系》，新浪网，2018年3月11日）

第三节　如何择友？择友之道

1. 亲近有德行的朋友，疏远品行败坏之人。重视德行，是所有择友之道的根本。注重自己德行的人同样也会在德行之上感染他人，有这样的朋友是我们修身的巨大帮助。选择道德高洁的人做朋友，我们的灵魂将会得到净化；选择宽厚大度的人做朋友，我们的心胸将会得到扩展；选择正直公正的人做朋友，我们的人格将得到升华；选择情操高雅的人做朋友，我们的心灵将会洒满阳光。相反，和品行败坏的人做朋友，每日和他们做一些有违道德之事，我们的品行会受到污染，原则的底线将越来越低，人格也会变得污浊不堪，最终堕落成一个受人唾弃的无德之人。

2. 亲近正直无私的朋友，疏远贪图私欲的朋友。正直无私的朋友无论做什么事都严格恪守原则，从不违背良心，他们是我们行事最好的老师，从他们身上我们得到道德的规矩、尺度，知道如何在充满利欲、诱惑的世界中保持人格的独立，做一个真正的大丈夫。而那些贪图私欲的人，眼中只有自己的利益，他们为了私欲而损害公道，为了私欲而背叛朋友，有这样的人在身边，不仅损害自己的为人原则，还要时刻担心被欺骗、出卖。

3. 亲近表里如一的朋友，疏远笑里藏刀的朋友。表里如一的朋友就是真实的朋友，他们真正重视彼此之间的友谊，在遇到事情的时候能够为对方着想，你有了困难他们会主动帮助，你有了喜事他们会出自真心地为你欢呼。他们分享你生活中的快乐，分担你生活中的痛苦，是生活中最好的伙伴、同行者。而笑里藏刀的朋友，表面上和你称兄道弟，但内心却充满忌妒怨恨，你遇到了快乐他们会忌妒抱怨，你遇到了不幸他们会暗中庆幸，甚至落井下石，在你成功的时候他们不会为你增彩，在你危难的时候他们将成为你最大的隐患。

4. 亲近诤友，疏远佞友。能够直言的诤友，从不虚伪做作，他们是你最好的镜子，告诉你存在的不足、犯的错误，让你及时改过自新，避免祸患。而阿谀谄媚的佞友，会蒙蔽你的双眼，遮掩你的双耳，让你看不到自己的缺点和过失，在盲目的骄傲自满中走向败亡。

5. 亲近博学多闻的朋友，疏远狭隘浅陋的朋友。和博学多闻的朋友在一起，如读一本好书，在他们的身上能学到很多可贵的学问，增进我们的见识，开阔我们的眼界；而那些狭隘浅陋的朋友，整日只知道鸡毛蒜皮的小事，每日听着这样的琐屑之事，会让自己的志向消失，眼界越来越狭隘，目光越来越短浅。为仁由己，然而观摩熏陶，常有赖良友之助。《围炉夜话》中说："能结交直道朋友，其人必有令名；肯亲近耆德老成，其家必多善事。"我们一定要善于察人，善于择友，选择出正确的朋友，让自己的人生在朋友的促进之下变得更好。

《孝经》云："昔者天子有争臣七人，虽无道，不失其天下。诸侯有争臣五人，虽无道，不失其国。大夫有争臣三人，虽无道，不失其家。士有争友，则身不离于令名。父有争子，则身不陷于不义。"可见，不论天子也好，百姓也好，身边最不能缺少的就是能够直言劝谏的人，我们在与人交往的时候，如果能够遇到肯于劝谏自己的争友一定要懂得珍惜。金无足赤，人无完人，每个人都存在这样那样的缺点，但自身往往并不能察觉，有时错误很严重了尚且不自知。这时若能有人在身边劝谏，直言批评，那无异于昏迷之中喝下了一剂良药，让人幡然醒悟，避免误入歧途。可惜，太多的人身边都没有诤友，平时与人相交，听到悦耳的话就感到高兴，对阿附自己的人就觉得亲近，而那些逆耳的忠言却让他们反感，对真心劝谏他们的人加以疏远。他们身边环绕的朋友虽然很多，但要么对他们的错误视而不见，要么阿附他们助长过错，等到醒悟之时，再去感慨没有人及时劝谏自己已经晚了。所以说，聪明人交友一定要交正直、真实的诤友，而不是阿谀谄媚的佞友，有了诤友的劝诫，这一生才不会身败名裂。

曾国藩说："择友乃人生第一要义。一生之成败，皆关乎朋友之贤否，不可不慎也！"他归纳出交友的"八交九不交"。"八交"，即"胜己者，盛德者，趣味者，肯吃亏者，直言者，志趣广大者，惠在当厄者，体人者"。"九不交"，是"志不同者，谀人者，恩怨颠倒者，好占便宜者，全无性情者，不孝不悌者，愚人者，落井下石者，德薄者"。

胜己者是结交的朋友至少在某个方面比自己强，自己能学习这个朋友的优点提高自己。盛德者是道德高尚者，"近朱者赤"，和道德高尚者交朋友互相影响。趣味者是有趣味、乐观向上的人，和这种人交朋友，能长见识，让你的生活更有乐趣。肯吃亏者指的是大度宽容的人，这种人不会斤斤计较。直言者，是能对你说真话。志趣广大者，目标高远，会帮助你不再随波逐流。如果人生没目标，那就是脚踩西瓜皮滑到哪里算哪里。惠在当厄者是别人困难的时候能够出手相助的人，你遇到困难了这种朋友也能出手相助。体人者指懂得体谅别人的人，这种人能将心比心，换位思考。

志不同者不交，你想干一番事业，他觉得你现在很舒服了，如此就挺好，不用再上进，那这种人不是你的朋友。谀人者不交，阿谀奉承别人的人习惯说假话。恩怨颠倒者不交，你对他好，他反过来对你坏，你帮助他，他反而过河拆桥，还要插你一刀，这就是恩怨颠倒者。好占便宜者不交，每天想怎么才能占到便宜，得到好处，这种人不能结交。全无性情者不交，整个人固执刻板，你和这种人在一起没有一点乐趣。不孝不悌者不交，孝悌是孝敬父母和尊重爱护兄弟姐妹。他对父母、兄弟姐妹都不好，对你能好吗？愚人者不交，愚蠢的人会拉低你。

落井下石者不交，你遇到困难了，他不但不帮你还要加害于你。

德薄者不交，道德品质不行的人不能交。

第四节　自重言行，诚信待人

1. 不轻慢，不怠慢

墨子说："人无幼长贵贱，皆天之臣也。"人虽然在地位、才能、财富上存在高低、多寡之分，但在人格之上每个人都是平等的。无论你拥有怎样的地位、多大的权力，都要懂得尊重别人，平等地对待别人。中国古代礼仪虽然强调尊卑有序的等级制度，但那只是为了维护社会的秩序，绝不是追求压迫和歧视。遵守礼仪不是为了让在上者骄傲自大、欺凌别人，不是让在下者妄自菲薄、奴颜婢膝，而是让人们在自尊和尊人的基础上相互交往，和睦相处。

《礼记》中说："夫礼者，自卑而尊人。虽负贩者，必有尊也。"礼是为了约束自己而尊重他人，哪怕是地位卑微的挑担做买卖的人也是有尊严的，守礼的君子对他们也要给予尊敬。普通人之间要互相尊重，交往深厚的朋友之间更要平等相待。孟子说："不挟长，不挟贵，不挟兄弟而友。友也者，友其德也，不可以有挟也。"（《孟子·万章下》）你想和人交朋友，无论自己处于什么样的地位，都必须尊重对方，平等相待，不要以为自己年长就轻视年轻人，不要以为自己尊贵就慢待他人，不要依仗家族兄弟富贵就看不起其他暂时不如你的人。交友贵在德行相当，志趣相投，而不是通过财富、地位来判断这个人是不是你的朋友。如果你依仗财富、地位而与人交往，那真正有德的君子是不屑于和你交往的，如果真有那样还亲近你的人，一定是阿谀谄媚的小人，绝非良友益友。

【国学故事】

晏子与越石父

春秋时，晏子担任齐国相国，一次出使晋国，返国的途中路过中牟，远远瞧见有个人头戴破毡帽，身上反穿皮衣，正从背上卸下一捆柴草，气喘吁吁地停在路边歇息。走近后，晏子发现这个人的神态、气质、举止都不像个粗野之人。于是，让车夫停下车，亲自下车，询问道："先生是谁？为什么会在这里做这等粗活？"那人如实相告："我是齐国的越石父，三年前被卖到中牟，给人家当奴隶，失去了自由。"晏子问："那么，我可以用钱财将你赎回来吗？"越石父回答："当然可以。"

于是，晏子以自己车子上左侧的一匹马作为代价，赎出了越石父，并带着他一起回到了齐国。一路交谈，晏子很欣赏越石父的才华，两人颇有惺惺相惜之感。但到家以后，晏子没有跟越石父告别，就一个人径直进了屋子。这件事使越石父十分生气，他叫人告诉晏子，要和晏子绝交。晏子很是奇怪，便出来见越石父，对他说：

"您在中牟为奴三年是我将您赎了回来，还您自由，应该说已经对您不错了，您为何这么急地要和我绝交呢？"越石父说："一个自尊而且有真才实学的人，受到不知底细的人的轻慢，是不必生气的；可是，他如果得不到知书识礼的朋友的平等相待，他必然会愤怒！任何人都不能自以为对别人有恩，就可以不尊重对方；同样，一个人也不必因受患而卑躬屈膝，丧失尊严。您将我赎回来，是您的好意，我以为您了解我；现在到了您的家里，连声招呼都不打就进去，这说明您还是将我当奴隶看待，在这里做奴隶和在中牟做奴隶又有什么区别呢？您还是赶紧将我卖了吧！"

晏子听了这番话，知道自己刚才失礼了，连忙向越石父道歉。他诚恳地说："是我的过错，请您原谅我的过失，不要弃我而去，行吗？"从此，晏子将越石父尊为上宾，以礼相待，两人成了相知至深的好朋友。

（资料来源：《先秦晏子与越石父，越石父懂得自尊，与晏子成为好友》，快资讯，2019年10月17日）

孔子说："晏平仲善与人交，久而敬之。"（《论语·公冶长》）也许正是在与越石父交往之后，晏子能够时刻注意平等待人，从而得到别人长久的尊敬。《后汉书》中说："贫贱之知不可忘，糟糠之妻不下堂。"做人不可忘本，与人交往之时亦不能忘本。越是贫贱之时的老朋友，越是值得珍惜，如何对待贫贱之交能体现出一个人良心如何，能看出他是一个有情人还是无情者，能判断出他是否值得交往，值得帮助。

如果互为朋友，就不可以不实行做朋友的准则。比如农工实业，不集合巨资和众人的智慧，就无法建立，做朋友的，就应该发挥各自的能力，协助配合来谋划。开展经营后，互相拿着合约，遵守各自的权限，不相互欺诈，不相互推卸责任，彼此享受各自的利益。不只是实业，做学问也是这样。当今适逢经济、文化大发展的时期，很多如今的同学、将来的同事，都会投入创新创业的浪潮中去，我们只有诚信待人，诚信交友，才能在经济浪潮中保护好友谊，使之成为能永久互帮互助的真朋友。

2. 贫贱之交不可忘

生活中，经常看到这样一种人，他们出身贫寒，在亲戚朋友的帮衬之下脱离了困难，获得了成功，但成功以后他们想的不是报答那些曾经帮助过自己，和自己一起度过苦日子的人，而是想方设法和过去撇清关系，和老朋友划清界限。他们觉得自己已经是人上人了，那些昔日的朋友没用了，只会拖累自己。老朋友来找他，他避之不及，老朋友求他做点事，简直比求陌生人还要困难。这种行为就是忘本，这种人是不值得交往的，是令君子所不齿的。他们的人生、事业也会由于自己的无情、自私而最终走向不可避免的失败，因为他们在抛弃别人的时候，别人也抛弃了他们，他们走得越远，爬得越高，人生的道路就会越来越狭窄，终将沦为无人帮助的孤家寡人。

朋友能成全我们的好事，救济我们脱离苦难。我们经营事业，很少有单靠自己的力量就成功的。现在这个时代，人员往来交流便利，技术不断更新，分工合作的方法也越来越精密，想要创办一个事业，更加不能不集合众人之力来成就。那么需要朋友的时候就比以往更多。至于突然遭遇到疾病，或者遭遇变故，可以安慰保护我们的人，除了亲戚家人之外，不是朋友还能有谁呢？

【国学故事】

众叛亲离的陈胜

秦末义军领袖陈胜年轻之时就是一个很有志向的人，一次他和人一起被雇用耕田，中间休息的时候，他站在田垄之上，对身边的穷朋友们说："苟富贵，毋相忘！"就是说，将来富贵了，不要忘了这些老朋友啊！所有的人都嘲笑他："你现在穷得帮人耕地而生，哪里会有什么富贵呢？"陈胜叹息道："燕雀安知鸿鹄之志哉！"

后来，陈胜被征调去戍守渔阳，走到路上他同吴广等人共同发动了起义。因为秦朝统治十分严酷，天下百姓听到他们起义以后，都纷纷起来支持他们，陈胜很快建立了政权，被称为"陈王"。曾经的那些穷朋友，听到陈胜得势以后，纷纷来到他的宫殿外求见他，希望他能提携他们。陈胜将他们留在宫中，然而这些人大多出身贫苦，不懂礼节，见到陈胜也不跪拜，还直呼其名。其他的人见到陈胜的这些老朋友如此粗鄙，都暗地里嘲笑他们。于是，陈胜身边的人劝他惩戒冒犯他威仪的人。陈胜也认为这些老朋友太没规矩，有损他的面子，于是在一个朋友行为不礼的时候，就下令处死了他。

其他的穷朋友见到陈胜如此，立刻生出了兔死狐悲之心，不久就都离开了。那些在路上想投奔陈胜的人，听到了他处死老朋友的消息，也都改变了行程，前去投奔他处了。陈胜抛弃朋友的传闻四散开来，天下人觉得他做了大王就忘了本，和那些欺压百姓的秦朝贵族又有什么区别呢？支持他的人越来越少。很快，秦朝发动反击，击败了陈胜的军队，陈胜也在逃亡中被人杀死了。

（资料来源：《陈胜吴广之死》，360doc 个人图书馆，2017年2月27日）

贫贱之时与人亲密无间，一旦得势便将旧情抛到脑后，这种人在忘记昔日恩情之时，其实也忘掉了做人的最起码准则。

平等待人，尊重朋友也是谦虚自律的表现。晚清名臣曾国藩也将"恭恭敬敬"作为与朋友相处的原则，他在写给弟弟的书信中曾说："或师或友，皆宜常存敬畏之心，不宜视为等夷，渐至慢亵，则不复能受其益矣。"无论是老师还是普通朋友，都要怀着敬畏之心，平等和对方相处，不要觉得自己家中有权势就轻视、怠慢对方，那就很难从对方那里得到帮助了。

理查德·斯梯尔（Richard Steele）说："对一个有优越才能的人来说，懂得平等待人是最伟大、最正直的品质。"不管与任何人相处，都要长存敬畏之心，世上的每个人都有尊严，尊重别人的尊严，是君子的一道底线，是人生的一道亮点。只有尊重别人，平等对待别人，别人才会愿意同你交往，你才能结交朋友，并从彼此的友情之中获益。

晏子说：“衣莫若新，人莫若故。”（《晏子春秋》）生活中对你最好、最真诚的朋友不是那些受过你多少好处的富贵之交，而是那些曾在你贫困时，给过你帮助的贫贱之友。贫贱之友如同白开水，虽然无味，解渴却是最好；富贵之友，如同醇酒，味道很浓，多喝必然伤身。生活中，对你最重要的人，不是那些成天与你花天酒地的富贵者，而是那些曾经在你贫困时陪伴在你身边的穷亲戚，在你困境时对你不离不弃的老朋友。

俗语说：“仗义每多屠狗辈，负心多是读书人。”交朋友不要排斥贫贱的，他们虽然贫困，看起来没什么前途，可是他们仗义，当你遇到困难时，他们必然会慷慨地给你温暖和扶助，能与你同甘共苦。而富贵者则不然，他们和你交往看到的都是金钱享乐，钱财没了，友谊也就尽了，他们交的是你的金钱地位，而不是你这个人。

人都应有颗感恩之心，那些在你贫困时帮助你，在你落难时陪伴你的人是最无私的，他们在你最困难的时候为你付出，却从未想过回报，他们才是你最值得感激的。当你成功以后，最该报答的就是他们，而不是以他们为羞。其实，无论你付出多少，在他们的赤诚和真挚感情面前都是微不足道的。

贫贱之交不可忘，人不忘本才是君子本色，才能活得坦坦荡荡，拥有成功、幸福的人生。

3. 学会尊重他人

孟子说：“仁者爱人，有礼者敬人。爱人者，人恒爱之；敬人者，人恒敬之。”（《孟子·离娄下》）一个有仁德的人必定懂得去爱护别人，一个守礼仪的人必定懂得去尊敬别人。你爱护别人，别人才会爱护你；你尊敬别人，别人才会尊敬你。学会尊敬别人是一门学问，是做人必备的美德，是安身处世的智慧。

尊重别人并不是什么难办的事，给年长、位高的人让个道、打个招呼，对路上认识的人点一下头，别人和自己打招呼了及时回应一下，别人求到自己了热情对待，别人不经意冒犯了自己宽容对待，这些都能表现出对人的尊敬。然而生活之中，很多人不会尊重他人，凡事都从自己的角度考虑，从来不照顾别人的尊严和面子，与人打交道之时傲慢自大、狂妄无礼，这不仅是个人修养的不足，更是一种自取祸患的愚蠢。

尊重，是彼此交往之中人们最看重的东西。人人都希望获得足够的尊重，这是对自己的认可，如果得不到应有的尊重，人们就会认为自己被轻视。若是遇到心胸宽广的人还好说，大不了一笑而过，从此各行其路；若是遇到心胸狭隘的人，被轻视了就会怀恨于心，必然施加报复。

【国学故事】

后悔的田甲

西汉的时候，大臣韩安国犯法抵罪，被关进了大牢之中，狱吏田甲负责看管他。田甲平时就看着那些高高在上的大臣们不爽，如今看到韩安国在监牢里还一副清高的样子立刻火气就上来了。于是，他不断找借口侮辱韩安国。韩安国问："你我本无仇怨，为何要如此苛刻？"田甲回答："你们这些大臣平日里风风光光的，到了这里还拿什么架子，这里我说了算，就是侮辱你又能怎样？"韩安国很愤怒，又无可奈何，就说："死灰难道就不能复燃了吗！"意思是，自己还会东山再起。田甲哈哈大笑，道："你要是能复燃，我就撒泡尿将你浇灭！"

不久以后，梁国内史职位空缺，皇帝想到了韩安国，于是便免了他的罪过，让他继续担任俸禄两千石的官吏。田甲看到韩安国真的死灰复燃了，想到昔日自己对他的无端侮辱，心中害怕，索性逃走了。韩安国随即下令，说：如果田甲不回来，便抓起他的家人治罪。田甲看到告示以后，走投无路，于是脱光衣服、背着荆条去韩安国那里负荆请罪了。看到战战兢兢的田甲，韩安国讽刺道："现在死灰复燃，你可以尿了！"田甲吓得面如土色，连连磕头求饶。"起来吧。像你这样的人不值得我去报复！"韩安国看到田甲也受了一番羞辱，便饶恕了他。

（资料来源：《韩安国典故有哪些》，知识百科，2023年5月2日）

尊重别人就是尊重自己，无论别人如何都要给予足够的尊重，这既是做人所必需的美德，也是安身立命的谨慎之处。生活中很多人太过势利，见到富贵有权的人便奴颜婢膝、阿谀奉承，见到贫贱无位的人就开始逞威风，通过欺负别人来寻回自己丢失的尊严，这恰恰显示了其人格的卑贱、低劣。

没有人会永远卑贱，你今日看到别人好欺负，故意刁难别人，也许不久以后别人得势了，你的前途、命运就掌握在别人的手中，那时你再后悔当初没有尊重别人就晚了。

【国学故事】

李广杀霸陵尉

西汉名将李广曾经因为打败仗而丢了官。丢官以后，他便隐居在蓝田南山中射猎。一天，李广带着随从出去与友人饮酒，回来的时候天色已晚，走到霸陵驿亭的时候，霸陵尉喝醉了酒，呵斥禁止李广通行，言行无礼。李广的骑从说："这是前任李将军。”霸陵尉醉言道：“现任将军且不能通行，更何况前任将军呢！”便将李广扣在亭下，无礼地慢待他。李广本就是心高气傲之人，此时受到一个亭尉的羞辱，心中愤愤不平。不久，匈奴南侵，朝廷想到了李广的才能，便重新起用他为将军。李广在上任之前，点名向朝廷索要霸陵尉一起赴军，朝廷同意。李广到了军营以后，立刻就借军法将羞辱自己的霸陵尉杀死了。

（资料来源：《飞将军李广是个有仇必报之人》，360doc个人图书馆，2018年5月18日）

人的内心都渴望得到尊重，但只有你先尊重了他人才能赢得他人的尊重。生活中每个人的职业、地位、财富都可能存在差异，但没有高低贵贱之分，我们没有理由去轻视他人、嘲笑他人，更没有权利去欺凌、侮辱他人。须知，侮辱他人就是侮辱自己的人格，欺凌他人就是种下自己被欺凌的种子。学会尊重他人，让自己的人格更加可贵，为自己的生命增加弹性和厚度，这样才是真正的君子，才能赢得美好的人生。

孔子说“君子不重则不威”（《论语·学而》）。一个君子不庄重一些，就会没有威严。重，不仅指容貌、仪表上的端庄整洁，也指待人接物上的庄重有礼。只有衣装得体、举止恰当的人才会给人一种踏实厚重的感觉，才更容易让人相信；反之，衣行轻薄，给人随随便便的感觉，则很难有威严。同样，待人接物也要庄重守礼，这才能表现出对他人的尊重，否则言行轻佻，举止无礼，就是对他人的蔑视，容易引起纠纷、误会。

有人说，世上最难以忍受的就是他人的轻视，而人们最容易犯的错误就是轻视他人。的确如此，越是自尊心强的人就越难以容忍他人的轻视，一旦受到了一点轻视，他们就会将其视为奇耻大辱，轻者不愿再与对方交流，重者从此怀恨于心。所以，为了避免他人觉得被自己轻视，在与人交往之时，一定要端庄谨慎，以礼待人，切勿轻佻浮躁。

【国学故事】

齐顷公求和

春秋的时候，晋国大夫郤克出使齐国，恰好此时鲁国季孙行父、卫国使臣孙良夫、曹国使臣公子首也在齐国。齐顷公接见这四位大臣，忽然发现了一件很巧的事，这四位使臣身上都有点儿毛病，郤克的一只眼睛失明了，季孙行父是个光头，孙良夫腿脚不便，公子首是个驼背。于是，齐顷公想出了一个好玩的主意，告诉他们先回驿馆，明日举行正式接见典礼。

第二天，齐顷公安排了与使臣有同样毛病的仆人引领他们，浩浩荡荡地走向齐国宫殿，齐国大臣一看到这场景，都领会了这是国君在戏弄这四位使臣，无不强忍着笑意。可郤克等四人对此却毫无察觉，规规矩矩走到了朝堂之上，还没等他们开口说话，忽然齐顷公身后帘子中爆发出一阵大笑。原来齐顷公将这趣事告诉了自己的母亲，让她躲在后面看看热闹，没想到夫人没有忍住，笑了出来。她这一笑，满朝的齐国大夫再也忍不住了，都哈哈大笑起来。郤克等人这才知道自己被狠狠地捉弄了一番，心中都愤愤不平。回去以后，四人约定一定要洗刷耻辱，让齐国君臣为他们的轻佻无礼付出代价。

郤克回到晋国以后，屡屡劝说晋景公攻打齐国，数年以后，齐国进攻鲁国。鲁国季孙行父和卫国的孙良夫都到晋国求援，他们通过郤克求见晋景公，希望晋国发兵。晋景公于是任命郤克为元帅出征齐国，齐顷公率军抵抗，两军在靡笄山大战，齐军大败。齐顷公因与车右换了衣服才得以侥幸逃脱，不得不卑辞向晋国求和。

（资料来源：《一场玩笑引发的多国伐齐》，今日头条，2021年3月5日）

齐顷公作为一国之君，故意侮辱他国使臣，举止轻佻无礼，最终为自己的行为付出了惨痛的代价。和任何人交往都要庄重有礼，给对方足够的尊重，也许在你看来是微不足道的一个玩笑，但在别人那里可能会觉得受到了奇耻大辱；你觉得自己没有恶意，只是找点乐子，但在别人看来这就是故意轻视他，羞辱他。你如何对待别人，别人就会怎么对待你。尊重别人得到的是别人的尊重，羞辱别人也终将得到别人的羞辱。生活中很多人好开玩笑，喜欢拿别人取乐，根本不管别人是否愿意，不考虑别人性格如何，就做出轻佻的行为。要是对方是个大度的人还好，最多抱怨几句也就罢了，可万一是个特别在意面子的人，那这种行为无疑是给自己招致祸患。

轻佻的言行最容易让人误解，给自己带来意想不到的麻烦。有些人考虑事情太过主观，从来没有站在别人的角度思量。看到别人容貌有问题就想开个玩笑，看到别人家里有什么事也想开个玩笑，把别人的名字拿过来可以捉弄一番，看到别人不小心出个丑也想捉弄一番，其实这些低劣、轻佻的行为根本算不上幽默，在敏感的人心里这些都是巨大的伤害。做这种事显示不出一个人有任何才能，反而透露出他修养的浅薄、自私、愚蠢。人要尊重别人，也要时刻自重，与人交往一定要自重言行，避免轻佻无礼的举动。

《素书》中说："孤莫孤于自恃。"这一句要告诉我们什么道理呢？人生最大的孤独在于狂妄自大、刚愎自用。一个人一旦自大起来，必然没有人愿意接近他，都会对他敬而远之，更没有人愿意和他做朋友，最终落得孤家寡人一个。生活之中，傲慢自大的人是最让人反感的，他们总觉得自己比别人强，总是不将任何人放在眼中。他们容不得别人，同样，别人的世界也无法容纳他们，没人喜欢同他们打交道，他们在社会中永远是孤立无助的。

傲慢自大，是一种卑劣的品质，是一种极为低级的做法。子思曾经对孟子说："自大而不修其所以大，不大矣。"（《孔丛子·居卫》）真正的伟大源自内心的谦恭与真实，骄傲自大的人看到自己某方面的小小成就开始沾沾自喜，不修养自己的品德使内心更加充实，这反而会暴露他们的低微，为他人所鄙视、遗弃。

傲慢自大的人永远听不进去他人的劝谏，这是对自身进步的抗拒，这样的人永远不能变得睿智、成熟，只会在浅薄之中走向失败，走向灭亡。人不怕没有才能，最怕自以为有才能。知道自己没有才能，便能够虚心求教，广泛纳谏；自以为有才能的人便谁都不放在眼里，谁都不重视，凡事都自己逞能，别人的好意见他不听，别人诚恳的劝告他反感，以傲慢无礼的言辞将人拒之于千里之外。这样的人身边的智者再多也不会受到教益，得到的忠告再多也难以摆脱孤陋寡闻、道德残缺的状况。

每个人都要用正确的态度去面对生活和工作，谦虚地与人交往，别人才会接纳你；温和地对待别人，别人才愿意亲近你。自大与傲慢是人生旅途中的绊脚石，它们不仅让你失去赢得别人友谊的机会，还将为你招来无穷的反感和对抗，毁掉你的机会和成果。

【国学故事】

关羽败走麦城

三国名将关羽自古以忠义著称，但却败走麦城，死于非命，最关键的因素就是他性格上存在致命的缺陷——刚愎自用，孤高自傲。

关羽为人平时就很清高，对自己看不上的人很少给予好的脸色，等其有了功名地位以后，孤傲之气就更加明显了。刘备入川以后，命令关羽镇守荆州，为了表彰部下，刘备封关羽、张飞、马超、黄忠等人为大将。消息传到了荆州，关羽听了没有喜色，反而大怒说："黄忠是何等人，竟敢与吾同列？大丈夫终不与老卒为伍！"黄忠虽然年老，加入刘备阵营时间较短，但其为人勇猛，又立有大功，况且在荆州之时，黄忠曾与关羽对阵，刀法超群，箭术更是百步穿杨，对这样的人关羽都这么高傲，可见其是多么自大。

关羽镇守荆州，诸葛亮多次叮嘱他要联合东吴北拒曹操，但关羽却自以为是，对江东十分轻视。孙权曾派诸葛瑾为儿子向关羽的女儿求婚，以结秦晋之好，共伐曹操。但关羽听闻以后勃然大怒，训斥诸葛瑾说："吾虎女安肯嫁犬子乎！若不是看在丞相的面子上，立刻就将你斩首！休再多言！"诸葛瑾受此训斥，仓皇离去。孙权得知之后，自然对傲慢自大的关羽恨之入骨。

关羽不仅轻视东吴，也轻视自己的部下。镇守南郡的糜芳是刘备的妻弟，从徐州开始就追随刘备，但关羽却认为他没有才能，仅凭关系上位，很是轻视他。关羽北伐时，糜芳一时没有完成供给军需的任务，关羽便对其大加叱责，并威胁说回来再收拾他。糜芳又羞又惧，恰好东吴派人去诱降，他索性投降了东吴，导致关羽回荆州之路彻底断绝。

（资料来源：《关羽为何败走麦城？》，360doc个人图书馆，2012年7月3日）

关羽的才能是无须多言的，可再强大的军事才能也无法弥补关羽本身性格上的缺陷。傲慢自大的性格会让人四处树敌，在他强大的时候可能别人都容忍了，可一旦他受制于人时，别人的怨气就会倾泻而出，那时他会发现原来自己不知不觉中得罪了这么多人，树立了这么多敌人，可那时已经晚了。

傲慢是最大的恶，傲慢的人永远不知道自己在做什么，不知道自己展示出的那种狂妄自大的态度、那种对别人不屑一顾的表情，都是对其他人自尊心的深深伤害和挑衅，不知道自己傲慢的一言一行都是在为自己树立一个又一个的敌人，埋下更多的祸患。实力再强大也经不起骄矜放纵，基业再丰厚也经不起狂妄自大，自恃者无功，自傲者必败，真正拥有智慧的人，一定会在与人交往之时，努力避免骄傲自大、眼高于顶。

4. 有恩于人不必长留心中

《道德经》中有这样一段话："万物作焉而不辞，生而不有，为而不恃，功成而弗居。夫唯弗居，是以不去。"这是老子形容"道"的无私、无为：万物兴起而不加干预，生养万物而不据为己有，化育万物而不自恃己能，功德成后也不自我夸耀。正因为如此，所以功绩才永远不会湮没。"道"因为有功却不居功而功德长存，人也是如此，有功于人的时候要懂得谦虚退让，这样功德才能长久；反之，如果太看重自己的功劳，过于夸耀自矜，功德反而会褪色变质。

【国学故事】

信陵君的美名

战国之时，秦国派遣大军进攻赵国邯郸，赵国力不能支，连忙向魏国求救。魏王害怕秦国的强大，虽然派遣了救兵，但只是前去观望，不敢真正救援。这时，魏王的弟弟信陵君为了救赵便矫诏杀死了率军的将军晋鄙，夺得军权率兵击退了秦军。战后，赵国君臣对信陵君感恩戴德，赵孝成王亲自率领群臣去城外迎接他，要将十五座城池封赏给信陵君。这时，身边的唐雎对信陵君说："我听说，事情有不可以知道的，有不可以不知道的；有不可以忘掉的，有不可以不忘掉的。"信陵君说："这话是什么意思呢？"唐雎回答说："别人憎恨我，我不能不知道；我憎恶别人，是不可以让别人知道的。别人对我有恩，我是不可以忘记的；我对别人有恩，是可以忘记的。如今，你杀了晋鄙，救下邯郸，打败秦兵，保存了赵国，这对赵国是大恩德。现在，赵王亲自到郊外迎接你。你在匆忙之间见到赵王了，希望你能把救赵的事忘掉吧！"信陵君采纳了唐雎的劝告，见到赵国君臣以后闭口不谈自己的功劳，也不接受赵国的封地。这样一来，赵国君臣更加感激信陵君，天下人也都传播信陵君行义不求回报的美名。

（资料来源：《信陵君救赵成英雄，唐雎却劝他：记住他人的恩德，忘记自己的功绩》，今日头条，2019年11月29日）

人有恩于我，不可忘却，滴水之恩，当涌泉相报；我有恩于别人不可不忘，更不可恃恩而求别人回报，贪得无厌。如果一个人太看重自己对别人的恩惠，就会给别人造成太大的压力，让别人觉得总是欠你的，怎么还也还不完。最终，这种巨大的压力将会把恩惠变成负担，甚至变成敌视、仇恨。三国之时，许攸在投降曹操以后，之所以被杀，就是因为太恃功自大。他总觉得是自己救了曹操的大军，救了曹操的命，所以到处吹嘘，出言不逊，最后曹操也忍无可忍，只好放纵将军许褚将其杀死。人最感激的是那种帮助了他却又不求回报的人，因为不求回报，所以是无私的，无私的恩德最为长久，最为可贵。一旦过于在意自己对别人的恩惠，要求回报，那恩德就变成了有目的的交易了，也就失去了它的真挚和价值。

【国学故事】

不求回报的丙吉

汉武帝的时候爆发了巫蛊之乱，太子被江充等奸佞陷害，被迫起兵造反，最后兵败被杀。汉武帝大怒，将和太子有关的人全部下狱。太子的孙子，尚在襁褓之中的刘病已也被收系郡邸狱。

鲁国狱吏丙吉被调到京城任廷尉监，朝廷调拨他掌管郡邸狱治理巫蛊之事。当时，酷吏横行，很多人为了功名而故意诬陷他人犯罪，以此得到晋升的阶梯。治理巫蛊案件的官员大多落井下石，将那些无辜的罪犯严刑拷打，置于死地。但丙吉并未如此，他虽为狱吏却并不严酷自私，为人宽厚善良，知道巫蛊之事是无中生有，很同情那些在狱中的人，尤其对刚出生几个月的皇曾孙刘病已，更是关爱有加。他挑选谨慎厚道的女囚，命令她们养护刘病已，给他提供宽敞干燥的房间。

一次，汉武帝病重，望气者说长安监狱有天子气，汉武帝便派遣使者，命令将监狱中人一律处死。使者来到监狱门前，丙吉知道了他们要做什么，便紧闭大门，说："皇曾孙在此，普通人都不能随便杀害，更何况是天子的骨肉呢？"使者无奈，只好回去，幸好武帝头脑已经清醒，没有追究丙吉抗旨之罪，又取消了自己的命令。

汉武帝去世以后，汉昭帝即位。不久昭帝也去世了，大将军霍光掌权，拥立了昌邑王刘贺，但刘贺无道乱德，大臣们不得不将其废除。这时，曾担任过大将军长史的丙吉向霍光推举流落民间的皇曾孙刘病已，称他贤能有德，才干出众。霍光便拥立刘病已为帝，就是后来的汉宣帝刘询。

汉宣帝掌权以后，不忘幼年的悲惨遭遇，对曾经帮助、保护过自己的人都加以厚赏。很多人争着说出自己的功劳，但丙吉却绝口不谈以前的事，所以朝廷没人知道他的功劳，汉宣帝也毫不知情。后来，有掖庭宫女上书，陈述曾经有护养宣帝的功劳，并称丙吉知晓内情。宣帝亲自问丙吉，才知丙吉昔日对自己的大恩。

朝中群臣知道丙吉的事迹以后，大为震惊，无不对他有功不夸的美德赞赏不已。宣帝下诏封丙吉为侯，丙吉屡次推辞，在皇帝的强烈要求下才同意了。后来，丙吉做到丞相的高位，子孙后代保持侯位几十年。

（资料来源：《他救了一任皇帝并为汉朝续命82年，却不求回报》，搜狐网，2017年8月1日）

一个施恩惠于人的人，不将此事记挂心头，也不张扬出去让别人赞美，那么即使是一斗粟的付出也能得到万斗的回报。一个以财物帮助别人的人，而总是要求别人回报他，那么即使付出万两黄金，也难有一文钱的功德。

恩德因为无私而升华，因为自矜自伐而褪色。天地抚育万物，承载万物，从来不自恃功德；日月照耀万物，温暖万物，从来不自伐恩惠；父母养育子女，保护子女，从来不求回报。所以在人们心中，天地、日月、父母，都是最为无私、最为伟大的存在，也是最值得感激的。我们与人交往，也一定要有天地、日月、父母般的无私情怀，将恩德藏在心底，默默地付出而不求回报。

第四章

孝悌为先·处事有方

蓼蓼者莪，匪莪伊蒿；哀哀父母，生我劬劳。
蓼蓼者莪，匪莪伊蔚；哀哀父母，生我劳瘁。
瓶之罄矣，维罍之耻。鲜民之生，不如死之久矣！
无父何怙？无母何恃？出则衔恤，入则靡至。
父兮生我，母兮鞠我。
拊我畜我，长我育我，顾我复我，出入腹我。
欲报之德，昊天罔极！
南山烈烈，飘风发发。民莫不穀，我独何害？
南山律律，飘风弗弗。民莫不穀，我独不卒。

——《诗经·小雅·蓼莪》

那高高的植物是莪蒿吗？原来不是莪蒿，是没用的青蒿。我可怜的父母啊，为了养育我受尽了辛劳！

那高高的植物是莪蒿吗？原来不是莪蒿，是没用的牡蒿。我可怜的父母啊，为了养育我竟积劳成疾！

小瓶的酒倒空了，那是酒坛的耻辱。失去父母的人与其在世上偷生，不如早早死去的好。没有父亲，我可以依仗谁？没有母亲，我可以依靠谁？出门在外，心怀悲伤，踏入家门，家里却空空荡荡。

父亲母亲生我养我，你们抚爱我疼爱我，使我成长，辛苦地培育我，照顾我庇护我，出入都仔细看顾着我，我想报答你们的大恩大德，像苍天一样无穷无尽。

南山高峻，狂风发厉，别人都有养育父母的机会，为何只有我遭此祸害？

南山高峻，狂风疾厉，别人都有养育父母的机会，唯独我不能终养父母。

第一节　自重自爱，父母安心

1. 自尊自爱，不让父母担心

儒家说“孝是百德之首”，佛家说“孝为至道之法”。孝是最基础的修行，也是最高明的修行，它从身边的侍奉父母开始，可以推广到治国、平天下，普通人离不开它，愚俗人离不开它，地位至高的天子、智慧最高的圣人同样离不开它。有了它，个人才能安身立命，天下才能稳定有序。故在《论语·学而》中，有子说：“其为人也孝弟，而好犯上者，鲜矣；不好犯上，而好作乱者，未之有也。君子务本，本立而道生。孝弟也者，其为仁之本与！”

父母子女天属，血脉相连，任何人都无法割断。诚如鲁迅所说，“无情未必真豪杰，怜子如何不丈夫？”父母教养我们，我们也要孝养父母。孝养父母，一个很重要的方面就是自尊自爱，管理好自己的身体和德行，不使父母担忧，不令父母蒙羞。《弟子规》中说：“身有伤，贻亲忧。德有伤，贻亲羞。”

孝悌乃为仁之本，能够爱护父母才能爱护他人，能够安乐父母才能安乐百姓。同样，一个人如果能够切实践行孝道，好好侍奉父母，那他就会听从父母的教诲，设法使父母安乐，在其他德行方面也不会太差，他的生活、事业一定也会比不孝之人更加成功。

孟武伯向孔子请教孝道，孔子回答：“父母唯其疾之忧。”（《论语·为政》）对于父母来说，最值得担心的就是儿女的健康。小的时候，我们害了一点毛病，父母就担惊受怕的，即使夜深人静时，也会背着我们去医院，衣不解带地守护在我们旁边；我们还未学会如何生活的时候，他们会时不时地叮嘱我们，天冷了多加点衣服，天热了别中暑，天凉了注意肠胃……当我们长大成人，离开他们去外面学习工作的时候，父母的心仍时时牵挂着我们，有点心动就想到是不是儿女哪里不舒服。

一个人身体受到伤害，最为他担忧的就是他的父母，承受压力最大的也是父母。因此，我们在关爱父母的时候，也要注意保重自己的身体，让父母免除对我们健康的忧虑，让他们少点担忧，也是我们尽孝的一种。小的时候不懂事，让父母关心还无可厚非，但长大以后，本来能够自理、自立了，却还是让父母为自己的健康而担惊受怕，那就是不对的，是和孝道有所抵触的。

很多人仗着自己年轻，对身体很不在乎，对父母注意身体的劝告不屑一顾，为了在朋友面前装酷而大口大口地抽烟，一瓶一瓶地喝酒；平时玩乐时毫无节制，几天几夜不合眼；出去游玩时更是为了彰显自己的“勇气”做出各种冒险的事情……似乎不将身体糟蹋坏就一定不肯停下来，直到出了事，住院了，才将父母叫到身边，让他们分享自己的悲伤。

【现代故事】

“拼命”的年轻人

一个年轻人毕业以后进入了一家著名的软件公司。公司待遇很不错，但工作压力巨大。为了完成工作，他一连几天加班到半夜甚至凌晨是常事。年轻人对自己的工作很满意，因为相比于大部分同学，他的收入算是高的。他从小家中贫穷，父母为了供自己上大学省吃俭用，好不容易才等到了自己参加工作，如今正是自己努力工作报答父母的时候。所以，每当工作疲惫不堪的时候，他想到自己能赚钱让父母将来生活得更加开心，也就有了坚持下去的动力。

因为工作努力，不久年轻人被任命为一个项目的主管。项目时间很紧，对于他来说难度很大。为了完成目标，他带领团队连续一个月整夜加班，连好好吃饭的时间都省了。打电话回家的时候，母亲听到他疲惫、沙哑的声音，无数次叮嘱他，一定要注意身体，健康才是最重要的。年轻人口头上答应了，但为了工作，还是像往常一样熬夜，不按时吃饭。

项目终于成功完成了，年轻人受到了领导的极大表扬。但就在公司举行庆功宴会的时候，他忽然晕倒了。同事们急忙将他送入医院，经过检查，年轻人患了严重的胃病，而生病的原因就是熬夜、饮食随意等长期不健康的生活习惯。

年轻人卧病在床很长时间，最终连工作都辞去了。而他的父母为他担惊受怕，一下子也苍老了许多。看到父母忧伤的眼神，他才知道自己不注意身体对父母造成的伤害有多大。

（资料来源：《爱惜自己，让父母安心，也是一种孝顺》，搜狐网，2019年4月6日）

俗话说：“养儿防老。”父母都有老去的一天，那时子女自然要担负起照顾他们的义务，如果不知道爱惜自己的身体，不仅不能承担起赡养父母的义务，还会给父母造成重大的压力。爱惜自己的身体，也是为父母的未来着想。所以《孝经》强调：“身体发肤，受之父母，不敢毁伤，孝之始也。”

健康是父母给我们最重要最宝贵的东西，为人子女者，与人交往时，要常怀退让之心，不可在外争强好胜，好勇斗狠，以免身体受到损伤。

我们的生命是父母赐予的，我们所担负的不仅仅是自己的事业、幸福，还有对父母的赡养责任。无论你在心中如何想对父母好，如何想给父母安适的生活，若没有个健康的身体，那些想法都是很难实现的。儿女就是父母生活的核心，儿女的身体健康是父母最大的愿望，为了让父母放心，也为了给他们一个无忧无虑的晚年生活，任何人都要爱护好自己的身体。

2. 心有诚孝，色有婉容

子女是父母生活的核心，我们的一言一行都会被父母看在眼中，当我们遇到不开心的事情时，父母为我们担心；当我们沮丧失意时，父母会知道我们难过；当我们对父母产生不满，甚至轻蔑的时候，他们又岂能不知？一切他们都会看在眼中，虽然不说，但他们的心是痛的，他们会后悔，会难过，会失望……如果因为我们的态度而让父母伤心失望，那岂不是离孝道很远？

孔子说“色难”，是因为太多人忽略了对父母和颜悦色的重要性，太多人不能做到这一点。但如果一个人真正感怀父母养育之恩，真正想要让父母快乐幸福，这又有什么难的呢？急父母之所急，想父母之所想，有建议温和地对父母说，父母如果有过错，我们就诚恳地对他们讲，恭敬之情自然会流露在平时的生活之中。故《礼记》中说：“孝子之有深爱者必有和气，有和气者必有愉色，有愉色者必有婉容。”真正的孝，要有实实在在的心，来不得半点虚假。每个人都要将父母的恩德刻在心里，将感恩之情充盈在一言一行当中，和颜悦色地对待父母，做到“心有诚孝，色有婉容”。

有人说，人生最幸福之事，就是爱你的人都在身边。世上对我们恩情最深的就是父母，还有什么幸福比陪伴在父母身边更大呢？我们有三件值得快乐的事，称王天下不在其中。父母都健在，兄弟没病没灾，这是第一件快乐的事；抬头无愧于天，低头无愧于人，这是第二件快乐的事；得到天下的优秀人才而教育他们，这是第三件快乐的事。

孝的本意，就是“善事父母”，那么如何“事”？据《孝经·纪孝行章》记载：“孝子之事亲也，居则致其敬，养则致其乐，病则致其忧，丧则致其哀，祭则致其严，五者备矣，然后能事亲。”意思是说：大凡有孝心的子女，要孝敬他们的父母。第一，在平居无事的时候，当尽其敬谨之心，冬温夏凊，晨省昏定，衣食起居，多方面注意。第二，在奉养父母的时候，当尽其和乐之心，在父母面前一定要现出和颜悦色，笑容承欢，而不敢使父母感到丁点不安的样子。第三，父母有病时，要尽其忧虑之情，急请名医诊治，亲奉汤药，早晚服侍，父母的疾病一日不愈，即一日不能安心。第四，万一父母不幸病故，就要在临终一刹那，谨慎小心，思想父母身上所需要的，备办一切。不仅穿的、盖的和棺材等物，尽力配备，还要悲痛哭泣极尽哀戚之情。第五，对于父母去世以后的祭祀，要尽其思慕之心，庄严肃静地祭奠，如在其左右般的恭敬。这五大孝行，是传统尽孝的根本内容，也是做人的根本。以上五个方面，行的时候必定出于至诚，才能称得上是一个孝子。

孟子认为人有五种不孝：“世俗所谓不孝者五：惰其四支，不顾父母之养，一不孝也；博弈好饮酒，不顾父母之养，二不孝也；好货财，私妻子，不顾父母之养，三不孝也；从耳目之欲，以为父母戮，四不孝也；好勇斗狠，以危父母，五不孝也。”

(《孟子·离娄下》)四肢懒惰，一不孝；好赌饮酒，二不孝；贪恋钱财，偏袒妻室儿女，三不孝；纵情声色欲望，使父母因此蒙受耻辱，四不孝；好逞勇武，凶狠斗殴，危及父母，五不孝。我们可以看出，这五种不孝无一不是道德出了问题所造成的。

如果一个人的德行出了问题，甚至在社会上胡作非为，就会给父母和家族带来耻辱，甚至连累父母和家族承担责任，这就是危害父母的行为，属于大不孝。比如一个人因刑事犯罪而入狱服刑，在丧失为父母尽孝机会的同时，也给父母带来巨大的痛苦，使父母蒙受耻辱，羞于见人。过去很多大家族非常重视家族声誉，如果子女做出了令人不齿之事，使家族蒙羞，家族往往会做出严厉的惩戒。比如，有的家族中如果子女做了贪官，就永远不许入祠堂，这样的惩戒在当时是非常严重的。反过来说，如果我们“德无伤”，德行做得好，则可以令父母感到自豪、开心，这本身就是一种孝行。

范仲淹的儿子曾经用船载货物回苏州老家，路上遇到父亲的老同学，生活困顿，由于路途遥远，来不及通报父亲，于是自作主张把货物和船卖了，接济父亲的同学。回来后告知父亲，范仲淹见儿子如此，感到非常欣慰。元代名医朱丹溪，德行高尚，救人无数，在老母亲八十大寿的时候，附近乡亲自发前来拜寿，多达上千人，虽然都是穷苦乡亲，但是这份荣耀确实是千金难买的，朱丹溪的母亲一定很为自己的儿子骄傲。这在古代就被称作“孝”，这种孝与“德”紧密相连。

所以，我们要时时检视自己的思想，亲近仁爱、喜乐、和平、良善，远离暴虐、色情、赌博、毒品，自觉趋利避害。以符合道德、温和礼让的方式对待身边的人，不要无端招惹是非，让自己活出有意义的人生，这样才对得起父母的养育，才能使父母安心生活，安度晚年。

随着时代的变化和发展，现代子女不再像古人那样一辈子守在父母身边，但是基本的孝道还是一样需要遵守的。在今天，我们也有五大孝：一要关心父母，二要亲近父母，三要理解父母，四要体贴父母，五要尊重父母。做不到这五点，也就算不得是一个孝顺的人。

第一，关心、照顾父母的生活，尽赡养父母的义务。做子女的，对父母的起居、衣食、劳作都要悉心考虑，周到安排，为他们创造一个良好的生活环境，使他们能精力充沛地工作或安安稳稳地度过晚年。父母生病，应想办法及时诊治，精心照料。逢年过节或父母诞辰，要买合他们口味的食品表达子女的一点儿孝心。如果父母有了困难，成年子女应当在自己能力范围内全力帮助，宁肯自己困难些，也绝不能让父母困难。

第二，要多与父母亲近，不要因为距离遥远而疏离。在这个世界上，父母是我们最亲的亲人，血脉相通，亲情相连，不管分离多久，相隔多远，也不要因此而疏远了父母。与父母长期分离应写信或打电话，问候父母的起居和身体状况；要时刻不忘父母的养育之恩，随时感谢父母对自己的恩德。越是亲近父母越会让他们开心，让他们开心就是最大的孝顺。

第三，要多理解父母。父母关心儿女是天性，也是他们对我们的爱。不要忽视这样的爱，更不要把父母的话语当成唠叨或是多余，不理不睬，甚至抱怨不耐烦，要知道父母做的一切都是为了你，都是因为爱。有些父母爱唠叨，对子女管束过多，子女要完全理解父母的这些举动是出于爱心，要不厌不烦，不顶不撞，顺从应答，对一些不正当、不合理的要求，听而不行即可。要懂得感恩父母而不是抱怨父母。遇到重大事情，诸如升学、参军就业、婚姻等，都应当与父母商量，征求他们的意见。对父母的意见应认真考虑。当发现父母的意见不当时，应耐心陈述利弊，婉言相劝，不要一味地强调自己的主张而置父母意愿于不顾，使他们伤心。

第四，要体贴父母。上车或进屋时应当走上前为年迈的父母开车门和屋门；上下楼梯或道路不平，应搀扶年迈的父母行走；进餐时先给父母让座，美味佳肴先请父母品尝；平常对父母的饮食起居多关心照顾，嘘寒问暖，关怀备至。

第五，要尊重父母。在日常生活中要养成孝敬父母的习惯。对父母讲话应先尊称，口气要温和、亲切。敬其实是孝敬中最重要的一条，比赡养、关怀更重要。按照孟子的观点，敬是事亲的关键。“孝子之至，莫大乎尊亲”（《孟子·万章上》），最大的孝就是尊敬父母。这是孝的实质。孔子也说：“今之孝者，是谓能养。至于犬马，皆能有养；不敬，何以别乎？”（《论语·为政》）意思是说，现在有人认为孝就是能养父母，让父母吃饱。其实养狗养马也要让它们吃饱，如果在赡养父母时没有恭恭敬敬的态度，和养狗养马又有什么区别？孔子强调赡养父母必须“敬”。这才是孝道的“赡养”和其他“养”的重大而本质的区别。

父母为了子女操劳一生，为子女默默付出从来不求回报，等到上了年纪，他们就像超负荷运转的机器一样，许多零件松动老化，需要休息了。父母可能变得弯腰驼背，不那么“顺眼”了；他们的话可能啰啰唆唆，不那么“顺耳”了；他们身体衰弱，疾病缠绕，变得“麻烦”了；他们智力退化，精神恍惚，变得“不懂事”了……这正是他们需要我们照顾的时候，也是上天专门安排我们回报父母的机会。但世上很多人却没有珍惜这个机会，没有好好享受孝顺父母、回馈恩情的那种人生至乐。

【现代故事】

孝与不孝

马有钱是一个个体老板，腰缠万贯，对父母从不吝啬，大把花钱，父母的吃穿戴也非一般人能比，这使全村的老人都很羡慕。村里的老人们都说马家二老是一对福老伴，真有福。马家二老听到后却并无喜色，也没有真正幸福的表情。村里人不解，便问："你们有这么好的生活，还有啥不知足的？"马老汉说："给你天天堆着鱼肉，就是见不到一次笑脸儿，你说有啥意思？你嘱咐他两句儿吧，他就不爱听了，马上叱责你：'你老知道个啥！别有事没事跟着瞎掺和！有好吃好喝的不就得了！'"马老太也说："让我顺心就是吃糠咽菜我都是乐的，你们说我有福，我还说你们有福呢！"

（资料来源：《马老板过虎关》，百家号，2023年2月24日）

可见，仅仅是给予物质，养了，也算不得是孝。因为给了再多物再多钱，父母并没有高兴起来。失了"敬"，"养"得再好，也不算真正尽孝。

今天还是有很多的人认为，孝就是奉养父母，让他们安度晚年，吃得饱睡得好，比谁过得都奢侈享乐，就是尽了自己的孝心了。回家一下子掏出大量的钱放在桌上，说道："爹，拿着，给你的。"当爹的会因此高兴吗？会因此而觉得得到了儿女的孝敬吗？现代社会发展如此之快，人们的生活水平越来越高，解决父母温饱、赡养父母，甚至过上好生活，已经不是问题。如果没有从心里对父母的敬，你带来的山珍海味，父母吃着也味同嚼蜡；你带来的金银珠宝，只会让父母更觉伤心。

有些人在父母老了时就开始厌烦自己的父母，失去了对父母的恭敬之心，甚至逃避赡养父母的责任，也许当时他们忍心如此，可多年之后，想起父母曾经对自己的爱护，看到别的老人尽享天伦之乐，良心岂不感到亏欠？得到最大的恩惠，却没有用心回报，一生都是不完美的；而将恩情回报给养育自己、呵护自己的人则是人生中最大的乐事。大多数父母都会先于子女而离去，当我们能爱护他们、孝顺他们的时候就要好好珍惜这个机会。有个叫《天堂午餐》的短片：母亲天天不辞劳苦地照顾儿子，儿子却没有在意。一天母亲笑着问道："妈多久才能吃上一顿你给我做的饭啊？"儿子漫不经心地回答："等您老了，我天天做给您吃。"忽然有一天，母亲生了急病去世了，儿子这才知道自己没有尽到自己的孝心。他亲自下厨，精心做了一顿丰盛的午餐，都是母亲喜欢吃的菜肴，可是却没有母亲来吃了。儿子面对空荡荡的餐桌，潸然泪下。"树欲静而风不止，子欲养而亲不待"，世上还有什么比这更加悲痛，更加令人遗憾。

【国学故事】

子路背米

孔子的弟子子路率直勇敢，天性十分孝顺。早年他的家中贫穷，自己常常采野菜做饭食，但他却不忍心父母也和自己吃糠咽菜，于是想尽办法赚钱为父母买米吃。居住的地方没有米店，他便步行走到百里之外，背着米回家侍奉双亲。父母去世以后，他做了大官，奉命出使时，随从的马车就有百乘之多，俸禄粮食有上万钟。但每次坐在垒叠的锦褥上，吃着丰盛的筵席时他都闷闷不乐，脸上流露出悲痛的表情。周围的人很奇怪，便询问："您有了这样的地位，享受着富贵，为什么常常不高兴呢？"子路感慨说道："我有了好的生活，可是父母却不在了。即使我想吃野菜，再为父母亲自去背米，哪里还能够做得到呢！"孔子听了这话，对子路十分赞赏。

（资料来源：《他是孔门十哲之一，父母故去感慨无米可负》，百家号，2022年12月28日）

"大孝终身慕父母"（《孟子·万章上》），拥有的富贵再多，权位再高，也永远代替不了陪伴父母的快乐。舜成了天子依然爱慕自己的父母，老莱子年到八十依然"彩衣娱亲"，他们是真正的孝子，也是真正的智者，他们懂得生命中什么才是最重要的，懂得珍惜生命中最大的快乐。

当我们追逐所谓的成功、理想之时，是否想到父母正在一点点老去，当我们盯着工作、事业中的目标时，是否想到我们忽略了世间最重要的亲情。也许你很幸运，每天能和父母生活在一起，可你是否关注过，父母脸上的皱纹在慢慢加深；你是否关注过，父母头上的白发在慢慢增多；是否关注过，父母变得越来越爱回忆过去。也许你在生活中忽略了这些，可你是否想过总有一天你会失去他们，再也没有机会陪伴这些最爱你的人。所以，不要将父母当成麻烦，不要对尽孝的机会视而不见。趁父母还健在之时，我们要及时尽孝，常回家看看，多陪父母散散步、逛逛街，有时间好好给父母做顿饭，放假了多带父母出去玩玩。从现在开始，好好珍惜能和父母在一起的快乐时光吧。在你还能表达自己对父母的敬意和爱时，不要觉得麻烦，不要觉得害羞，这是你该做的，也是人生中最不应错过的事。正如歌曲中所唱："还没好好看看你眼睛就花了，柴米油盐半辈子，转眼就只剩下满脸的皱纹了……"

3. 让父母以我们为骄傲

每个父母都希望子女能有更好的发展，所以对他们谆谆教诲，不断告诫，子女能够顺从父母的教诲，按照父母的意愿做人处世，才能避免人生中的重大错误，让父母放心。否则，一旦做了无法悔改的事，不仅会毁了自己，更会让父母伤心，给父母带来难以承受的打击，这如何能称为孝呢？历史中对父母很好，却不守正道，不听父母教诲而灾祸加身、殃及家人的事不胜枚举。东汉末年的董卓对自己的母亲就很爱护，好衣好肉地侍奉母亲，然而他不守臣道，滥杀无辜，阴谋篡位，最后被王允等用美人计除掉。董卓死后，他的家人也受到株连，他九十岁的母亲被拖出来，拉到市场上斩首处死。董卓这样的"孝子"又有何脸面言孝呢？

孝，不仅是要用物质来侍奉父母，更要重视父母的心志，听从父母的教诲；继承先人的志向，发扬先人的事业。所以《中庸》中说："夫孝者，善继人之志，善述人之事者也。"《孝经》中也将"立身行道，扬名于后世，以显父母"作为孝道的极致。

在我们想对父母尽孝之时，除了让父母生活安适以外，一定要想想父母对我们有什么期望，他们希望我们成为一个什么样的人，我们该怎样做才能让父母安心，怎样做才能给父母带来长久的荣耀。

【国学故事】

坚守岗位　为爱留厦——林泉水

2020年，面对突如其来的新冠肺炎疫情，广大医务人员白衣为甲、逆行出征，一直坚守在战“疫”一线，筑起阻击疫情的钢铁长城。杏林街道社区卫生服务中心公卫科科长林泉水是坚守在战“疫”一线的一员，作为公卫科科长，林泉水的工作是兜住辖区公共卫生网底，夯实防控能力建设基础，千头万绪，不容片刻放松。

因为疫情，林泉水响应“就地过年”号召，考虑自身职业特殊性，选择留厦过年，为战“疫”贡献一份力量，但也因此与老家父亲相隔两地，不能团圆。这已经不是林泉水第一次因为工作特殊在外过年，实际上在2019年的春节，林泉水就没能好好陪家人过节。新冠肺炎疫情发生后，林泉水第一时间返回岗位，连续奋战在集中医学观察隔离酒店、交通卡口、村居、社区等，哪里有需要，他就出现在哪里。疫情防控进入常态化，他又和同事们一起进厂区、入企业，督导疫情防控，助力复工复产；推进日常诊疗和公共卫生服务工作，做好居民健康守门人。

正当疫情的浓雾渐渐散去时，林泉水的父亲却开始剧烈咳嗽，不愿给子女添麻烦，老人选择在老家治疗。眼看父亲病况反复，林泉水将老人接到厦门看病，查出肺鳞癌，12月来厦门进行手术，父亲手术住院期间，林泉水每天上午请护工帮忙照料，忙完手头的工作，下午再赶到医院看护病人。那段日子里，林泉水还紧锣密鼓下村居，开展辖区4家卫生所公卫督查工作。除了了解各卫生站公卫工作的整体开展情况，：当林泉水父亲术后返乡休养，林泉水却一直没能抽空回去探望，只能常常打电话关心，因为工作的特殊性，春节本该阖家团圆的日子也不能陪伴在父亲身边。尽管如此，从医数十载的老人不仅没有抱怨，反而特别支持林泉水，他经常鼓励林泉水要坚守岗位，护佑一方百姓健康。

或许生活中有很多类似林泉水的真实案例，他们能让我们看到他们重视父母的健康，继承父母的志向，发扬事业的使命和初心，这都是值得我们学习的孝心典范。

（资料来源:《坚守岗位　为爱留厦》，东南网，2021年2月8日）

4．正确地劝谏父母

还有的人，在对待父母的过错上和对待其他人的过错没有任何差别，看到了就指出，甚至指责父母，为了所谓的“正确”和父母来一番争吵。结果往往闹得亲人之间产生隔阂，伤害了亲情，甚至因为子女言辞激烈而气坏了父母，使他们的身体受到伤害。这就得不偿失了。

对于如何应对父母的过错，孔子说："事父母几谏，见志不从，又敬不违，劳而不怨。"（《论语·里仁》）就是说，侍奉父母，他们若有过失，要婉言劝告。话说清楚了，即使没有被接纳，也仍然尊敬他们，不要违逆对抗，继续操劳而不怨恨。这里需要注意"几"，就是"机"，时机的意思。也就是说在劝说父母改过之时，一定要注意讲话的时机、场合，既要让父母能够知晓自己的心意，也要保全他们的面子，让他们在感情上易于接受。

劝谏父母还要有耐心。对于他人的错误，我们提出来便是尽到了责，改不改则是他自己的事，但父母不同。父母的过错我们看在眼中，若不能采用正确的劝谏方式让他们改过，那就是子女做得不够。如果父母因为这个过错而受到什么伤害，那子女将来一定会有愧于心。

【现代故事】

正确劝谏父母

有个中年人三十来岁的时候，父亲生了病。医生说一定要少喝酒，可父亲喝了几十年酒一时难以戒掉，根本不顾家人的劝告。一次，他外出回来，看到父亲又在喝酒。他十分生气，认为父亲根本不听劝告，一赌气转身而去。但就是那一次，父亲忽然发病，送往医院后，不久便去世了。每每回想起自己的父亲，他都后悔不已，自己当初为何不能多点耐心？为何要看着父亲犯错而不劝止他呢？也许当初自己不和父亲赌气，父亲也就能听从自己的劝阻，他也就不会出事了……

（资料来源：《劝劝父母，建议牢记"2礼不随，2酒不喝"，不是现实，是清醒！》，百家号，2023年7月20日）

庄子说："孝子不谀其亲，忠臣不谄其君，臣子之盛也。"（《庄子·外篇》）父母是我们最敬爱的人，但他们不是全能全知的，他们也会犯错误。当我们发现了父母的错误之时，应该如何应对呢？是对父母的错误视而不见，还是当面指出？庄子指出对父母要直言而不谄媚，这才是真正的孝子。

有的人对父母过于敬畏，父母说什么他们就听什么，即使发现了父母的过错也不敢指出，不愿指出。他们将这种无条件的信任、服从父母视为一种孝，认为只有如此才能算得上是孝子，于是有了"父让子亡，子不得不亡"等言论。其实，这种服从不是真正的孝，而是一种愚孝。这样无视对错的行为不仅违背了正直的原则，更让父母无法及时认识到自己的过错，让他们在无意之中犯下难以弥补的错误。比如春秋时晋国的太子申生，明明知道父亲晋献公受到了骊姬的蛊惑，对自己进行错误的惩罚，他却不去向父亲辩解。结果自己自杀，也使父亲蒙上了昏聩、杀子的恶名，更导致晋国陷入"骊姬之乱"，国家动荡。

父母在子女面前有时显得很固执，尤其是他们年纪大了以后，明知道自己有些做得不对的地方，但就是不愿改正。这时，我们要做的不是放弃他们，纵容他们，而是更加耐心地劝导，用我们的诚心打动他们，使他们改正错误。《礼记·曲礼》中说："凡父母有过，下气怡色，柔声以谏。谏若不入，起敬起孝，说则复谏。"和颜悦色地劝谏父母，即便是因此而受到他们的误会，受到责罚也不该有一丝的怨言。

【国学故事】

李世民劝谏

唐太宗李世民年轻的时候，一次跟着父亲带兵出征。在战争之前李渊召集将领，制订了一套作战方案。李世民回去以后，发现这套方常存在着巨大的失误，很可能会导致全军覆灭。于是，他劝父亲改变主意。但李渊根本不听，觉得儿子杞人忧天。看到父亲不改，李世民多次劝说，李渊十分生气，将他赶出大帐，责骂他："小小年纪，懂得什么！"父亲不醒悟，自己又不能眼看着父亲兵败而陷入陷阱，李世民非常焦虑，晚上也睡不着觉。于是就跑到军帐外面大声痛哭，哭得十分凄惨。李渊听到儿子带着诚意的哭声以后，被感动了。便决定静下心来再考虑一下儿子的建议，这次他想通了，觉得自己最初的方案的确存在重大失误，立刻召集将领们，重新制订作战计划，从而保全了军队，打了场胜仗。

（资料来源：《"从谏如流"只不过是李世民的"表演秀"》，百家号，2023年4月16日）

李世民在这次劝谏父亲过程中的行为就很符合孝道，他没有语出强硬，父亲不醒悟的时候，也没有放弃，而是反复进言，最后用父子间的真情打动了父亲，令父亲认识到自己的错误，避免陷入危境，也挽救了整个军队。

5. 国家和社会都需要有孝心的人

"百善孝为先"，有德之人必从孝开始。不懂得孝敬父母的人，也不可能有什么道德可言。因为如果一个人连孝都不懂，连父母都不尊敬不奉养，那么在他心中，也就没有任何天道伦理、礼义廉耻，不存在任何良善仁心；也就没有任何的规则和底线。如果一个人没有了任何的规则和底线，他也就不可能遵守任何规则和法律，那么违法犯法、犯上作乱、偷盗抢劫又有什么稀奇？这样的人，还能指望他有多么高尚的道德修养吗？一个有孝心的人，才会懂得关怀体恤父母，知冷知热，关怀备至。当他把这样的爱内化以后，就能把孝心扩展到体恤其他的长者，甚至于体恤所有的亲人、全社会的人，他就会以赤子之心爱所有的人，他的道德水平也就开始走向高尚。一个有孝心的人，他也会更加关爱自己，提升自己，让自己变得更完美、更高尚，并成为父母的骄傲。因为他不能让自己“身有伤，贻亲忧”，让自己“德有伤，贻亲羞”。为了免除父母的担心，为了不让父母因自己而受到羞辱，他会非常郑重地对待自己，自爱自重自尊自强，时时处处注意自己的言行举止。这样一来，他的才干、他的道德，也就自然而然地向着更好的方向发展。百善孝为先，孝是爱的根本，也是德的根本，更是我们为人处世的根本。一个能够孝敬父母的人，在职业操守上就会有他的底线，有他坚持的原则。一个能对父母尽孝的员工，也会对企业尽忠，为企业出力，兢兢业业坚守自己的岗位，做好自己的工作。

“为人子者，出必告，反必面，所游必有常，所习必有业。”（《礼记·曲礼上》）子女出门时，必须禀告父母；从外面回到家中，也必须拜见父母。“出告”是为了免得父母因不知道我们的去向而担忧。“反面”除了不让父母忧心外，还有一层意思，就是为人子女者心中同样挂念着父母，离开父母一段时间后，急于知道父母是否一切安妥，所以回到家中的第一件事就是拜见父母。出外游学、工作必有固定的场所，从事正当的事业，如有变动要及时禀告父母。

“父母在，不远游，游必有方。”（《论语·里仁》）意思是父母年迈在世，尽量不长期在外地。不得已，必须告诉父母去哪里，为什么去，什么时候回来，并安排好父母的供养。孟子说“不孝有三”，古人将其阐释为：“于礼有不孝者三，事谓阿意曲从，陷亲不义，一不孝也；家贫亲老，不为禄仕，二不孝也；不娶无子，绝先祖祀，三不孝也。”（《十三经注疏》）

圣人强调子女应赡养孝敬父母，但并未倡导寒门子弟以照顾父母老人为由而固守“家徒四壁”，当我们有了正当明确的目标时也是可以外出奋斗的，但还有的时候我们只是抱着“好儿郎志在四方”的一番豪情为离开而离开，离开之后是否壮志凌云却并不知晓。空巢老人、留守儿童的出现除了社会发展的驱使，还有我们个人的选择。伤感也好，无奈也好，溜走的时光告诫我们父母不会站在原地等我们，我们成长壮大的同时他们正日渐老去。所以在我成长的美丽的农村，有的叔叔伯伯们选择将老人接去外地，让老人在垂暮之年背井离乡。有人会说离开农村，可以让老人享受到子女奋斗后所拥有的物质繁华，但老人并不一定适应快节奏都市生活的物欲横流，也许耄耋之年更应帮他们守住一份平静祥和的本心。也有的叔叔伯伯们羽翼还未丰满，外面的事业舍弃不得，家中老小又照顾不来，只能让这些孱弱至亲在家相依为命。在外的人对家的牵挂之情尚且有事业来调剂，而留在家里的人却只能翘首企盼。通信虽发达，咱也不见得有多勤快地将电话打回家；交通也发达，咱却有无数理由来推迟回家的脚步。

我们怀揣梦想，也总是迷茫。我们奋斗、受挫，却总在坚持。我们被时间被压力驱使不断前行，却无意驻足无意反思，走得这么急这么快，老人们是否跟得上来？我们期盼政府养老、社会养老的福祉早日实现，可是早日是何日？也许我们在年迈之前都可以为自己储备好足够的物质以养老，可是儿孙环绕膝下的富足却只有子孙给得了。我们总被环境束缚而缺乏冲破束缚的勇气，我们把所有的精力都付诸社会创造以祈求安全感，却冷落了真正带给我们安全感的家。希望每次回家的时候，大家不要再问回家做什么。回家真的不需要理由，就是常回去看看，因为家里有日日夜夜牵挂我们的亲人。

第二节　百善孝为先，德为孝之本

1. 孝是修养德行的核心

孝是儒家伦理道德的核心，是中华民族的传统美德，也是中华文化的灵魂和精髓。从古至今，孝都是最基本的社会伦理。“百善孝为先”“人之行莫大于孝”，任何善行都要以孝为先，都不及孝的地位，都不如行孝那样受到大家的称道和赞赏。孝是中华文化的道德之元、教育之本、行为之基。一个人再有本事、再能干、书读得再多，如果没有孝心，未尽孝道，都会为别人所不齿，为全社会所唾弃和鄙视，还会受到严厉的惩罚。

孝是人世间最高尚、最美好的情感，也是作为一个人最基本、最起码的道德。特别是在中国，从古到今，孝都是最基本的社会伦理、最核心的道德传统、最重要的文化内涵，是中国文化的灵魂和精髓。

真正的孝有三种境界：一是养父母之身，这个属于物质层面，是基础；二是怡父母之心，承欢父母膝下，和颜悦色，博父母欢心，开解父母胸中愁烦，使父母保持精神愉快，这个属于精神层面；三是行父母之志，牢记父母教诲，发扬父母德业，实现父母志愿和期望，弥补父母不足，不懈努力，完善自身，以求报效社会国家，这个属于事业层面。这三种境界融会贯通并行不悖，才是真正意义上的孝道精神之所在。在传统孝道教育的二十四孝故事中，就包含有各个方面的孝之道。哪怕有些孝之行在今天看来或许并不值得称颂，像郭巨埋儿之类，但孝子们对父母那感天动地的爱与敬却永不褪色，历久弥新。

【国学故事】

黄香温席

汉代有一个叫黄香的人，他小时候家中生活很艰苦。在九岁时，母亲就生病去世了。非常孝敬父母的他，在母亲生病期间，一直不离左右，守护在母亲的病床前，母亲去世后，他对父亲更加关心、照顾，尽量让父亲少操心。冬夜里，天气特别寒冷。那时，农户家里又没有任何取暖的设备，确实很难入睡。一天，黄香晚上读书时，感到特别冷，捧着书卷的手一会儿就冰凉冰凉的了。他想，这么冷的天气，父亲一定很冷，他老人家白天干了一天的活，晚上还不能好好地睡觉。想到这里，小黄香心里很不安。为让父亲少挨冷受冻，他读完书便悄悄走进父亲的房里，脱了衣服钻进被窝里，用自己的体温温暖了冰冷的被窝之后，才招呼父亲睡下。黄香用自己的孝敬之心，暖了父亲的心。黄香温席的故事就这样传开了，街坊邻居人人夸奖黄香。

（资料来源：黄香温席，百度百科）

在历代各类刑罚中，惩罚最重的就是“不孝”。《孝经·五行章》有“五刑之属三千，罪莫大于不孝”的说法，规定对不孝者要“斩首枭之”。北齐律首创“重罪十条”，而不孝的罪名就是其中之一。唐律规定，骂祖父母与父母的要处以绞刑，殴者处以斩刑，从而对不孝的种种罪行做出了更具体的处罚。《大清律例》明确规定：“凡子孙殴祖父母、父母及妻妾殴夫之祖父母、父母者，皆斩。杀者，皆凌迟处死。”从中我们也可以看出，在中国传统的道德、法律和文化范畴内，孝都是至为重要的组成部分。诸子百家，概莫能外。

孝文化在中国，源远流长，历史悠久。远古有虞舜之孝，春秋有曾参之孝，汉代有黄香之孝，三国有孟宗之孝，晋代有吴猛之孝……及至唐宋元明清到今，孝子辈出，不胜枚举。二十四孝的故事更是代代相传，千秋以颂。

百家之中，以儒家最为重视和推崇孝道。早在2000多年前，国学经典《孝经》就明确指出孝是人的根本。在《孝经》中，第一章开宗明义，就是孔子向曾子说孝，告诉曾子：“夫孝，德之本也，教之所由生也。复坐，吾语汝。身体发肤，受之父母，不敢毁伤，孝之始也。立身行道，扬名于后世，以显父母，孝之终也。夫孝，始于事亲，中于事君，终于立身。”把孝视为德之本。又说：“弟子，入则孝，出则悌，谨而信，泛爱众，而亲仁。行有余力，则以学文。”意思是弟子们在父母跟前，就孝顺父母；出门在外，要顺从师长，言行要谨慎，要诚实可信，寡言少语，要广泛地去爱众人，亲近那些有仁德的人。这样躬行实践之后，还有余力的话，就再去学习文化知识。这也是把孝放在第一位。俗话说：“百善孝为先，万恶淫为源。常存仁孝心，则天下凡不可为者，皆不忍为。”所以孝居百善之先，孝是中华文化的核心。

【国学故事】

永远为你开的门

从前有个年轻人，他与母亲相依为命。一天，他忽然听说远处的山上有位大智者，能为世人指点迷津，年轻人早就对平淡的生活厌烦透了，便想离开家，去向智者询问修行之法。因为害怕母亲阻拦，他索性在夜里偷偷离开了家。年轻人一路上跋山涉水，历尽艰险，终于见到了那位智者。听了年轻人的自述，智者沉默良久，最后对年轻人说：“你要获得真正的修行，只有虔心侍奉菩萨。”年轻人问：“可是菩萨在哪里呢？”智者说：“你立刻按照原路返回，一路到家，凡是赤脚给你开门的人，就是你的菩萨。你只要悉心侍奉，遵他教诲，就是成佛又有何难？”

年轻人听了兴奋不已，立刻下山踏上了回家的路途。一路上，他敲了无数扇门，有时直接被拒绝，有时门开了人家的鞋也是穿得好好的。很快就要到家了，年轻人心灰意冷，开始对智者的话产生了怀疑：或许他就是在敷衍我，让我早点离开；或许我根本没有修行的资质吧。直到自己家的门前，他也没有遇到任何一个赤着脚给自己开门的人。年轻人心灰意冷地敲响了家门。屋子里传来母亲苍老的声音："谁啊？""我，你的儿子！"年轻人沮丧地回答。很快，门开了。一脸憔悴的母亲大叫着他的名字，将他拉入屋中。看着母亲流泪端详自己，年轻人心中一酸，也不禁流下了眼泪。就在他低头拭去眼泪时，忽然看到母亲正赤着脚站在冰凉的地上！一刹那间，年轻人想起了智者的话。他忽然明白了原来母亲就是自己命中的菩萨，好好侍奉母亲就是最大的修行……

（资料来源：《母亲永远为你敞开的大门，千万不要用你的无知去上了大锁》，百家号，2019年1月1日）

人的德行有很多，其中孝是最重要的一种。《仪礼》中说："夫人伦之道，以德为本。至德以孝为先。"孔子在《孝经》中指出："夫孝，德之本也，教之所由生也。"一个人的德行、教养最根本的就体现在"孝"字之中，做到了孝才能去谈其他的德行。没有孝，就是没有德，没有做人最基本的教养。

2. 有孝心的人才能爱国爱家

【国学故事】

李荫樾革职

乾隆时，福建漳州总兵李荫樾的继母病故，按例他应该回籍丁忧。清朝的官员父母去世，该官要离职二十七个月，还不给薪水。清朝官员的俸禄本来就少，如果两年多不给，那还不得喝西北风啊。李荫樾就上奏乾隆帝，说老家在宁夏，也没人在那儿了，他不想回去丁忧。如果回去，那这边的老婆孩子就没人照顾了。还和乾隆帝讲条件说，如果非回去丁忧不可，能不能给他哥哥安排个工作等。乾隆帝一看奏折就火了，大骂："你眼里只有老婆孩子，没有父母，真不知道天下还有你这样的无耻不孝之人！"

乾隆帝认为能尽孝才能尽忠。他说："自古求忠臣必于孝子之门，未有不能尽孝而能尽忠者。至于在任守制之事，实因其地其事其任，难于更换，万不得已，或降特旨，或从督抚之请，偶一权宜行之耳。朕意被留之人，不知何如之仓皇迫切，辗转靡宁，以冀遂其私情者。从前谕旨甚明。今李荫樾乃援引此例，陈请于朕前，贪恋爵位，而忍忘其亲，公然自奏，而不以为愧。朕从未见世间有此等无耻之人，且沾沾以家业贫寒为虑，恳将伊兄升为守备，为养膳家口之计，更属贪鄙，其操守亦可想见也……朕以孝治天下，李荫樾以不孝之事奏请，其属可恶。着吏部严察议奏。"

李荫樾因此被革了职。

（资料来源：《什么人才是你最忠实的合作者？》，百家号，2022年1月25日）

可见，以乾隆帝的英明对于“忠臣出自孝子门”也是深以为然的。不孝之人，也无忠可言，而孝子大多是忠臣，因而古代讲究“移孝为忠”，也就是将孝心转化为社会、为国家做有益的事情的忠心。《大戴礼记·曾子大孝》中说：“事君不忠，非孝也，莅官不敬，非孝也。”跟随侍奉君王却不忠，是不孝；拥有官职却不敬业，也是不孝。忠已成为孝的一部分，不忠君就是不孝，不敬业也是不孝。

人们在谈“孝”的时候，一般都会带着“敬”和“顺”。也就是说对于父母不仅要奉养服侍，养老送终，还要对他们恭敬和顺从，给予他们精神上的慰藉和尊重，让父母心情舒畅，情绪健康。很多人知道孝的重要性，也生怕别人指责自己不孝，给父母安排好的住处，用丰厚的衣食奉养父母，但这就做到孝了吗？不一定，孝不仅要有外在物质上的供养，更重要的是内心对父母的爱敬之情。

在君子看来，孝就是这么重要，它是为人、立世的根本，没有孝也不可能有其他的德行，即便是有，也是虚假的。试想，连父母都不爱的人怎么会爱护他人，连父母都不能顺从的人怎么能对他人忠信，连父母都不在乎的人，又有谁不能背叛、抛弃呢？所以说，孝顺与否，最能体现出一个人的真实道德水平。“慈鸦尚还哺，羔羊犹跪乳”，人不孝亲不如禽兽，不如离兽，又何谈其他道德，又何来名誉声望。

古人认为，一个对父母讲孝心的人，一定能对社会、对人民、对国家忠诚服务。所以自唐尧起，孝就成为选拔官员的标准。而那些对自己父母不孝的官员，就会被除官，或者治罪。在今天，孝也依然是干部任用的标准之一。许多省县都对干部考察做出明确规定，凡是不孝敬父母者一律不得提拔重用，还会受到党纪的处分。《大河报》曾报道河南孟州市卫某不赡养八十三岁的老母亲。卫某盖好新房，拒绝老母亲搬回来住，还将老母亲带的被子扔到门外，且态度恶劣，拒不认错。后被撤职，并开除党籍。

“孝者所以事君也”，只有对父母孝顺的人，才有可能对国家、对企业都坚守一份忠诚之心。“求忠臣必于孝子之门”，一个大忠臣必定是个大孝子，把大孝子的那份孝心用于工作上，用于民族、国家的大利益上，大孝孝于天下，那就是忠，忠于国家、忠于民族，就是国之忠臣，就是民族英雄。

【现代故事】

尊重父母才是最大的孝

一个农村出来的大学生，毕业以后留在城市之中找了一份不错的工作。生活条件好了，在城市里买了房子，他便将父母接到了城里，想让父母享享福。父母见到儿子想尽孝心，高兴地进了城里。

开始的时候儿子很高兴，父母也很开心。但过了一段时间，父母身上的一些小毛病便显露了出来：母亲生活节俭，经常将剩饭热了又热，没人吃了还不舍得丢掉；有时她走到街上，还会捡回一些饮料瓶。父亲不拘小节，随地吐痰的毛病老是改不了；他的脾气不好，时常因为小事和小区中的邻居争吵……开始的时候，儿子、儿媳还耐心劝谏，可次数多了，便对父母显出了不耐烦的情绪。后来，看到老人犯错误后就没好气地指责，甚至冷嘲热讽。

一次在父亲和邻居争吵之时，儿子忍不住当面对老人大吼，脱口而出："你要不就回老家，别总在这儿给我丢脸、找麻烦！"老人听了脸色大变，当即回到家中收拾东西要和老伴连夜赶回老家。多亏儿子、儿媳连忙认错，老人才留下来。但从此以后一家人之间便有了隔阂，父母做事小心谨慎，家人间融洽和乐的情绪再也看不到了。不久，父母还是选择回了老家。

（资料来源：《心有诚孝，色有婉容》，搜狐网，2019年3月26日）

故事中的儿子并不能说是不孝，他生活好了以后也想回报父母的养育之恩，将父母接到城里享福。但面对父母的过错，大家之间的分歧，他却没能做到保持和颜悦色，最终深深地刺伤了父母的感情，使他们选择离去。他的孝是不完整、有亏欠的。生活中像这样的例子很多，虽然爱自己的父母，但和他们存在分歧时便大吵大嚷；关心自己的父母，但他们总是犯错时便不再耐心，出言讥讽，摆脸色；能在吃穿供养上对父母毫不吝啬，但在和父母讲话时，总是带着轻慢之色，对他们的教诲不屑一顾……也许，做这些事时我们并没有意识到什么，但正是这些深深地伤害了父母的心。

对任何人而言，父母都是世上最亲，对自己恩德最大的人。我们的生命是父母赐予的，我们从父母的怀抱中一点点长大，是父母喂养我们，照顾我们，将我们培养成人。子女在襁褓之中时，父母就夙兴夜寐地照顾自己，"抚我育我，养我畜我"，不辞劳苦，劬劳之至；子女或有疾病之时，父母食不甘味，寝不安席，辗转反侧，无不甘愿以身相替；子女稍稍长大时，父母就操劳奔波，为了给子女创造更好的生活环境，为了给他们更好的未来而劳苦奋斗；子女长大以后，游于四方，父母仍然时时牵挂，日夜盼望，为他们担忧，为他们操心。父母之于子女恩德高于苍天，情义深如大海，子女无论如何报答父母都不为过，尽孝道，关心他们，养护他们，回报他们的恩德，是最基本的，是做人的底线。

孝道是中华传统文化的核心，是一个人最基础的素养。历史上那些受人尊重的贤人君子，无不恪守孝道，以孝作为立身基础；那些有为的明君良臣，无不敬爱父母，以孝作为治民根本。

【国学故事】

曾子尽孝

曾子就是历史上最著名的孝子。他对自己的父亲十分孝顺，父亲说的话他一定牢记在心，父亲交代的事他从不拖延。有时父亲生气了，即使错不在自己，曾子也坦然承受责罚，以让父亲舒心。父亲去世以后，曾子悲痛不已，看到父亲平时使用的器物就因怀念而流涕。父亲平时喜欢吃羊枣，曾子看到羊枣就会想起父亲，从此再也没有吃过。

对于母亲，曾子更是尽孝到了极致，甚至达到了“母子连心”的程度。年少的时候，曾子入山打柴，母亲一个人在家。忽然家里来了客人，母亲不知所措，急促之中就用牙咬了自己的手指。曾子在山中忽然觉得心疼，知道一定是母亲在呼唤自己，便背着柴赶紧回到家中，跪问缘由。母亲说：“有客人忽然到来，我盼你回来，急得咬了手指。”曾子于是接见客人，以礼相待。

曾子不仅自己尽孝，更要求自己的儿子、弟子们尽孝。如果达不到孝，就不愿与之相交。卫国人吴起十分有才华，听说曾子的大名便投到门下学习。后来吴起的母亲去世了，吴起看重功名，曾发誓不得卿相之位不回故乡，于是便没有奔丧。曾子知道了这件事后十分生气，在他看来，孝是做人的根本，是世上最重要的事，即使拥有天下也不能和父母的恩情相比，为了所谓的功名而不给母亲奔丧，简直是禽兽不如。于是，他立刻将吴起赶出了师门。

（资料来源：《曾子尽孝》，百度文库）

3. 树欲静而风不止，子欲养而亲不待

父母在，人生尚有来处；父母去，人生只剩归途。父母在世的时候，自己还有归处，可以回家，可以看父母；父母不在了，家只能叫作故乡了，因为我们最牵挂的人已经不在。这句话主要告诉我们，父母在世的时候要多加孝顺，别等到“子欲养而亲不待”再去后悔。

【现代故事】

陈家兄弟孝感天地

在沧州市盐山县圣佛镇陈百万村，有这样一个非常家庭：2006年，老大陈燕奇53岁，老二陈燕起50岁，老三陈燕东46岁，老四陈燕会43岁，兄弟四人守着82岁的老娘马秀芬过日子。四兄弟都透着庄稼人的朴实憨厚，只是他们的眼睛都是浑浊的。他们幼时相继患上奇怪的眼病，视力越来越差，先后在20岁左右彻底失明，后经诊

断，系世界罕见的视网膜神经萎缩症。

20年前，支撑全家生活的父亲去世，全家5口人，只剩下老母亲有一双健康的眼睛。这样的一家人，日子怎么过？在生活的巨大考验面前，四兄弟没有退缩，面对每日以泪洗面的母亲，他们坚定地表示："咱谁也不靠，我们自己种地干活，我们给您养老送终！"

7亩承包地成了全家全部的依靠，马老太太就成了四兄弟的眼睛，老母亲开始教儿子们生产与生活的基本技能。

要下地干活，如何走到地里就成了第一道难关。每次出门，母亲走在最前面，一只手拿着工具，另一只手牵着大儿子，大儿子再牵着老二，兄弟四人排成一串。除草时，他们要经历无数次的触摸，才能分清哪是草，哪是苗……

如今，四兄弟已经在自己的责任田里摸爬滚打了20多个春秋，掌握了播种、收割、浇地、运肥等各种庄稼活，他们的收成也能达到普通人家的八成左右，他们甚至靠节俭和借债盖起了3间大瓦房。

除了种地，兄弟四人分别摸索着学会了许多手艺。老大无师自通学会了木匠活儿，家里的凳子都是他做的。老二的绝活是电工，家里的电线、电灯都是他安装的，从来没有被电过。老三有音乐天赋，无论什么歌曲戏剧，听上几遍，他就能用口哨吹出来。老四负责"外交"，家外的事情通常由他处理，家里卖粮食，一袋子粮食用手一掂就知道分量轻重，上下差不了半斤。为了回报经常帮助他们的乡亲们，四兄弟还经常帮助村民们打井。

能以自己的劳动赡养老母亲，一辈子不偷、不抢，不做坏事，不给别人添麻烦，是四兄弟最自豪的事。老母亲是他们生活的动力和支撑，兄弟四人的生活准则是，再苦再累，也得让老娘高兴。有了好吃的，比如有几个鸡蛋，都要省下来给老娘。孝顺的兄弟四人已经成为村里人的楷模。

兄弟四人除了眼疾，身体都还好，他们最大的担忧就是老娘的身体健康。2012年，老娘患了慢性阑尾炎和心肌缺血，不输液的时候，一个月也要吃几十元的药。想法儿挣钱，确保老娘不停药，成了兄弟四人现在生活中的头等大事。秋天，白天他们到自家的地里掰玉米，夜里他们给没有劳力的人家刨玉米秆，别人刨一亩30元，他们刨一亩25元，每天晚上从8点干到11点，回家吃点东西，再回去干到凌晨。这样，一个秋天他们挣了500多元，老娘的药费有了着落，买化肥种子的钱也凑够了。日子虽然艰难，但兄弟四人却乐观豁达。他们说："有老娘在，我们能孝顺她老人家，是我们的福气，能让老娘高兴，是我们最大的幸福。"

（资料来源：《感动河北候选人物之盲人四兄弟：孝顺老娘最幸福》，《燕赵都市报》2006年12月14日）

人之不孝，不可以为人。可惜自古不孝的现象就充斥在社会之中，如不听父亲教诲的石厚，弑父自立的楚穆王……直到今天，依然有无数这样的例子：父母含辛茹苦地将他抚养长大，当父母老了，他连赡养之责都逃避，将父母赶出门外；父母辛辛苦苦供他念完大学，他却嫌弃父母地位卑贱，不愿与父母见面；子女为了自己生活安逸，想法欺骗父母，甚至盗取父母的养老积蓄……做人如此，真是禽兽不如，令人心寒。

【国学故事】

卧冰求鲤

汉末的王祥就是个至孝之人。他的生母早逝，继母起初对他很不好，多次在王祥父亲面前说王祥的坏话，所以王祥的父亲也不喜欢他，常让他打扫牛圈，但王祥对待父母却更加恭谨。他的家中有棵果树结了果实，继母令王祥守护，恰值夜里起了大风雨，继母早就忘了这事，而王祥却坚持在树下，风雨大了，他吓得抱住树大哭，也不私自走进屋中。一次，继母生病了，王祥便日夜守护在身边，不脱衣睡觉，汤药必定自己先尝过才奉予母亲。继母偶然说自己想要吃鲤鱼，当时正值寒冬，坚冰封河，王祥便跑到河上，脱下自己的衣服用体热焐化冰面，得到了鲤鱼。最后，王祥的这些举动终于感动了继母，继母想到昔日的错误，将王祥搂到怀中，痛哭流涕，从此将他视为自己的亲骨肉。王祥凭借崇厚的德行受世人赞赏，成为魏晋名臣。房玄龄等在《晋书》中称赞他："孝为德本，王祥所以当仁。"

（资料来源：《卧冰求鲤》，百度文库）

孔子问弟子曾参："先代的帝王有其至高无上的品行和最重要的道德，能使天下人心归顺，人民和睦相处。无论是尊贵还是卑贱，上上下下都没有怨恨不满。你知道那是指什么吗？"曾子未解。孔子告诉他："这便是孝，孝是一切德行的根本，是所有教化产生的根源。"可见，在圣人的眼中孝是最基础的，不孝则无以为人；孝又是最高明的，通过它便能治平天下，使万众归心。

第三节　兄友弟恭，姊亲妹敬

1. 兄弟姐妹是父母留给我们的最大财富

有夫妇而后有亲子，有亲子而后有兄弟姊妹。兄弟姊妹者，不惟骨肉关系，自有亲睦之情，而自其幼时提挈于父母之左右。食则同案，学则并几，游则同方，互相扶翼，若左右手然，又足以养其亲睦之习惯。故兄弟姊妹之爱情，自有非他人所能及者。兄弟姊妹之爱情，亦如父母夫妇之爱情然，本乎天性，而非有利害得失之计较，杂于其中。是实人生之至宝，虽珠玉不足以易之，不可以忽视而放弃者也。是以我之兄弟姊妹，虽偶有不情之举，我必当宽容之，而不遽加以责备，常有因彼我责善，而伤手足之感情者，是亦不可不慎也。

这段话选自《中国人的修养》，意思是说：先有夫妻，然后才有亲子关系；先有亲子关系，然后才有兄弟姐妹。兄弟姐妹之间，不只是有骨肉同胞的关系，还在于有种亲厚和睦的感情。在同一张餐桌上吃饭，在同一张书桌上学习，常常去同一个地方游玩，而且不管什么事情都会互相帮忙，好比左手和右手一样，能够很容易地培养出深厚的感情。所以，兄弟姐妹之间的亲情，自然是旁人所给予不了的。兄弟姐妹之间的亲情，和父母的夫妻之情一样，都源自人类的天性，而不会有利害得失的计较。这是人生在世最为珍贵的情感，就算珠宝玉石也不可能换得到，没有人可以忽视并且放弃它。因此，我的兄弟姐妹，即便偶尔有违背情理的作为，我也会宽容他，而不会急着责备他。我们常常看到，因为一味地苛责对方要改恶从善，却伤害了手足之情的例子。这是应该特别谨慎的地方。

一个家庭要和睦、团结，除了孝顺父母外，还要能亲爱自己的兄弟姐妹。“兄友弟恭”是传统文化中处理家庭关系的重要道德准则：做哥哥的对弟弟要友爱，不能因为年长力壮而欺负弟弟；做弟弟的要对哥哥恭敬，不能慢待轻视他们。

《诗经・小雅・常棣》中云：“死丧之威，兄弟孔怀。”就是说，兄弟之间应该生死与共，相互爱护关怀。中国人称兄弟为手足，就是指兄弟就像手和脚一样陪伴自己一生，像手和脚一样帮助自己。《幼学琼林》中也说：“世间最难得者兄弟。”

除了父母子女，兄弟姐妹就是世上和自己血缘关系最近的人，也是最值得我们去依赖的人。一个人遇到困难最先想到的就应该是自己的兄弟，有了好事最先惠及的也应该是兄弟。俗话说：“打仗亲兄弟，上阵父子兵。”不相信自己的兄弟却去相信他人，不敬爱自己的兄弟却去讨好他人，不依赖自己的兄弟却向他人祈求帮助，这就是不知亲疏。

“兄弟同心，其利断金”，兄弟一心，再大的困难也能战胜，再难的事也能做成。

一个家族中若是兄弟之间同心协力，团结一心，那一定会繁荣发展；若是兄弟之间斤斤计较，反目成仇，那整个家族一定会逐渐走向败落。

“昔西哲苏格拉底，见有兄弟不睦者而戒之曰：‘兄弟贵于财产。何则？财产无感觉，而兄弟有同情；财产赖吾人之保护，而兄弟则保护吾人者也。凡人独居，则必思群，何独疏于其兄弟乎？且兄弟非同其父母者耶？’不见彼禽兽同育于一区者，不尚互相亲爱耶？而兄弟顾不互相亲爱耶？其言深切著明，有兄弟者，可以鉴焉。”（《中国人的修养》）西方著名的哲人苏格拉底，看到兄弟不和睦的人，便告诫他们说：“兄弟比财产更加宝贵。为什么呢？财产没有知觉，而兄弟间有感情；财产需要我们的保护，而兄弟却能保护我们。一个独居的人，必定会想念伙伴，怎么反倒会与自己的兄弟疏远呢？难道兄弟不是同样的父母所养育的吗？”一起哺育长大的禽兽之间，都会有友爱之情，难道兄弟却不能相亲相爱？他的话感情深切，言简意赅，值得每个有兄弟的人借鉴。

【国学故事】

一夜枯萎的紫荆树

隋朝时，京兆地区有三个兄弟，父亲为他们留下了一大份家业，他们开始在一起生活，但随着各自成家，家中人也越来越多。在日常生活中妯娌之间、叔嫂之间难免有些小冲突，时间长了冲突越来越多，后来连兄弟之间也产生了隔阂。

于是兄弟三人聚在一起，商量道：“既然大家一起生活都觉得不自在，不如早点把家分了。”家产恰好分为三部分，兄弟每人一份，但院子中有一株紫荆树，树是他们父亲亲自手植的，已经长很大了，该分给谁呢？兄弟三人争执不下。于是他们在树下计议：“不如将这棵大树砍掉，分成三份。”

第二天，兄弟三人早早起来，来到院子中准备砍树，眼前的一幕立刻使他们惊呆了：昨天还茂盛的紫荆树，竟然一夜之间枯死了，叶子落了一地，树枝也没精神地耷拉着。

老大看了弟弟们一眼说：“本是同株，一旦要离析便憔悴至死了，何况我们兄弟呢，怎么能分开？”两个弟弟见此也十分震动，于是决定再也不分家了。三兄弟从此相互友爱，也教导妻子孩子相互敬爱，令人惊奇的是，那棵紫荆树竟然又慢慢地活了过来，茂盛地生长了。几十年以后，在大紫荆树的旁边形成了一个巨大的家族，家族中人人有礼，家家友爱，成为天下和睦家庭的典范，被世人传颂。

（资料来源：《田真叹荆》，搜狐网，2020年9月23日）

兄弟是用来亲近爱护的，而不是相互为仇。真正有仁德的君子不会因为任何财富、权力而抛弃亲情，他们对待兄弟手足，只有颗赤诚的心，对于兄长就尊重、爱戴他们，对于弟弟就关心、维护他们。他们甘愿为兄弟牺牲自己的利益，能够包容原谅兄弟所犯下的错误，当被兄弟误解、敌视的时候，他们也依然能遵守悌道，以亲情融化隔阂。

《尔雅·释亲》中说："男子先生为兄，后生为弟。谓女子先生为姊，后生为妹。"传统社会又称姊（姐）为女兄，妹为女弟。所以兄弟一伦，其实也包含姊妹关系。

"兄弟之于姊妹，当任保护之责，盖妇女之体质既纤弱，而精神亦毗于柔婉，势不能不倚于男子。如昏夜不敢独行；即受谗诬，亦不能如男子之慷慨争辩，以申其权利之类是也。故姊妹未嫁者，助其父母而扶持保护之，此兄弟之本务也。而为姊妹者，亦当尽力以求有益于其兄弟。少壮之男子，尚气好事，往往有凌人冒险，以小不忍而酿巨患者，谏止之力，以姊妹之言为最优。盖女子之情醇笃，而其言尤为蕴藉，其所以杀壮年之客气者，较男子之抗争为有效也。"（《中国人的修养》）兄弟对于自己的姐姐和妹妹，应该担负起保护的职责；女性的体质生来纤弱，气质也比较柔婉，所以有的时候会需要兄弟的帮忙。比如黑夜时不敢独自行走；受到别人的诬陷，也不能像男子一样慷慨争辩，以维护自身的权利等。所以，对于还没有出嫁的姐妹，一定要帮助父母去扶持和保护，这是做兄弟的应尽的责任。而做姐妹的，也应该尽力为兄弟做有益的事情。少壮的男子，血气方刚，喜欢意气用事，常常会想要压倒别人而去冒险争斗，因为小事不忍耐而酿成大祸。而想要劝诫阻止他们，姐妹的话是最有效的。这是因为女性的感情敦厚诚笃，她们说话时常常比较宽和、包容。所以，让她们来消减兄弟心中的邪气，会比别的男子去硬性阻止更加有效。

2. 手足亲情，礼让敬谦

孟子说："仁人之于弟也，不藏怒焉，不宿怨焉，亲爱之而已矣。"（《孟子·万章上》）兄弟之间没有不能消除的怒气，没有不能放下的怨愤，分歧、误解都是一时的，而亲爱之情则是永恒不变的。兄弟富贵了不要忌妒；兄弟贫穷了不要歧视；兄弟伤害了你不要嫉恨；和兄弟存在利益冲突，要懂得谦让，不能为外物而抛弃亲情，更不能心怀奸诈算计兄弟。

【国学故事】

爱护弟弟的舜

舜帝就是古代友爱兄弟的典型。舜年幼时母亲就去世了，父亲娶了后妻，后妻生了儿子，父亲、后母、弟弟都不喜欢舜，但舜从来没有过任何怨言，时刻恪守做儿子、做兄长的准则。后来，舜受到尧帝的赏识，尧帝赐给他田地、牲畜等财物，并将自己的两个女儿嫁给了他。看到舜有了妻子、财物，他的弟弟象十分忌妒，便想方设法地夺得哥哥的一切。一次，父亲和象骗舜去修理谷仓。舜爬到上面以后，象便在下面放火，打算将舜烧死。多亏舜带着两个斗笠，把它们绑在手臂上，像鸟一样滑翔下来，才脱离险境。

不久，象又骗舜去挖井，舜下到井里以后，象便在上面用石头将井填上，想堵死舜。象以为舜死了，便打算和父母瓜分舜的财产，说道："舜的两个妻子和琴都归我了，牛羊仓廪都归父母吧。"便跑到舜的房子里居住，弹舜的琴。但井里挖有横向密道，舜又脱险到达了地面。象看到舜以后十分惊讶，尴尬地说："我正想你呢！"舜也没有过分计较，再次原谅了弟弟。

后来，舜继承了帝位，成了首领。但他在亲人面前丝毫没有任何骄傲之情，依然像往日那样孝顺父母，爱护自己的弟弟。

（资料来源：《孝顺宽厚的圣贤之君：舜帝》，百家号，2023年5月5日）

弟弟欺负他，他不抱怨，弟弟陷害他，他也不记仇，他只是一味地关爱维护弟弟。正因为如此，舜才被后人视为践行孝悌之德的榜样。对待兄弟就应该像舜一样诚心、宽容，如此即使兄弟再不肖，也能用手足之情感化他们，维护家庭的和睦。反之，如果对兄弟也暗藏怨恨，用计谋相互算计，那战胜了兄弟，也就是失去了兄弟，亲情的损失远不是外物所能弥补的。春秋时的郑庄公不断放纵弟弟的错误，却又暗中做准备，最后在弟弟起兵造反的时候，将其一举击败，迫使其逃亡国外。虽然他成功了，但君子无不讥讽他，就是因为他作为兄长，面对弟弟的错误，不进行及时规劝、制止，反而纵容、算计，没有做到一个哥哥的本分。

"兄弟姊妹，日相接近，其相感之力甚大。人之交友也，习于善则善，习于恶则恶。兄弟姊妹之亲善，虽至密之朋友，不能及焉，其习染之力何如耶？凡子弟不从父母之命，或以粗野侮慢之语对其长者，率由于兄弟姊妹间素有不良之模范。故年长之兄姊，其一举一动，悉为弟妹所属目而摹仿，不可以不慎也。"（《中国人的修养》）因为能够天天亲近，所以兄弟姐妹之间互相感化的力量很强。人们结交朋友，往往会被其同化，亲近良友会变得善良，亲近品行恶劣的人会变得邪恶。兄弟姐妹的亲近，即便是最亲密的朋友也不能相比，他们之间的同化力得有多大？凡是子女不遵从父母的教导，或粗野傲慢地对待年长者的，通常都是受兄弟姐妹之中的不良榜样所影响。所以说，年长的兄长和姐姐，他们的一举一动都会受到年幼的弟弟妹妹的关注和模仿，是不能不谨慎的。

《弟子规》说："兄道友，弟道恭。"这是对相处之道的简要概括。《白虎通义》说："兄者，况也，况父法也。"俗话说"长兄如父"，因为长兄对幼弟负有教养之责，此即"况（比方之意）父法"。《白虎通义》又说："弟者，悌也，心顺行笃也。"对应"长兄如父"，我们似乎可以说"幼弟如子"。

"盖父母者，自其子女视之，所能朝夕与共者，半生耳。而兄弟姊妹则不然，年龄之差，远逊于亲子，休戚之关，终身以之。故兄弟姊妹者，一生之间，当无时而不以父母膝下之情状为标准者也。长成以后虽渐离父母，而异其业，异其居，犹必时相过从，祸福相同，忧乐与共，如一家然。即所居悬隔，而岁时必互通音问，同胞之情，虽千里之河山，不能阻之。远适异地，而时得见爱者之音书，实人生之至乐。回溯畴昔相依之状，预计他日再见之期，友爱之情，有油然不能自已者矣。”（《中国人的修养》）从子女的角度来看，和父母朝夕相处的时间，大概也就半辈子而已。但是兄弟姐妹之间，因为年龄的差别比亲子之间小很多，共同承担的苦乐与祸福是伴随终身的事情。所以兄弟姐妹之间的感情，一辈子都要以在父母膝下时的手足深情为准绳。长大成人以后，虽然各自离开父母，职业和住址都不一样，依然会常来常往，分享各自的忧乐，与在家时一样。就算居住之地相隔极为遥远，一年四季也必定要互通音信，联络感情。出门在外，而时常能闻见深爱之人的音信，这真是人生最大的乐趣。回忆从前相依相伴之时，盘算来日再见的日子，友爱之情，定会油然而生。

【国学故事】

二子乘舟

春秋时期，卫宣公夫人宣姜生了两个儿子，即公子寿与公子朔。公子朔与母亲诬陷太子公子伋，想要取而代之。卫宣公被他们母子二人蛊惑，就命公子伋出使齐国，并派杀手在莘野埋伏，准备暗杀公子伋。公子寿却为人正直，知道了他们的密谋，就告诉了兄长公子伋，让他不要出使齐国，躲避埋伏，去别的国家流亡。公子伋不愿意背弃父亲的命令，没有接受公子寿的建议。公子伋出发前，公子寿为兄长饯行，把他灌醉，然后偷走了公子伋的旌旗，代替兄长出使齐国。走到半路，公子寿被贼人暗杀。等到公子伋醒了酒，急忙追赶，来到莘野，看到公子寿惨死的情形，非常悲伤，对贼人说：“你们要杀的人是我，公子寿何罪之有？你们把我也一起杀了吧。”贼人就把公子伋也杀了。

同样是兄弟，公子寿与公子伋兄弟情深，乃至愿意替对方受死，而公子朔却毫不顾惜兄弟手足亲情，痛下杀手，为人所不齿。人们同情公子寿、公子伋，作了《二子乘舟》一诗来祭奠他们的兄弟深情：“二子乘舟，泛泛其景。愿言思子，中心养养！二子乘舟，泛泛其逝。愿言思子，不瑕有害！”

（资料来源：《〈诗经〉：同父异母兄弟间的爱与恨——〈二子乘舟〉》，百家号，2020年3月1日）

先贤把我们的生命比作一棵大树，“兄弟连枝各自荣”，都是同一对父母所生兄弟之间就如一棵大树一样长出来很多的枝干，连在一起，相互扶助才能够枝繁叶茂；如果相互分割，相互残害，那每一个枝干都不能健康发展。所以说，兄弟睦则家族兴，兄弟散则家族败。

历史上有很多家族，因为兄弟之间团结共进而创造了巨大的辉煌，也有很多家族因为兄弟间相互斗争而走向没落。三国之时河北的袁氏势力之所以轻易被曹操消灭，就是因为袁绍的儿子们不团结，为了地位势力相互斗争，最后反被曹操一一消灭。世界上著名的罗斯柴尔德家族之所以能够创造那么巨大的辉煌，就是因为他们家人团结。罗斯柴尔德家族族徽就是五支摆在一起的箭，这来源于《圣经》中的一个故事：生命垂危的父亲要五个儿子折断捆在一起的五支箭，儿子们每个人都尝试了，可没人能将其折断。正当他们一筹莫展时，这位父亲自己把这捆箭拆开把其中一根折断，他说，家族的力量来自团结，一根箭容易被折断，五支箭抱成一团就不容易折断。老罗斯柴尔德在去世前，也同样告诫他的五个儿子，并将“只要你们团结一致，你们就所向无敌；你们分手的那天，将是你们失去繁荣的开始”作为家训。从此无论是开拓新产业，还是渡过纳粹迫害犹太人的危机，他们都团结一致，同舟共济。所以，直到如今这个神秘的家族仍然是世界上最富有的家族之一。

现实中经常看到某个家族因为兄弟争夺财产而发生纠纷走上法庭的报道，经常听到因为兄弟争夺在家族企业中的地位而打得头破血流的故事。难道钱财、权力真的比手足亲情更加重要吗？如果有人真的这样认为，那只能说他的心灵为利欲、权欲所蒙蔽了，他的人生是冰冷的。

孟子说“父母俱存，兄弟无故，一乐也”，兄弟平安无故，相亲相爱是人生最大的乐事之一，在仁者眼中这要比称王于天下更加快乐。连称王于天下都比不了，更何况一点小小的家财、一点微不足道的权力呢？世界上最大的悲哀，就是手足反目；世上最大的愚蠢就是为了小利而抛弃无价的亲情。当我们面对兄弟姐妹之时，一定要珍惜他们，珍惜彼此之间宝贵的感情，这种感情是任何财富都永远不能代替的。

兄弟是上天、父母赐给人最宝贵的财富、最值得依靠的力量，我们定要用恭敬的心去对待自己的兄弟，用谦让的美德同兄弟和谐共处。

“兄姊之年，长于弟妹，则其智识经验，自较胜于幼者，是以为弟妹者，当视其兄姊为两亲之次，遵其教训指导而无敢违。虽在他人，幼之于长，必尽谦让之礼，况于兄姊耶？为兄姊者，于其弟妹，亦当助父母提撕劝诫之责，毋得挟其年长，而以暴慢恣睢之行施之。浸假兄姊凌其弟妹，或弟妹慢其兄姊，是不啻背于伦理，而彼此交受其害，且因而伤父母之心，以破一家之平和，而酿社会、国家之隐患。家之于国，如细胞之于有机体，家族不合，则国之人心，必不能一致，人心离畔，则虽有亿兆之众，亦何以富强其国家乎？”（《中国人的修养》）兄长和姐姐，年长于弟弟妹妹，他们的见识和经验比年少的弟弟妹妹要丰富。所以做弟弟和妹妹的，应该把兄长和姐姐当作父母的化身，遵循他们的教导不要违背。一般情况下，年少者对于别的年长者都应该知道要谦让，何况是自己的兄长和姐姐呢？做兄长和姐姐的，对于弟弟妹妹，也应该协助自己的父母尽到提携的责任，不能凭借自己年长，就肆意欺压弟弟和妹妹。兄长和姐姐欺凌弟弟妹妹，或者弟弟妹妹轻慢兄长和姐姐，这都无异于违背伦理，而使双方都因此受到伤害，同时也伤了父母的心，破坏了家庭的和睦，甚至造成社会和国家的潜在隐患。家庭对于国家来说，好比是细胞之于人体。家庭不和睦，那么国家的民心必然就不能一致；民心离散，那么就算有亿兆的人民，也是不能让国家富强起来的。

第四节 尊师重道，忠孝传家

1. 尊师重道是中华民族的优良传统

蔡元培在《中国人的修养》中说："凡人之所以为人者，在德与才。而成德达才，必有其道。经验，一也；读书，二也；从师受业，三也。经验为一切知识及德行之渊源，而为之者，不可不先有辨别事理之能力。书籍记远方及古昔之事迹，及各家学说，大有裨于学行，而非粗谙各科大旨，及能甄别普通事理之是非者，亦读之而茫然。"意思是说：人之所以成为人，是因为具有道德和才能。而想要成就道德和才能，必须有方法。第一种是经验，第二种是读书，第三种是跟随老师学习。经验是一切知识和德行的本源，但是要自己去经历就不能不先拥有辨别事理的能力。书上记载的远方和古代的事情以及各家的学说，对学问和品行都大有裨益，但是如果不是事先大致粗略地知道他们的概要，并且能够区别普通事理的是非对错，读起来就会茫然不解。因此，跟随老师学习实在是最首要的事务。老师是可以教授我们经验和读书的方法，并培养我们自由选择能力的人。

人在年幼的时候，受父母养育，到稍微长大些，苦于家庭教育的不完备，就上学亲近老师。所以老师是代替父母担负教育责任的人。学生对待老师，应该敬爱、顺从，感念老师的恩情，永不忘记。而从老师的方面来讲，天底下最难最需要用心的事情就是教育，因为孩子是没有分辨区别能力的，一言一行都是依赖老师的引导来养成习惯，让学生的思想变得正直向上，这是老师的职责之一。以后学生的知识怎么样，能不能成为造福社会、百姓、国家的人才，作为老师也要在一定程度上承担起这个责任。所以老师的职务极为劳累，思虑要周全广泛，做学生的如果能想到这一点，都会感恩老师的教诲。

孟子说："孝子之至，莫大乎尊亲。"父母给了我们生命，师长授予我们知识，包括道德礼法。无论官职再大，学问再高，都必须孝顺父母、尊敬师长。自古以来，孝为立身之本，作为新时代的人们，除了孝顺父母外，还要尊重师长。老师很辛苦，既要教书，又要育人；既要给我们传授知识，又要教我们怎样做人，所以我们要尊重老师、关心老师。

【国学故事】

程门立雪

宋代著名理学家杨时从小就聪明伶俐，四岁入村塾学习，七岁就能写诗，八岁就能作赋，人称神童。他十五岁时攻读经史，熙宁九年（1076）登进士榜。他一生立志著书立说，曾在许多地方讲学，备受欢迎。居家时，长期在含云寺和龟山书院，潜心攻读，写作教学。有一年，杨时赴浏阳任县令途中，不辞劳苦，绕道洛阳，拜师程颐，以求学问上进一步深造。有一天，杨时与他的学友游酢因对某问题有不同看法，为了求得一个正确答案，他俩一起去老师家请教。

时值隆冬，天寒地冻。他们行至半途，朔风凛凛、瑞雪霏霏，冷飕飕的寒风肆无忌惮地灌进他们的领口。他们把衣服裹得紧紧的，匆匆赶路。来到程颐家时，适逢先生坐在炉旁打坐养神。杨时二人不敢惊动打扰老师，就恭恭敬敬地侍立在门外，等候先生醒来。

这时，远山如玉簇，树林如银妆，房屋也披上了洁白的素装。杨时的一只脚冻僵了，冷得发抖，但依然恭敬侍立。过了良久，程颐一觉醒来，从窗口发现侍立在风雪中的杨时，只见他通身披雪，脚下的积雪已一尺多厚了，赶忙起身迎他俩进屋。

后来，杨时学得程颐理学的真谛，东南学者推杨时为“程学正宗”，世称“龟山先生”。此后，“程门立雪”的故事就成为尊师重道的千古美谈。

（资料来源：程门立雪，百度百科）

老师所教的内容，都是本着造就学生、成就学生的目的，所以看见学生能信从老师并且勤奋努力就会非常高兴，这不是为了自己而高兴，而是为学生可以被培育得很好而高兴。因为教授的时候，老师其实并不能增加自己的知识和能力。所以学生就更应该勤奋努力，让老师的努力不要白费。

学生的知识进步了，就不能再事事都指望老师来指示安排，而是要学会自学，通过自学对知识产生兴趣，才能更快地进步。如果有不懂的，再向老师询问，师生商讨，共同进步。

学生从老师的身上学到了很多东西，如果没有老师，那么就算拥有一百年的经验，读了上万卷书籍，也不一定会有好的效果；而跟随老师学习，却可以事半功倍。老师的功劳无法忘记，而有的人却像在市场上买东西，以为区区那点学费就可以偿还恩师，那么是不是做子女的，也可以只在物质上奉养父母，就能够偿清父母的养育之恩了呢？作为学生，虽然毕业了，却还能像读书时那样敬爱老师，那么做学生的职责才是差不多尽到位了。

2. 以忠孝传家，社会才能稳定和谐

家族，是一个国家的缩影。家族就像国土一样，其中家长好比是国家的元首，他的子女家人好比一个国家的国民，而家族的谱系就像是国家的历史。如果一个人不热爱家族，不能尽到自己在家族中应尽的责任，那么怎么能指望他热爱祖国并尽到一个国民的义务呢？

家族是社会和国家的基础。没有家族，就没有社会和国家。所以，家族就是道

德修养的基本场所。如果家族的道德有所欠缺，那么社会和国家的道德也就没有完全实现的可能，人们所说的“求忠臣于孝子之门”，就是这个道理。如果父子不亲，长幼无序，夫妻无别，而以这样的状况，想要建立一个完整的社会和国家，是不可能的。蔑视伦理、背离规则，是近似禽兽的行为。我们现在就不能这样了，一定要先有一个纯正完整的家族，包括父慈子孝、兄友弟恭、夫义妇顺，具备一个家族应有的各种幸福。然后，把家族幸福延伸到社会，就是仁爱与正义，再延伸到国家，就是忠诚与敬爱。因此，家族是好是坏，是善是恶，直接关系社会的祸福与否，国家的兴盛与否。

忠孝传家，是我们炎黄子孙应当恪守的道德规范。忠，中下从心，“内尽其心，而不欺也”，集忠于祖国、忠于人民、忠于职守、忠厚处世、忠诚待人于一体。在古代，上至达官贵人，下至市井平民，都会将“忠孝”二字铭记心头，所以才会流传下来许多如苏武牧羊、岳母刺字、卧冰求鲤等可歌可泣的忠孝故事。

【国学故事】

牧羊的苏武

苏武所在的时代，中原地区的汉朝和北方少数民族政权匈奴的关系时好时坏。公元前100年，匈奴政权新单于即位，汉朝皇帝为了表示友好，派遣苏武率领100多人，带了许多财物，出使匈奴。不料，就在苏武完成了出使任务，准备返回自己的国家时，匈奴上层发生了内乱，苏武一行受到牵连，被扣留下来，并被要求背叛汉朝，臣服单于。

最初，单于派人向苏武游说，许以丰厚的俸禄和高官，苏武都严词拒绝了。匈奴见劝说没有用，就决定用酷刑。当时正值严冬，天上下着鹅毛大雪。单于命人把苏武关入一个露天的大地窖，断绝食品和水，希望这样可以改变苏武的信念。时间一天天过去，苏武在地窖里受尽了折磨。渴了，他就吃一把雪；饿了，就嚼身上穿的羊皮袄。过了好几天，单于见濒临死亡的苏武仍然没有屈服的表示，只好把苏武放了出来。

单于知道无论软的还是硬的，劝说苏武投降都没有希望，但越发敬重苏武的气节，不忍心杀苏武，又不想让他返回自己的国家，于是决定把苏武流放到现在的西伯利亚贝加尔湖一带，让他去牧羊。临行前，单于召见苏武说：“既然你不投降，那我就让你去放羊，什么时候公羊生了羊羔，我就让你回到中原去。”

在人迹罕至的贝加尔湖边，单凭个人的能力是无论如何也逃不掉的。唯一与苏武做伴的，是那根代表汉朝的使节棒和一小群羊。苏武每天拿着这根使节棒放羊，心想总有一天能够拿着使节棒回到自己的国家。这样日复一日，年复一年，使节棒上面的装饰都掉光了，苏武的头发和胡须也都变白了。

在贝加尔湖畔，苏武牧羊达十九年之久。十几年过去，当初下命令囚禁他的匈匈单于已去世了。这时候，新单于执行与汉朝和好的政策，汉朝皇帝立即派使臣把苏武接回自己的国家。苏武在汉朝都城受到热烈欢迎，从政府官员到平民百姓，都向这位忠贞不屈的英雄表达敬意。两千多年过去了，苏武崇高的气节成为中国人持节尽忠的榜样。

（资料来源：苏武牧羊，百度百科）

什么是忠？“忠”字由中和心两部分组成。中字在最初是上下不出头的，口表示的是范围，一竖在口里面，意思是上下左右都不超出这个范围。它的下面是一个心字，合起来就是人的心思完全在这个范围内，也就是一心一意，没有二心。

什么是没有二心？西汉儒学大师董仲舒这样说：“心止于一中者，谓之忠；持二中者，谓之患。”朱熹说：“忠，是要尽自家这个心。”所以，尽心尽力、公而无私就是忠的规范的基本含义。苏武就是一个为国尽忠的典范。

两千多年前，孔子的“不独亲其亲，不独子其子”的观念，勾勒了一个大同的社会。那时孝针对的就不仅仅是自己的父母，而是对全天下的老人都要像对待自己的父母一样，只有这样才能把为国家、为人民奉献自己当作一个人的责任。

国兴则家兴，国衰则家败。忠义家风对于每个家庭来说，往往与孝一样有着举足轻重的作用。《礼记·大学》中提出“正心、修身、齐家、治国、平天下”的人生理想，而当我们正做着“齐家”中的孝顺时，也不能忘却“治国、平天下”的责任。所谓“天下兴亡，匹夫有责”，在顾及“小家”的同时，也不能忘了为“大家”的集体建设做贡献，也就是“忠孝”应两全。在家庭中，我们不仅要传扬孝道，还要传扬忠诚之道。无论大家小家，忠孝的美德都应该永远地传承下去。同时，也只有忠孝之家，才能永续兴旺。

忠与孝是中华民族的优良传统，是一个人的最基本的品质。古往今来，忠与孝始终贯穿着我们中华民族的血脉，涌现出无数可歌可泣的英雄人物，如虞舜、岳飞等。正所谓“夫孝，始于事亲，中于事君，终于立身”，因此忠孝是共存的，孟子就有过“天下之本在国，国之本在家，家之本在身”“人人亲其亲，长其长，而天下平”的言论，指出了家庭关系的和睦稳定与国家安危的重要关联。儒家把孝推广到社会，便移“孝”为“忠”，把维护宗法血亲关系同维护封建等级制度联系起来。于是忠孝变为一体，孝是忠的基础，忠是孝的结果；忠是孝的扩大，孝是忠的缩小。古人认为，一个人在家能孝顺父母，在朝就能忠于君主，所以便有“求忠臣于孝子之门”之说。对于不孝之人，没有人相信他会“忠”，会爱国爱民爱工作，尽职守责做好自己的工作。

【国学故事】

陆续认母

陆续，字智初，东汉会稽吴县人，为人清廉自守，坚韧有智计。东汉明帝时，陆续任户部曹史。当时，郡中发生灾荒，太守尹兴派陆续用粥赈济饥民，陆续因赈济有功而受到尹兴的赏识。后来，朝中发生了楚王刘英谋反事件。刘英密谋反叛时，为日后打算，便暗地里访察天下善士，并将他们的名字书写成册。及其事发，明帝发现这个名录，名录中有尹兴的名字，于是尹兴便被逮捕入狱。皇帝怀疑尹兴的部下也参与了谋反。于是，陆续作为太守的部下，与郡主簿梁宏、功曹史驷勋及掾史500多人都被抓到洛阳狱中进行拷问。拷问刑法极其严酷，很多人都经受不住严刑逼供，便屈打成招，纷纷死去，只有陆续、梁宏、驷勋等人虽被打得皮开肉绽，但始终没有承认自己参与了谋反。

陆续被捕后，他的母亲很着急，从吴县赶到洛阳，打听儿子的消息。但监狱看守极严，陆续的母亲根本不能与儿子相见，便做了一顿饭交给看守，让他转给陆续。陆续入狱后，不断遭受严刑拷打，但始终慷慨陈词，面无悲戚之色。但当他见到送来的饭时，却泣不成声，极度悲痛。狱中主审见状非常奇怪，问陆续这是为什么。陆续回答："我母亲从老远前来看我，而我不能与之相见，所以悲伤。"

主审大怒，认为是看守给陆续传递消息，将办看守通风报信之罪。陆续赶忙说："我是因为见了这顿饭，认识这饭是出自母亲之手，所以知道她来了，并非有人通风报信。"主审十分奇怪地说："你怎么知道这饭是你母亲做的呢？"陆续说："我母亲在家做饭，切的肉都是方的，切的葱都是一寸长的，所以我知道。"他的话中是另有一番意思的，也就是说通过做饭菜可以看出自己的家庭是非常讲究礼仪的，母亲做的菜方正长短都合乎礼仪，一丝不苟，暗示自己受这样的母亲的教育，不会谋反。在今天看来，这似乎没有什么特别之处，但在当时，人们却是非常重视这一点的。

主审听了他的话很受感动，又将信将疑，便派人暗地到客舍调查，果然是陆续之母到来。他对陆续母子心意如此相通很赞赏，便将这事上奏给皇帝。皇帝也很赏识陆续的孝行，便将陆续等人赦免，会稽太守尹兴也被释放。

（资料来源：陆续，百度百科）

忠孝传家，家风优良。在社会上，要忠于国家、忠于事业，致力于净化社会风尚，着力创造团结和谐、健康向上的忠孝传家之风；在学校里，要移孝于尊敬师长，把对父母的孝敬之心转化到学习之中，变成感恩社会、忠于祖国的行动；在家庭中，要把忠孝家风代代传扬，绵延传承下去。

翻阅历史，纵观古今名门望族，足可看出"忠孝传家久"的规律，越是忠孝之家，家门越是兴旺永续。好的家风代代传承，弘扬的就是中华民族优秀传统文化和传统美德。

【现代故事】

忠孝传家美名扬

小李家是三世同堂的大家庭，全家十几口人。父亲是一名工人，母亲是普普通通的家庭主妇，但就是这样一个普通的家庭，忠孝传家的家风从祖上绵延至今。

据族谱记载，小李家祖上曾是抗倭名将，跟随戚继光多年，立下赫赫战功，而且事父母至孝。因当时父母都在湖北，小李祖上却远在福建沿海作战，一年难得见父母一次。后来就想尽办法把父母接到身边，晨昏定省，服侍了好些年，因为战事吃紧，不得不送父母归乡。但特嘱妻儿，自己忠孝难以双全，务必要替他好生孝敬父母。后来祖上在福建战死，但忠孝家风却传承下来。

“咱家一直是忠孝传家，忠和孝其实是一致的。在社会上，要忠于国家、忠于事业；在家庭里，要讲孝道、尽孝心，尊老爱幼。”小李牢记祖训，几年前报名参军，去到边防线上保家卫国，正是老祖宗当年抗倭的地方。

李家的后代都和小李一样，继承了忠孝家风，个个都是懂事有出息的人。小李这一辈的兄弟姐妹中，当老师的，当公务员的，当企业家的，当作家的，都有。他们个个兢兢业业，工作扎实，在家也都非常孝敬。一家三代没有分家，相处极为融洽。

（资料来源：抗倭名将，百度百科）

忠孝家风的传承是一代一代延续的，特别是在孩子幼小时就要给孩子创造一个尽忠尽孝、懂得感恩的家庭环境。古语说得好，童蒙养正，善言易入，善心易导，善行易养。在儿童天性纯净之时，正是孝道扎根教育的最佳时机，亦是道德和素质教育的启蒙原点。因而，作为父母，一定要做好引导和教育。不仅要言传，更要身教，以身作则，践行孝道，营造良好的家庭孝道氛围，对孩子起到潜移默化的教化作用，让孩子从小耳濡目染，养成忠孝的习惯，践行忠孝的传统。有良好家风、忠孝传家的家庭，孩子的忠孝之心自幼就种在了心中。

如果一个人，他所在的家族不和睦，他所在的社会秩序混乱，他所在的国家权威衰落，那么这个人是不能得到幸福的。在内没有天伦之乐，在外没有自由权利，所有人生最重要的事情，如生命、财产、名誉，都危在旦夕，不能保全，这样的一个人，有可能得到幸福吗？既然这样，我们要先找到家族、社会和国家的幸福之路，才能成就自己个人的幸福。

儒家自古就讲“亲亲而仁民，仁民而爱物”（《孟子·尽心上》），将亲爱自己亲人的情感推及别人身上，去亲爱世上所有的人，将亲爱人类的情感推及万物之上，这才是最大的仁爱，人人都能推广这种大爱，世界才会和谐、大同。孟子说：“老吾老，以及人之老；幼吾幼，以及人之幼。”（《孟子·梁惠王上》）在他看来，做到孝悌、慈爱，不能仅限于自己的家庭之中，还要能在孝顺自己父母的同时，尊重世上所有的老人；在爱护自己孩子的同时，关照世上所有的孩子。

孝亲就是孝顺父母、公婆、岳父母、祖父母、外祖父母等。敬老就是尊敬老年人，包括老师、长辈。孝亲与敬老是相互联系的，在家中孝敬自家老人，到社会上尊敬外面的老人，这是中华民族的传统美德。古人云："水有源，木有本，父母者，人子之本源也。"孝本于天性。一条河流之所以能够流得长远，是因为它有不竭的源头；一棵树之所以能长得高大，能抵挡风雨，是因为它有很深的根。我们的父母就是我们为人子的源头和根本，是我们幸福的源泉，是我们成功的根基。我们从父母身上获得了太多太多的东西，父母付出了他们生命中最宝贵的爱，甚至他们的全部。所以说，孝敬父母是排在第一位的，孝亲敬老是每一个人最根本的责任和义务。中华传统文化中的孝亲敬老，主要有三个方面的基本含义：一是善事父母。简单解释，就是说，孝是子女尊敬、赡养父母，尽子女的义务。在今天，这依然是孝最本真的含义。二是尊敬祖宗。尊敬祖宗也是孝文化的重要内容。如说善事父母是最根本的孝、最直接的孝、最需要具体行动体现在日常生活中的孝，那么尊敬祖宗则是刻印在中国人骨子里、融进了中国人血液中的孝。在中国人看来，一个人如果连自己的生命之源都不敬重，那就是忘本，而数典忘祖被中国人看作最大的缺德。三是敬老爱老。孝的意义不仅仅是对父母，还要"老吾老，以及人之老"，即在家孝敬父母，出外尊敬长者，把家庭敬老观念推广到社会。对所有年长的、辈分高的人，都要尽孝，都要尊敬。

【国学故事】

郑板桥责行孝道

清人郑板桥任山东潍县县令时，一次领书童走到城南村庄，见一民宅贴着一副新对联："家有万金不算富，命中五子还是孤。"遂叩门进屋，见一老者唉声叹气，家徒四壁，一贫如洗。得知老人当天过生日，写了这副对联。郑板桥祝寿后即回县衙，命差役将老人十个女婿叫到县衙来。书童纳闷不解，郑板桥解释说：小姐称"千金"，家有万金不是有十个女儿吗？俗语说"一个女婿半个儿"，命中五子正是十个女婿。等老人的十个女婿到齐后，郑板桥给他们上孝敬老人的课，规定十个女婿轮流侍奉岳父安度晚年，并说："如有哪个不善待岳父，本县衙定要治罪。"次日，十对女儿女婿都带着衣服食物上门看望老人，变得十分孝顺。

（资料来源：《孝道感恩故事——郑板桥责行孝道》，元亨工程咨询，2011年4月29日）

孝亲敬老是中华民族的传统美德，需要后代的传承与发扬。我国孝亲敬老的历史悠久。从上古时起，就把敬老孝亲作为考察、选拔贤能做大事、赴大任的重要依据，以及官员德政的重要内容。从古至今，孝亲敬老的人与事层出不穷。黄香扇枕温床、董永卖身葬父、包公辞官尽孝等，都是民间广为流传的孝行故事。汉朝时由官府授给七十岁以上老人“王杖”（一种顶端雕有鸠形的手杖），持杖老人可以享受种种优待。清朝乾隆帝在乾清宫开“千叟宴”，应邀赴宴老人达三千九百多人，传为千古美谈。作为新时代的儿女，我们应该做得更好。

3. 推己及人，精神永传承

爱是可以传递的，如果人人能够推己及人，像关心自己的家人一样关心他人，社会会变得越来越好，当我们自己的父母亲人在外面遇到困难的时候，才会有更多的援手伸来。如果每个人的爱都是自私的，在家里是孝子慈父，到了外面便换上一副冷酷的心肠，那么整个社会就是冰冷冷的，有一天我们自己的亲人在外面遇到了困难，又指望谁会出手相助呢？

【现代故事】

一个人的善意，一座城的善意

一天傍晚，一个农民疲惫地蹬着三轮车往回赶，进城卖了一天菜累得要命，现在他就想回到家中吃顿热腾腾的晚饭，然后躺在床上休息。忽然，他看到一个老人茫然地坐在路边石礅子上。“这么晚了，老人怎么坐在这里呢？”虽然心中存在疑问，但他并未停下来，而是回到了家中。

回到家中，吃过晚饭，照料老父亲休息。看着父亲，农民忽然想到了那个坐在马路边的老人：也许那位老人也像父亲一样有阿尔茨海默病呢，他的家人要是找不到他该怎么办，这么大冷的天，坐在那里一定会冻出病来……他顾不得身上的疲惫，连忙骑着车子沿路返回。果然，他看到了那位老人，老人还是一动不动地坐在那里。农民将言语不清的老人带回了家中，让妻子给他做了晚饭，安顿他休息下来，第二天一早就将老人送到了附近的派出所。

很快，老人的家人赶了过来，他们找到恩人，对农民千恩万谢。老人的儿子、女婿都是城里有名的富商，父亲的走失让一家人担忧到了极点，多亏遇到了好心的农民。

老人的家人要拿出一大笔钱来报答农民，农民谢绝了他们的好意，他说：“我的父亲也有阿尔茨海默病，我明白做儿女的那种心情，今天我帮了别人的父亲，也许将来也有别人帮助我的父亲，这都是应该做的。”老人的家人听了深为感动，他们从来未想到孝心也应该相互传递，一直只知道爱自己的父亲，却从未关心过社会上其他的老人。他们忽然觉得在这位农民面前，自己的孝顺都是狭隘的、微不足道的。

于是，他们捐出一大笔钱，成立了一项帮助老人的基金，只要是看到需要帮助的老人，市民主动伸出援助之手，便能通过基金得到一份奖赏。

在基金的鼓励之下，越来越多的老人得到了帮助，接着，越来越多的人帮助了老人却不求回报，进而有很多人因为自己的亲人受到帮助也开始为基金捐款。最后，整个城市的面貌都发生了改变，本来陌生的人与人之间多了温情，少了冷漠，多了相互帮助，少了斤斤计较……

（资料来源：《大孝博爱，筑一座城的温度——孝感市红十字暨养老志愿服务活动纪实》，孝感市卫生健康委员会，2019年5月8日）

对自己亲人的关爱是出于本性的，能够推及他人身上便是人性的升华，这不仅会改变自己，也能改变周围的环境，改变整个社会。每个人都有父母亲人，当我们关爱他们，希望他们得到尊重的时候，也该想到世上所有的人都有父母，他们都像我们一样希望自己的父母得到尊重、帮助。当我们满足他人的这种需求之时，他人也会满足我们的需求，这样每个人的父母都会得到应有的尊重、帮助，我们的社会才能称为和谐社会。

儒家一向把“齐家”视为“治国”的前提条件，孟子说“天下之本在国，国之本在家”（《孟子·离娄上》）。就是说，只有家庭和睦，才会有社会关系的和谐、顺畅。一个社会是由千千万万个普通家庭组成的，要构建和谐社会，就要从社会最基本的元素——家庭开始。家庭是社会的细胞，家庭生存环境的恶化是破坏社会稳定的重要因素。每一个家庭都应该根据自己家庭的实际，创建和谐家庭。用爱来激发人的创造热情和活力，用爱来构筑和谐家庭，真正达到以家庭的“小和谐”来打造社会的“大和谐”。而和谐的基础就是父慈子孝，夫妻和睦。

人人都要尽到自己对家族的责任、对社会和国家的义务。一个有道德修养的人，不能不履行自己的义务。义务，是人与人之间交往的底线。子弟的义务是孝悌，夫妻的义务是和睦；作为社会的一分子，个人的义务是信义；作为一个国家的公民，个人的义务则是爱国。严格遵守各种义务，而不是去违背它，只有这样，在道德上才能做到尽善尽美。

【现代故事】

以身作则，孝顺父母

从前有一对中年夫妇对年迈的父母很不孝敬，他们把老人撵到一间破旧的小屋里居住，每顿饭用小木碗盛一些不好吃的东西给老人。一天，他们看到自己的儿子在雕刻一块木头，就问儿子刻的是什么，儿子说：“刻木碗，等你们年纪大时好用。”这对中年夫妇猛然醒悟，当即把父母请回正屋来一起居住，扔掉了那只小木碗，拿出家里最好吃的东西给老人吃。小孩也因此转变了对他们的态度，从此一家人和睦生活。

（资料来源：《孝敬父母的故事》，百度知道）

父母辛勤养育子女，给予子女无穷的关爱，使子女长大成人，此恩比山高比海深，父母对子女如此慈爱，子女怎能不孝顺他们呢？不孝就是失德，就要受到社会的谴责。父母操劳家务、养育子女累弯了腰，子女长大了，要感谢父母的栽培，要负起奉养父母的责任。动物尚且有“跪乳”“反哺”之举，作为人，我们就更要有孝顺父母的美德，这是中华民族的优良传统，应该世世代代传承下去。

但如果父母失德，不孝在先，又如何能传承孝道？所谓上慈下孝，上不慈，何以期望下能孝呢？父母是孩子最好的榜样，父母怎么做，孩子也会怎么做。父母慈祥和蔼、充满爱心，子女自会孝顺尊敬，和顺亲切。

“上慈下孝”说的是父母与子女两方面的行为，但重点还在父母。所以，为人父母者，一定要检点自己的行为。做长辈的对晚辈慈爱，晚辈自然会对长辈尽孝。人的感情是需要互动的，没有付出，自然没有收获，付出多少，收获也大致对等。

【现代故事】

捐肝救父的儿媳妇

2004年2月，漂亮贤惠的张建霞嫁到了在行唐县城西关开小旅馆的老王家，第二年又给王家添了个可爱的小孙子梓奇。公公婆婆把她视如己出，像女儿一般，从来没有生分过。这让张建霞非常感念公婆的慈爱，一家人非常和睦。

但是，天有不测风云。公公王振龙2004年秋天检查出了肝硬化。2007年5月，时年51岁的王振龙被医院确诊为肝癌。建霞和丈夫王亮陪同老人来到北京301医院，专家对他们夫妇说：“你父亲的病目前只有换肝一条路。”王亮、建霞夫妻俩走了几家大医院，得到的答复都是肝源奇缺。听了医生的建议，婆婆张淑芳和两个儿子都争着要捐肝。但经检查，老大王亮、婆婆、老二王强都是A型血，而父亲是O型血。医生说，直系亲属血型不对也不能捐。就在一家人为肝源绝望时，平时说话柔声细语的建霞平静而坚决地对丈夫和婆婆说：“捐我的吧，我是O型血。”婆婆张淑芳当时就流了泪，说：“建霞，你有这个心我就知足了，怎么能捐你的肝？你爸你妈只有你一个闺女，孩子还小，你要有个好歹咱家可怎么过？你父母怎么活？不行！”话传给了公公，公公也坚决摇头：“不行，天底下没有这样的事，宁可不治了，回家等死，也不能让儿媳妇捐肝。”建霞劝说：“妈、爸，没事的，别人能捐，我就能捐。再说，我年轻，恢复起来也快，你们要是不同意，就是不把我当自家人。我爹在，咱这一家人就是全的、团圆的，再苦也幸福。如果因为没有肝源我爹不在了，我这个当儿媳妇的能给他捐却没给他捐，我一辈子也不会心安……”

在建霞的坚持下，全家人终于同意建霞为公公捐肝，但公公本人不同意，张建霞就一次次安慰公公，让老人家放心手术。手术前，在医院的肝移植中心，3个主治医生把建霞叫到了接待室。医生们说，手术的方案是割掉建霞69%的肝脏，尽管做了充足的准备，但手术中意外情况谁也没有绝对把握排除，她仍有选择的机会，如果她犹豫，医生就会给她找一个医学上的借口，而且绝对保密。面对医生严峻的神情，建霞坚决地说：“医生，你们放心地割吧，我就是下不了手术台也不后悔！”2007年6月14日8时，一次全国、甚至全世界也非常罕见的儿媳妇给公爹捐肝的手术在北京某医院举行，张建霞69%的肝被移植到公公王振龙的体内。当张建霞的肝在公公的体内“复活”并开始工作时，处在死亡边缘的公公重获生机。一家人总算苦尽甘来。

（资料来源：《2007年，孝顺儿媳张建霞：将69%的肝移植给患癌的公爹，为其续命》，百家号，2023年6月20日）

父母是孩子的榜样，只有父母慈爱在先，才有儿女的孝顺在后。如果父母并不疼爱子女，那么如何让子女孝敬父母？更确切地说，如何让子女去爱父母？都说子女必须孝敬父母，但如果只是停留在表面孝敬上，那就还不是完全发自内心，或许由于道德驱使、社会压力等，只有爱才是真正源于感情。有感情，做什么都是乐意的。

上慈下孝是家庭的幸福之道。父母抚养子女是责任，子女孝敬父母是义务，兄长友爱弟妹，弟妹尊敬兄长也是家庭和睦的基础。所以，要想家庭和睦，也不是一味地要求儿女要孝，做父母的也要严格要求自己：首先做好榜样，给儿女真正的关爱，让儿女感受到父母的这份心，孝心和孝行才会出自真心，家庭才会和睦。

当然，不论是“慈”还是“孝”，固然是普遍认同，但每家的情况也或多或少有所不同，慈孝的标准没有必要整齐划一。子女对待父母的孝，无论用什么方式，只要是向父母献上一份孝心，这种感情都是无比珍贵和美好的。

第五章

任重道远·发奋志学

有志者事竟成，破釜沉舟，百二秦关终属楚；苦心人天不负，卧薪尝胆，三千越甲可吞吴。

——蒲松龄

上联用的是项羽破釜沉舟、大破秦兵的典故，说明做事要有项羽那种拼搏到底、义无反顾的决心。下联用的是越王勾践卧薪尝胆、灭吴雪耻的典故，表示要学习越王勾践刻苦自励、发愤图强的毅力。

第一节　士不可以不弘毅，任重而道远

1. 自强不息，坚韧不拔

“士不可以不弘毅，任重而道远”，树立崇高远大的理想，做一个自强不息、敢于担当的君子，这是先贤给我们最好的指引，也是我们民族精神最闪耀的一点。

曾子说：“士不可以不弘毅，任重而道远。仁以为己任，不亦重乎？死而后已，不亦远乎？”（《论语·泰伯》）作为一个士人君子，一定要认识到自己所担负的重大历史使命，以宽广坚韧的品质、自强不息的精神，来追求理想，在漫长的奋斗之路上实现自己的人生价值。这样的人生才是最有意义的。

孟子的弟子公都子曾问孟子：“同样是人，有的成为君子，有的成为小人，这是为什么呢？”孟子回答：“注重心志的成为君子，注重耳目的就成为小人。”公都子又问：“同样是人，有的人注重心志，有的人注重耳目，这又是为什么呢？”孟子回答：“眼睛耳朵的官能不包括思考，所以为外物所蒙蔽，一旦与外物相接触，便容易被引入迷途。心的官能包括思考，思考就会得到事物的义理，不思考就得不到，这是上天赋予每个人的。所以，人首先应培养心志，如此便不会被耳目之欲引入迷途了。这样便可以成为君子了。”

人之所以平庸，就是不会用心思考，不会培养自己的心志。看到别人怎么生活，他们就怎么生活；听到别人要做什么事，他们就去做什么事。看到别人赚钱，他们便效仿将心思放在赚钱之上，追求富贵；看到别人做官，他们便将心思放在做官之上，追求权势。这样的人，他们从来不去思考自己追求的富贵、权势到底有什么用，对人生有什么意义。就像小说中的守财奴葛朗台一样，一辈子收集钱财，成了一种癖好，却不知道这到底对自己有什么意义。

【国学故事】

范仲淹胸怀天下

北宋名臣范仲淹两岁的时候就失去了父亲，家中贫穷没有依靠。但他年轻时就有远大的志向，常常将治国平天下作为自己的使命。为此，他外出求学，发愤读书，困了就用凉水冲头洗脸，饿了就喝凉粥充饥，有时连饭都吃不上，但读书却从未停止。做官以后，他常情绪激动地讨论天下大事，为了坚持道义奋不顾身。他时刻磨砺自己的心志，吃东西不多吃肉，生活俭朴，经常吟诵自己作品中的两句话：“先天下之忧而忧，后天下之乐而乐。”

（资料来源：《范仲淹心怀天下的故事》，美德网，2022年4月2日）

范仲淹能够从贫苦之中成长为一代名臣，受到世人敬仰，关键就在于他抱负远大，意志坚强，时刻磨砺自己的心志。从小就树立崇高远大的理想，认识到自己“任重道远”，最重要的就是始终严格要求自己，加强自己的道德修养，这是一个需要一生践行的漫长过程。

人生而平等，但每个人体现出来的人生价值却截然不同。有的人成为历史的改变者、主宰者，荣名加身，流芳青史，而有的人却默默无闻，平庸终身，其关键在于没有远大的志向。

【国学故事】

苏颂：人生在勤，勤则不匮

苏颂（1020—1101），字子容，泉州同安（今属福建省厦门市同安区）人。庆历二年（1042）中进士，一生从政五十六年，历经五朝，历任刑部尚书、吏部尚书，官至宰相，身后追谥“正简”。

苏颂好学，对经史九流、百家之说，乃至算法、地志、山经、本草、训诂、律吕等学皆有所涉猎，是中国古代杰出的科学家、天文学家、天文机械制造家、药物学家。苏颂主要贡献在于科学技术方面，尤其是医药学和天文学方面。他领导制造了世界上最古老的天文钟“水运仪象台”，被誉为“钟表的鼻祖”，开启近代钟表擒纵器的先河。李约瑟称苏颂为“中国古代和中世纪最伟大的博物学家和科学家之一”。苏颂的代表著作有《本草图经》《新仪象法要》《苏魏公文集》等。苏颂的才学和官德都得益于家庭的教育和培养，因此苏颂本人十分注重治家，他持家以孝、治事以公，奉行耕读为本、诗礼传家。为了教育子孙，他撰写家训诗《感事述怀五言百韵以代家训》，告诫子孙“操守不坚纯，久必成缁磷”。后来，他的长孙苏象先又根据苏颂的生平事迹及平日教诲之言编撰成一部专门的家训著作《魏公谭训》。

在《魏公谭训》里，苏颂以自身的经历和社会经验教育子孙们如何孝敬尊长，如何爱护弟妹，如何敦亲睦族、孝悌传家；训诫子孙就学宜早、广泛涉猎，“人生在勤，勤则不匮”；在注重勤学博学的同时，苏颂不忘教育子孙“道德为先，文华次之”，“国家取士，行实为先”。

（资料来源：《苏颂：人生在勤 勤则不匮》，府谷县姓氏文化研究会微信公众号，2022年9月17日）

人生不如意十之八九，没有谁的生活是一帆风顺的。我们将经常面对各种压力与挫折，困难与机遇往往是并存的，但创造未来的机会永远掌握在自己的手中，只要我们不放弃，勇于奋斗一定能有所成就。

我们的人生一定要有目标。所谓人生目标，就是知道什么才是值得自己一生去追求的。孔子的弟子颜渊，生活十分清贫，但他从来不以恶衣恶食为忧，而是躬身践行仁道，他想的是舜也是人，我也是人，为何我的德行不如舜呢？舜也是人，我也是人，为何我的功绩不如舜呢？以圣贤为目标来不断激励自己，这便是上进的人生。而普通人每天追求的目标又是什么呢？穿得好一点，吃得好一点，熬到周末好好休息，攒点钱出去玩一趟……各种不同的目标便造就了不同的人生价值。君子弘毅，在内追求的是个人道德的完美，在外追求的是建功立业，造福世人，完成时代赋予的使命。

2. 目标明确，理想远大

在古代，圣人君子的人生一定有明确的目标，有理想作为支撑、指引。他们追求“修身、齐家、治国、平天下”，追求“三不朽”——立德、立功、立言，以及追求“为天地立心，为生民立命，为往圣继绝学，为万世开太平”等，都是为了让人认清自己的历史使命，知道自己“任重而道远”。只有认识了这些，人生才会变得充满意义，才不会迷失、沉沦。

作为当代之人，你的人生价值如何，很大程度上取决于你的人生目标，取决于你是否愿意承担起时代使命，是否具有历史责任感。你可以找一份安稳的工作，拿着固定的工资，平平淡淡地过一辈子——你觉得自己追求的就是个人和家庭的幸福；你可以自由追求你所喜欢的事，做一个画家，做一个歌手，或是自由地环游世界——你觉得人生就该自由自在，活出一种逍遥来；你也可以倾慕那些富豪巨商，投身于赚钱的事业之中，立志成为一个有钱人——你觉得财富是衡量一个人成功的标志……同样，你也可以告诉自己人生应该有更崇高的目标：我的周围还有那么多被困苦缠绕的人，我要用一生的努力去帮助他们；我生活的社会中存在那么多不正常的现象，我要“为往圣继绝学”，引导世人追求仁义道德；我的国家、民族还会更加富强，我要为实现这个目标而奋斗一生……

责任感是人生最大的动力。孔子之时，礼崩乐坏，他想到的就是“斯文在兹”，作为周礼的承载者，要引导社会恢复礼制，追求仁。孟子看到战国征伐，百姓处于水火之中，便发出“如欲平治天下，当今之世，舍我其谁也”（《孟子·公孙丑下》）的感慨。正是这些厚重的责任感，让他们的生命充满力量，与众不同。

【现代故事】

莱特兄弟的故事

曾经有一个贫穷的农民，为了生活他只能靠帮助他人牧羊为生。每天牧羊人带着两个的幼小的儿子到山上放牧，傍晚又赶着羊群下山，这样的清贫生活几乎持续了他的一生，但这个牧羊人却从未抱怨过。

一天，当牧羊人和两个儿子将羊群赶到山上时，一群大雁恰好从头顶飞过。儿子们好奇地睁大眼睛问：“那些大鸟要飞到哪里去呢？”牧羊人看着远飞的雁群说：“这些鸟，是为了到远方一个美丽的地方去过冬。”儿子们眨着天真的眼睛说：“要是我们也能飞就好了，那样就可以飞到一个温暖的地方去，再也不用在冬天挨冻了。”

牧羊人温情地对儿子们说：“只要你们心中想要自己飞翔，那么，你们一定会飞起来的！”儿子们张开双臂，却怎么也飞不起来，疑惑地看着父亲。牧羊人说：“看来你们还小，来，我给你们示范一下！”说着，张开了双臂，却还是没有飞起来。他笑着对儿子们说：“看来我已经老了，飞不动啦，但你们还小，只要不断努力将来一定会飞起来的。”

两个儿子牢记着父亲的话，希望自己有一天能够像大雁那样在天空中飞翔。等他们长大以后，明白了该如何去飞，终于在哥哥36岁，弟弟32岁时，他们真的飞了起来，实现了父亲给他们种下的梦想。这两位兄弟就是飞机的发明者——莱特兄弟。

（资料来源：《莱特兄弟的故事》，百度教育，2022年12月16日）

古人云：“燕雀戏藩柴，安识鸿鹄游。”伟大的人之所以能够成功定有宏大的志向作为支撑；而平庸之人之所以默默无闻，往往并不是因为才干的缺少，而是因为志向不足，目光短浅。陈胜年轻的时候为人佣耕，便发出“燕雀安知鸿鹄之志”的叹息。汉高祖刘邦年轻的时候看到秦始皇巡游的车驾，便感慨：“大丈夫生当如是也！”西楚霸王项羽年轻时看到秦始皇巡游的车驾，便发出豪言：“彼可取而代之！”正是这些伟大志向的鼓舞，让他们不甘于平庸，成就了自己的一番伟业，成为那个乱世之中最耀眼的明星。

有志向了还不够，还要有大志向。唐代诗人邵谒云：“丈夫志不大，何以佐乾坤？”志向的大小，便决定你目标的远近、前进动力的大小，决定了你是燕雀还是鸿鹄，决定了你的花盆中长出花花草草还是参天大树。求其上者得其中，求其中者得其下，求其下者得其末。志向定得高点，取得的成就往往就大一点。古人历来看重立志，提倡人们要做治国平天下的君子、豪杰，而不是得过且过的小人物。年轻人尤其要立志高远，心怀远大。周总理少年之时，便立志为中华之崛起而读书，这便是世人最好的榜样。曹操说过：“夫有其志，必成其事，盖烈士之所徇也。”有了志向才能建功立业，有了志向才能实现人生价值。如果将人生比喻成土地的话，那志向便是一粒种子，没有志向的人土地之中永远是泥土，而不会拥有一丝绿色向上生长。志向是人生前进的动力，无论你身处什么样的环境之中，都要为自己树立一个远大的志向，这样才不会在漫长的人生道路上迷失、消沉，白白浪费生命。

人生在世有无数种选择。你可以平平淡淡地生活，默默无闻地度过一生；也可以热情地燃烧生命，去追求轰轰烈烈的梦想。你可以在自己出生的那个小镇之上，追随前辈的脚步，体验着每个人都需要经历的生老病死；也可以去外面广阔的世界中拼搏一番，创造属于自己的生命轨迹。人们常说：“来时空空，去时空空。”的确，每个人都赤条条地来到这个世上，走时也不能从他所留恋的世上带走任何东西，但这绝不等于所有的生命都是相同的。有的生命如汹涌澎湃的大江，永远充盈着激情和力量，山河为它而震撼，天地因它而多姿；有的生命则如一段细流，没有人知道它的存在，它的存在也不会对整个世界有任何意义。生命又如暗夜中的火花，虽然终将消逝，但有的生命像烟花一样，冲上云霄，发出灿烂的光芒，将夜空点缀得更加多彩，让世人都不禁抬头仰望；有的生命却只能在僻陋的一隅，如萤火般虚弱，燃了又灭，无人知晓。

3. 自信自强勇于挑战

爱尔兰大作家萧伯纳（Bernard Shaw）曾经说过："有信心的人，可以化渺小为伟大，化平庸为神奇。"人能否战胜困难，将一件事做好，除了机遇、才智以外，信心同样是必不可少的。只有相信自己，才能勇敢地面对各种挑战，才能在挫折之中坚强地走下去。

宋代大儒程颐说过："学者须要自信，既自信，怎生夺亦不得。"无论是为学还是从事其他事情，有自信才能坚持自己的想法，发挥自己的特长，坚定地按着自己的道路走下去；若没有自信，在做事的时候就会犹豫不决，在学习的时候就会充满怀疑，那什么也做不好。古代那些圣贤，之所以能在各种挫折之中依然坚守住崇高的理想，在极度的贫寒之下勤学不辍，苦读奋进，就是因为自信，他们相信自己通过努力可以改变现状，通过不懈奋斗终将实现自己的人生价值。例如，孔子在自己的国家受到排挤，不得不外出游历，在游历的路上被围困堵截，学生们饿得连路都走不动了，但他却没有表现过一丝怨愤和后悔，就是因为他相信自己坚持的没有错误，他相信自己的崇高理想虽然暂时不被世人理解，但终将发扬光大。

居里夫人（Marie Curie）曾经说过："生活对于任何一个男女都非易事，我们必须有坚韧不拔的精神，最要紧的是我们要对自己有信心。我们必须相信，我们对每一件事情具有天赋的才能，并且无论将付出多大的代价，都要把这件事情完成。当事情结束的时候，你要能够问心无愧地说我已经尽我所能了。"正是因为有这种坚韧不拔的意志和对未来的向往，居里夫人能够在恶劣的环境中坚持工作，在数吨残渣之中用极为简陋的手段分离出微量的镭。

人最大的缺失，莫过于没有自信。缺乏自信，常常是性格软弱和不能成功的主要原因。马戏团中的大象从小被拴在木桩上，它们努力了无数次，终于明白自己不可能挣脱。当它们长大以后，这个印象深深地印在了它们的脑中，尽管它们只需轻轻地一拔，木桩就会脱土而出，可它们已经不相信自己能拔出木桩获得自由了。于是，人们戏剧性地看到力大无穷的大象竟然能够被一个小小的木桩禁锢住。世人也常如大象一样，受到点挫折，经历一两次失败，就认为自己不行了，永远不可能成功。其实，你缺乏的并不是能力，而是再去试几次的机会。相信自己能够成功，面对困难有永不放弃的勇气，这才是一个人成功的关键。

生活中有很多人，开始怀着远大的理想，但遇到了一些困难，便放弃了原来的理想，最终也没有取得太大的成就，到了最后才感慨自己当初再坚持一点儿就好了。人一旦为自己定下明确的目标，就要坚持不懈，终身践行，不半途而废，如此才能取得杰出的成就。

【国学故事】

孟母断丝

孟子小的时候，就差点半途而废。一次，他学了一会儿，便觉得很没意思，于是跑回家中。他的母亲正在织丝，看到他忽然回来，便问道："你的学业怎么样了呢？"孟子漫不经心地回答说："就那个样子呗！"孟母看到他对学业如此不在乎，十分生气，随手用剪刀将纺织机上的丝全部剪断。

孟子不知道母亲的意图，十分害怕。孟母于是说："丝织了一半被剪断，那前面的工作就全部白费了。你的学业也是如此，还没学好就半途而废，人生就毁掉了。有德行的人通过学习才能树立名声，多问才能增长知识。所以平时能够安宁，做起事来也能免除祸患。你现在荒废了学业，长大就不免做卑贱的劳役，还会因不明事理而遭受祸患。女人荒废了生产，男人懈怠了修养和德行，那么一家人不做强盗小偷就只能做奴隶劳役了！"孟子听后深为震撼，意识到了自己的错误，从此谨记母亲教诲，从早到晚勤奋学习，最终成为伟大的思想家。

（资料来源：《孟母断织》，搜狐网，2020年11月16日）

坚持不一定会成功，但放弃就一定会失败。很多时候，我们距离成功仅有一步之遥，但就在成功之门开启之前，我们却选择了退却，这是最大的遗憾。人可以接受失败，唯独难以承受不该放弃的放弃。当你之后知道自己距离成功那么近的时候，心中的后悔将永远难以忘怀。人生就是个不断奋斗的过程，只要生命不息，奋斗便不会停止，这一过程之中的所有失败、挫折都是暂时的。当我们遭受挫折之时，不妨多鼓励一下自己："只要再多坚持一会儿，多努力一点，命运一定会改变，我一定会获得成功。"

美国作家爱默生（Ralph Emerson）说："自信是成功的第一秘诀。"无论面对什么困境，无论经历了怎样的困难和失败，我们都不要轻言放弃，相信自己一定能行，清晰地认识自己，设法弥补不足，吸收别人好的经验和建议，别人能够做到的事你也一定能够做到，别人能够达到的高度你也一定能够达到。

第二节　志存高远，精忠报国

1. 坚韧不拔的意志是成功的第一要素

“路漫漫其修远兮，吾将上下而求索。”（《离骚》）追求成功，实现梦想，是一个漫长遥远的过程，你要经历各种挫折、失败，体味各种迷茫、困惑，品尝各种孤独、冷漠。你要能够战胜外欲，战胜惰性，战胜自暴自弃，战胜世俗中的各种偏见，才能最终品尝到成功之酒的甘甜。在我们的生活之中，最大的挑战不是确立目标，而是如何为了实现目标而坚持下去，如何在漫长的求索道路上保持自己对理想的激情。

宋代大文豪苏轼说：“古之立大事者，不惟有超世之才，亦必有坚忍不拔之志。”（《晁错论》）一个人有了出色的才干，树立了伟大的志向还不够，要想成功，必须依靠坚韧不拔的毅力去奋斗。理想就如高峰之上的一盏明灯，它鼓励你前行，但绝不会自己落入你的手中，你需要克服各种困难，越过各种坎坷，才能将它抓在手里。

晏子说：“为者常成，行者常至。”（《晏子春秋》）不为不行者注定只能望洋兴叹。如果你认准了目标，就要大胆地去做，不要畏惧困难和挫折，不要将生命白白地浪费在空想之上。有始才有终，敢做才能成。

雄心大志，几乎每个人小时候都有，但真正能将它保持到最后的不多。安逸的诱惑、生活的压力、追求理想之中的重重困难，这些都在不断地消磨着我们的志向，如果你不能坚定自己的信念，对自己的志向悉心保护，那它是很容易枯萎、消逝的。如果你不经常倾听自己内心深处“努力向上”的呼声，如果你不经常在夜深人静时鼓励自己“不要沦为平庸”，如果你不能在每次失败后安慰自己“困难总会过去”，如果你不能在取得小的进步时告诫自己“未来的路还很长”，那么你的志向便会在被遗忘中逐渐萎缩，最终彻底地消失。

生活之中我们经常遇到很多这样的人，他们有才能、有理想，当他们下决心努力的时候，没什么能阻止他们的前进。可是，没过多久，他们便懈怠了，那种前进的激情便消失不见了。他们的努力半途而废，没有取得任何成就。他们的人生就在这样不断立志、努力、松懈、退却中循环，虽然天资不错、才能出众，却只能成为一个平庸无为的人。没有坚定不移的志向，没有水滴石穿的毅力，拥有再高的天资也是白搭，理想再伟大也只是头脑中的空想。

立志要坚定，立志要专一。生活中还有这样一群人，他们颇具才干，似乎也在不断地进取着，可他们取得的成就却十分有限。他们什么都想去做，可又什么都没做好，今天有一个目标，明天又改成了另一个目标。改来改去，年纪一大把了，还不知道自己真正适合做什么。这样的人，便是在立志之上没有恒心的人，他们和那些不能坚持理想，在苦难面前退缩的人是一样的，即便是再怎么才华横溢，也只会将一身才华浪费在漫无目的的东碰西撞之中，很难取得真正伟大的成就。

【国学故事】

张仪雪耻

战国时候，张仪四处游说诸侯，想要凭借自己的才智、辩才取得功名，建立一番功业。但各个诸侯都不相信他，觉得他言过其实，不堪重用。

后来，张仪到了楚国，投靠在楚国国相府上。一次大家在一起饮酒，席间丢失了一块玉璧，门客都怀疑是张仪偷了，说："张仪贫穷，品行鄙劣，一定是他偷去了丞相的玉璧。"虽然张仪善辩，力陈自己清白无辜，但没有人听他的。大家于是将他绑了起来，不分青红皂白地拷打了几百下。张仪始终没有承认，只好将他放了。

回到家中以后，妻子看到被打得奄奄一息的张仪，又悲又恨地说："哎！你要是不读书怎么能遇到这等屈辱呢？"张仪听了，张开嘴，对妻子说："你看我的舌头还在不在？"妻子笑着说："在，在，在！可舌头在又有什么用，还不是到处碰壁，到处受屈辱！"张仪说："舌头还在就够了！只要舌头在，我就不会永远潦倒下去！"

伤痛好了以后，张仪更加刻苦地研究学问。他觉得诸侯不任用自己，是因为他们都加入了合纵，自己在这里是多余的，于是起身前往秦国。秦惠王正为诸侯合纵抗秦而苦恼不已，看到了张仪的才能、智慧欣喜不已，立刻重用了他，让他前去游说诸侯，破坏合纵。

张仪后来成为秦国丞相，手握天下大权。他专门写信给曾经侮辱自己的楚相说："当初我没有偷你的玉璧，你们却无故鞭打我。现在你们可要守好自己的国家，我要偷你们的城池了！"之后，他果然帮助秦国夺取楚国的土地，击败楚国的军队，将楚怀王玩弄于股掌之上，既得到了功名，又雪洗了昔日的耻辱。

（资料来源：《张仪学艺后游说各国诸事》，百度知道，2023年4月25日）

有志气的人，就当如张仪一样，不管受到了什么样的屈辱，遇到了多少挫折打击，都要相信自己能够成功。上天让我们降临在这个世上，并不是让我们默默无闻地吃几十年饭，睡几十年觉，然后等待生命的结束。有很多东西需要我们去努力争取，有很多事情需要我们拼搏完成，我们可以用自己的生命在这个世界上留下更多的痕迹，创造更多的奇迹。即便因为各种原因我们无法成为一个令人仰望的伟人，我们也不能甘于现状、随波逐流，不断努力可以让我们的生活变得更好，更有意义。

生活安逸是一种享受，但过于沉溺于这种享受之中，就会让人失去前进的动力。在人生的路上，当你需要前进时，中途停下就会失去很多后面的风景；当你需要奔跑时，却选择了歇息，就会遗失很多本可以把握的机会。"生于忧患，死于安乐"，生命的真谛在于不断追求，世人之所以丧失进取之心，让本来更加有意义的生命变得渺小，就是因为被安逸击败。

2. 不做只懂安逸享乐的人

自强不息的追求，让人生变得更加有意义，让生命的轨迹更加精彩多姿；而安逸享乐，不求进取，只能让人生变得卑微，生命中充满平庸和枯燥。不要枉费了你的生命，要少追求物质，多追求理想。因为只有对理想的不懈追求才赋予人生以意义，生活才会具有永恒的价值。

庄子说："水之积也不厚，则其负大舟也无力。风之积也不厚，则其负大翼也无力。"（《庄子·逍遥游》）任何大事业，都是由一点一滴的努力积累起来而作为支撑的。任何人想要成就一番事业，单单靠想法是不成的，必须付出辛勤和汗水，使自己拥有成就事业的基本素质和能力。一个人一无所长，又不愿意学习，却天天梦想着自己有什么奇遇，不劳而获地成为人上人，那是白日做梦。

人们常常感慨机会难得，其实世上的机会真的很多。我们觉得难得，是因为没有能力发现机会，把握机会，更别说去创造机会了。要想把握机会，必须早做准备。《周易》有云："君子藏器于身，待时而动。"一个有大志向的人，必须时刻为了实现自己的志向而做准备。他们学习必要的才能和技艺，就好像将利器藏在身上一样，等最好的时机降临之时，他们就如龙出水，大展身手，从而实现自己的伟大抱负。而那些贪图享乐的世俗庸人，只知道每天吃饭睡觉混日子，当大势有变的时候，他们既不能趁势有所作为，又不能保全自身，只能如秋叶般被风激荡，成为他人呼风唤雨的点缀。

孟子说："夭寿不贰，修身以俟之，所以立命也。"（《孟子·尽心上》）人生有长有短，可能我们等不到伸展自己志向的机会，但人绝不能产生得过且过的想法。君子无论处于什么环境之中，都要不断进取，要坚信上天赋予自己的伟大使命，时刻为实现这一使命而做准备，这才是对待生命的正确态度。

唐代大文豪韩愈说："业精于勤，荒于嬉；行成于思，毁于随。"（《进学解》）任何学业、事业的精进都在于勤奋努力，而荒废则在于安逸懈怠；它们的成功在于反复思考，而失败则在于随随便便地应付。古往今来，无数人的成败轨迹都证明了这一点。

【国学故事】

晚年建功的姜子牙

姜子牙年轻的时候就察觉到殷商无道，即将灭亡，君子大有作为的时代即将到来。于是，他博览群书，研习奇计，勤学治国作战的才能。因为将所有的精力都用在这上面，他家中生活十分贫穷，周围的人都嘲笑他。有人劝他说："天天读那些不着边际的书有什么用，还不如好好学学怎么种地。天天做梦建功立业，白头发都长出来了，还没有一官半职，不如找点儿事，娶妻生子吧！"姜子牙听了这些，笑而不答，依然读书求学，研究治国之术。

可是一直等到五六十岁，他也没有建功立业的机会，不得不娶了个妻子。娶妻以后，姜子牙还是放不下自己的梦想，不愿意像普通人那样劳作，为了维持生计，只好去贩卖草鞋、草席。但是，连妻子都嫌弃他，每日撒泼咒骂，最后离他而去。

后来，西方的周国开始强大，西伯姬昌贤能爱才，年近七十的姜子牙听到后，便离开故乡，远赴西周，在渭水之畔隐居起来，等待见到西伯的机会。有一天，姬昌出游要路过渭河之滨，姜子牙便早早等在那里，用直钩垂钓。姬昌很好奇，上前与他交谈。交谈之后，立刻为他的才能所倾倒，高兴地说："从我先君太王起就说：'定有圣人来周，周会因此兴旺。'说的就是您吧？我们已经盼望您很久了。"于是载着姜子牙同车而归，尊称他为"太公望"。

姜子牙被姬昌封为太师，管理国政，姬昌死后，又辅佐武王姬发。武王伐纣，姜子牙与周公左右陪伴，出谋划策，将自己的军略、治国才能展示得淋漓尽致。武王灭商以后，姜子牙因功被封为诸侯，拥有齐地上千里的土地，他的子孙享有齐国社稷数百年之久。

（资料来源：《姜子牙——大器晚成的开国元勋》，搜狐网，2023年4月6日）

老子说："合抱之木，生于毫末；九层之台，起于累土；千里之行，始于足下。"（《道德经》）任何高大的楼阁，都是从基础的一砖一石垒起来的；任何遥远的目标，都要凭双足一步一步地去追求；我们心中的崇高理想，也都要从现实出发，从小事开始。不愿做小事，永远做不好大事；不愿行近路，永远到不了远方。世上没有一蹴而就的成功，即便有那也是不实的、不长久的。

人一定要脚踏实地，正视现实，才能逐步实现远大的理想，脱离了现实，理想就会变成空想。有的人从小就有很大的抱负，但却不愿意努力，仅仅将抱负放在心中，任时光白白溜走，结果终其一生也没有将抱负变成现实，只留下诸多遗憾。

人生最可悲的不是奋斗失败，而是根本没有开始奋斗。失败了，或许因为时运不济，或许因为能力有限，或许因为突发变故，这些不是我们自己能够控制的，过去了心中也能坦然接受。

3. 做一个有准备的人

"工欲善其事，必先利其器。"一个人要想有所作为，抓住机会，就必须先让自己成为一个有道德、有才能的人。而任何才能的养成都不是一朝一夕之事，在平时我们用不到它们，但并不意味着它们永远没有价值。试想诸葛亮在南阳种地的时候，学习兵法、治国有什么用呢？这并不会让他收获的粮食比别人多。他也许可以将那些读书思索的时间放在种花钓鱼、游山玩水之上，那样过得舒服得多。但如果那样，世上就真的多了一个村夫，而不会有后来辅佐刘备三分天下的伟业了，也不会有"鞠躬尽瘁，死而后已"的蜀汉名相了。

【现代故事】

一只脚的世界冠军

美国运动史上有个传奇人物：戴安娜·高登（Diana Golden）。她小时候就患上了骨癌，为了保住生命，被迫锯掉了右脚。这对于一直梦想着成为一个运动员的她可谓致命的打击，她哭泣过、痛苦过、沉沦过，但当一切过去以后，她告诉自己：我的人生不能如此，我必须对自己的生命负责！我可以失去一只脚，但绝不能失去活下去，继续完成理想的信心。于是，她在假肢的帮助下重新站了起来，挺着病痛的折磨练习走路、跑步，开始爬山、滑雪。开始的时候她不能坚持很久，但凭借顽强的毅力和无比的勇气，她一次次地坚持了下来。最终她成了一名出色的滑雪运动员，在美国滑雪锦标赛中她一共获得了二十几枚金牌，还创下了多项世界纪录。

（资料来源：《世界上只有想不通的人，没有走不通的》，脉脉网，2021年2月26日）

在历史长河之中，我们都是沧海一粟，如果你想无名无为地度过一生，那什么都无须准备。可如果你想建立一番留名青史的伟业，取得出人头地的地位，那就要早早准备，在还默默无闻的时候就加强自身的修养、能力，等到机会到来时才不会错过。

司马迁为了撰写《史记》，走遍九州大地，广泛地收集资料，寻师求教，积累数十年，终于完成了“史家之绝唱，无韵之离骚”；徐霞客一生志在四方，不避风雨虎狼，与长风云雾为伴，以野果充饥，以清泉解渴，足迹遍及天下，终于完成了著名的《徐霞客游记》；李时珍为了钻研药草性能，发展祖国的医学，踏遍祖国山山水水，访问了成千上万的农民、樵夫、渔民，终于写出了震惊四海的巨著《本草纲目》。俗话说：“台上一分钟，台下十年功。”当我们眼里羡慕别人的巨大成就时，却很少想到别人私下里的勤奋，长年累月的努力付出。哪一个优雅的动作，不是练习了千百遍，身体浸透了无数汗水；哪一场出众的表演，不是准备了无数次，荣誉后是无数的心血。

对于成功的各种要素来说，虽然天资很重要，但勤奋的作用要远远超出天资。

4. 有志者事竟成

清代文学家蒲松龄曾写过这样一副格联来鼓励自己：“有志者事竟成，破釜沉舟，百二秦关终属楚；苦心人天不负，卧薪尝胆，三千越甲可吞吴。”再大的困难，只要有志向就一定能够战胜；再难的事情，只要用心付出，就一定会取得成功。很多时候我们抱怨自己不行，不是你真的不行，而是你畏惧付出，不愿付出汗水。

每个人都有很多梦想，但你静下心想想自己曾经暗藏的梦想实现了几个呢？是你的天赋不够，机会没有得到吗？不是，几乎所有梦想的远去都是因为我们并未始终如一地坚持它、追求它。人生不可能重来，既然定下了志向，就应该好好拼搏一番，无论成功与否，都无愧无悔。如果还未尽力就选择放弃，那也就永远丧失了成功的机会，这才是最大的失败，是会让人后悔终身的。

【现代故事】

灯泡的诞生

1821年，英国的科学家发明了一种叫电弧灯的电灯。这种电灯用碳棒做灯丝，虽然能发出亮光，但是光线刺眼，耗电量大，寿命也不长，不能在生活中进行推广。美国发明家爱迪生仔细研究了电灯以后，认为一定可以找到一种更加合适的灯丝，使电灯更加适合人们的日常使用，他对人们说："电弧灯不实用，我一定要发明一种灯光柔和的电灯，让千家万户都用得上。"但没有人看好他。

爱迪生就是在众人的不看好之中开始工作的。他收集各种材质的原料，将它们做成灯丝来进行测验，开始测验结果总是不尽如人意：用传统的炭条做灯丝，一通电灯丝就断了；用钌、铬等金属做灯丝，熔点太低很容易被烧断；用白金丝做灯丝，价格太高，发光效果也不理想。为了找到最理想的灯丝，爱迪生和他的助手试验了上千种材料。一次次试验，一次次失败，很多专家都认为电灯的前途黯淡。人们讥讽爱迪生的工作，说这是"毫无意义的"，有记者也宣称"爱迪生的理想已成泡影"。但爱迪生本人在经受种种失败之后，却完全没有停息之意，每一次他都安慰同伴说："我们又发现了一种不能用做灯丝的材料。"

一次，一位老朋友来看望他。爱迪生不经意瞧见朋友穿的棉线外套。他喊道："棉线！为什么不试试棉线呢？"朋友撕下一片棉线织成的布，交给爱迪生。爱迪生将棉线进行处理后，装在试验装置中，接通电源，灯泡发出金黄色的光辉，把整个实验室照得通亮。这盏电灯足足亮了45个小时，灯丝才被烧断。爱迪生终于取得了重大的进展，连那些嘲讽他的人也开始为他的成功而欢呼了，但爱迪生依然没有停下来。45个小时，还是太短了，爱迪生继续做着他的研究。后来他发现，用竹丝做灯丝效果比木纤维更好，经过反复实验，他研制出了可以亮上1200多个小时的灯泡，终于将人类带入了光明时代。

（资料来源：《爱迪生发明电灯的故事》，搜衔网，2023年3月25日）

水滴石穿，绳锯木断。小小的水滴穿透坚硬的岩石，柔软的绳子锯断硬邦邦的木头，其中的奥秘无非"坚持"二字。成功就在于不断坚持，永不停息。

与其羡慕他人的智慧，不如自己勤奋补拙；与其羡慕他人的优秀，不如自己奋斗不止；与其羡慕他人的坚强，不如自己百炼成钢；与其羡慕他人的成功，不如自己厚积薄发。成功在于勤奋，事业来源于努力，你也想取得令人仰慕的成就，就不要吝惜付出比他人更多的汗水。只要你有一颗坚持的心，只要你能在成功的道路上勇敢地走下去，成功就一定会属于你！

第三节　持之以恒，居安思危

1. 生于忧患，死于安乐

《左传》中说：“居安思危，思则有备，有备无患。”人要有远见，处于安乐的环境之中时，就要想到可能到来的危险，提高警惕，防止祸患的发生。人生之中既有平坦大道，也有坎坷挫折，没有谁的一生总是一帆风顺的。当我们生活安定，没什么忧患的时候，切不可沉浸于安逸享乐之中，忘乎所以，要有忧患意识，想一想自己会遇到什么困难和打击，会面对什么样的挑战，早早做好准备，那么当困难、挑战到来之时，便不会手足无措了。

孟子说：“生于忧患，而死于安乐也。”（《孟子·告子下》）处于忧患之中更能激发自身的潜力，激起向上拼搏的动力，而耽于安乐则让人志气沉沦，能力退化，最终走向失败。

【现代故事】

北岸的羚羊

非洲有一条大河，河的两边都是广袤的灌木草原，但奇怪的是，南岸一侧生活着数量众多的羚羊，而北岸一侧则一只羚羊也见不到。有生物学家对这种现象很好奇，便进行了深入的调查。

原来，河两岸的羚羊本来是一个种群，但因为河水忽然暴涨被分成了两个部分。同时被分开的还有羚羊的主要天敌——狼，几乎所有的狼都留在了南岸。这样一来，河北岸的羚羊几乎没有什么天敌了，它们每天可以自由自在地吃草闲逛，随心所欲，再也不用担心狼群的攻击、偷袭了，而河南岸的羚羊则需要时刻警惕着，随时要防备狼群的偷袭，几乎每天都在奋力奔跑的逃生中度过。

几百年过去了，南岸的羚羊在狼群的围捕中艰难地生存着，而北岸的羚羊则生活舒适，连忧患意识都丢掉了。终于有一年，整个草原大旱，河水近乎枯竭，被大河隔断的狼群渡过浅水到了北岸。而北岸的羚羊经过无数代的安逸，对狼群的防备之心和奔跑逃生能力都已经大大下降。没过几年，这些羚羊就被狼消灭干净了。当河水再次将两岸隔断以后，北岸就再也看不到羚羊了。

（资料来源：《故事里的人生：奥兰治河两岸的羚羊 》，搜狐网，2019年9月16日）

狼群的袭击对于羚羊来说是最大的忧患，但正是因为存在这种忧患，羚羊才能不断增进逃生能力、奔跑速度，在适者生存的自然选择下存活下去。一旦没有了忧患意识，它们的进化也就趋于停止了，必然会被自然淘汰。

俗话说："打江山容易，保江山难。"取得成功不难，但在取得成功之后，还能谦虚谨慎、不骄不躁，将成功保持到最后是很难的。吴王夫差刚即位时能够励精图治，亲贤任能，一举击败了越国，迫使勾践君臣乞降为奴。可取得这些成就以后，他便骄傲自大，亲信奸佞，沉迷于美色之中，最后国家被灭，自己羞愧自杀。唐玄宗李隆基年轻时因平定宫廷叛乱而登上皇位，风华正茂，励精图治，任用姚崇、宋璟等贤臣，开创了著名的"开元盛世"，使唐王朝达到了鼎盛。但在取得这些伟大的成就之后，他便飘飘然起来，日益骄傲，淫逸堕落，宠幸杨贵妃，不理朝政，将国家大事委托给无德无能的杨国忠，亲信李林甫、安禄山等佞臣。最后国家被这些奸佞小人搞得一塌糊涂，引发了"安史之乱"，导致生灵涂炭，国家破败，强大的王朝逐渐走向了下坡路，由盛转衰。我们时刻需要记得，奋斗是没有止境的，无论你取得了什么样的成就，如果此时骄傲自满，故步自封，那就再也难以取得更大的成功了；如果你因当前的成功而放松懈怠，忘乎所以，那失败也就离你不远了。取得功业艰难，失去却易如反掌，一时的骄傲放纵就可能让自己万劫不复。

2. 千里之堤，溃于蚁穴

《菜根谭》中还说："小处不渗漏，暗处不欺隐，末路不怠荒，才是真正英雄。"小处不渗漏，就是说要注意小节，不能对细微之事掉以轻心，不能对细微之德弃之不顾。大事、大义之上，人们常常能用心面对，可在小节、小德之上就松懈了，殊不知"千里之堤，溃于蚁穴"，大事的失败、巨大的祸患都是因为不注意小节、小事而导致的。一点点小善，积累多了可以成为大德；一点点小恶，积累多了也会成大患。

【国学故事】

箕子的预言

商朝的时候，有诸侯朝见大王，进献了很多礼物，其中有一双雕琢精美的象牙筷子。纣王得到这双筷子之时，爱不释手，每餐都要用它吃饭。这一幕被大臣箕子看在了眼中，箕子对其他大臣感慨说："我们国家危险了！"其他大臣很吃惊，忙问："这话从何而起呢？"箕子说："你们没看到大王拿着象牙筷子的那副神情吗？得到了象牙筷子，那一定不会再用陶土的食器了，他会再去找配得上这副筷子的犀玉之杯；有了犀玉之杯、象牙之筷，必定不会再吃羹藜等野菜制成的食物，穿质料粗劣的短褐衣服，住在茅草铺顶的房屋之下了。他会到处求访山珍海味来满足自己的食欲，会到处搜刮锦衣华服来穿戴享用，还会大肆兴建高台广室来供自己吃饱喝足后玩乐，还会搜集天下美女来供自己淫乐。有了这些要求，整个天下也满足不了他了，诸侯百姓都会因不堪重负来反对我们；有了这些东西，他就再也不会将心思放在修身治国之上了，德行会越来越败坏，国政会越来越混乱……这些都会从这双象牙筷子之上开始，我们的国家恐怕难以保全了！”

后来果然如箕子所说，纣王越来越追求享乐，得到了美女妲己，整日与她饮酒作乐，荒废国政，设立酒池肉林，建造高台楼阁，国中百姓怨声载道，四方诸侯都有背离之心。忠臣进行劝谏，纣王不仅不知悔改，反而变本加厉，更杀死了直谏的王子比干，于是国人离心离德，最后在周武王的讨伐之下，殷商灭亡，纣王带着他的财宝跑到高台之上自焚而死了。

（资料来源：《细节背后的秘密》，360doc 个人图书馆，2021年2月22日）

用好的器皿吃东西，看似是一件小事，但如果不加约束，享乐之心就会越来越盛，整个人都被欲望腐蚀，最终走向败亡。现实生活中这样的人很多，明知一些事是错的，但就是不重视，认为小的细节不重要，遇到大事之时自己就能坚持原则了。殊不知，每一次违背小节都是对自己原则性的一次侵蚀，久而久之内心就没有什么原则了，遇到大的事也麻木了，根本无法控制自己。

《道德经》中说：“民之从事，常于几成而败之。慎终如始，则无败事。”人们做事最常犯的错误就是虎头蛇尾，不能善始善终，往往在快要成功的时候反而失败了，如果能够始终如一，持之以恒，那事情就不会失败了。人为何常常不能善始善终呢？说穿了就是恒心不足，毅力不够，开始做事的时候信心十足，做得不错，但觉得快要成功的时候就开始懈怠大意，不愿再付出努力，不愿再克制自己了，最终倒在了黎明到来之前的黑暗中。

庄子说：“善妖善老，善始善终。”（《庄子·大宗师》）就是告诉人们无论何时、何事都要谨慎对待。年少之时要心存谨慎，年老之时也要心存谨慎；事情开始之时要谨慎对待，事情将终之时也要谨慎对待。这样才能将每一件事都做好，取得一生的完满。

修身养德需要善始善终，工作学习需要善始善终，建功立业、治国治天下都需要善始善终。善始善终是一种成功必需的优秀品质，是一种不骄不躁的美德，是在做人做事之时需要不断提醒自己的。无论做什么事，都一定要慎始如终，须臾不离正道，时刻不弃谦虚谨慎之心。

3. 勇敢去做，水滴石穿

《为学》中说：“天下事有难易乎？为之，则难者亦易矣；不为，则易者亦难矣。”很多事，如果你不去做，永远会觉得它很难，自己不可能完成；可一旦你去做了，就会发现事情远没有自己想象的那么艰难，自己的能力也远超出预期。就像那两个要去南海的和尚一样，贫贱的果断出发了，凭借一瓶一钵便顺利到达了南海；而那个富贵的却一直畏惧困难，数年不能实现自己的愿望。很多人天资不高，总觉得自己不如他人，便不敢、不愿去做他人都没有做成的事，认为自己做了也是浪费时间。只要我们愿意付出努力，愿意从一点一滴开始做起，那任何困难都会变成“纸老虎”，任何目标都可以一步一步地达到。

【国学故事】

李存勖的灭亡

李存勖是晋王李克用的长子，他从小喜欢骑马射箭，展现出了非凡的胆气与魄力。长大以后更成了父亲的左膀右臂，四处征战，建立了无上功勋。后来，李克用病死了，临死之前将李存勖叫到床前，交给他三支铜箭，对他说：“我这一生中有三件憾事：后梁是我们的死敌，我没有能消灭它；契丹曾和我们结为兄弟，但却背叛了我与后梁勾结；燕王刘仁恭是我所立的，也背叛了我归附后梁。我死之后，你一定不要忘记了父亲的遗愿！”

李存勖继承王位后，首先平定了反抗自己的叛乱，之后便励精图治，整顿军队。他打击扰乱军队的将士，诛杀不服领导的将领，使晋军军纪大振，百姓拍手称快。然后，他又命令各州县保举贤良之人充任官吏，罢黜地方的贪官污吏。同时减轻人民的租税，抚恤孤儿与老人，为民平反冤狱，并严厉打击盗贼。

在军队和内政都治理完善之后，李存勖便开始了复仇过程，来完成父亲的遗愿。他将父亲留下的铜箭存放在祖庙之中，每次带兵出征前都派人前来取一支，放在精制的丝套里，带在军中，打了胜仗之后再恭恭敬敬地送回来。913年，李存勖灭掉了燕，擒获了刘仁恭父子，将他们带回处死。几年以后，他又击败了南下的契丹军队，将契丹人驱逐到燕山以北。之后他便攻灭了宿敌后梁，彻底完成了父亲的三个遗愿。923年四月，他在魏州称帝，建国号为唐，史称后唐。后唐灭掉前蜀，统一了黄河流域。

至此，天下已经没有可以与后唐抗衡的势力了，李存勖本可以彻底平定天下。但就在取得这些成就以后，曾经励精图治的李存勖变成了荒唐无道的“李天下”。“李天下”是他为自己取的艺名，他本来就喜欢听戏、唱戏，以前有父亲遗志的激励，还能关心国事，仅在闲余之时玩乐。可做了天子，平定北方以后，他便骄傲懈怠起来，不问国家大政，整日与戏子伶人混在一起。他每次出行都被伶人环绕，国家大事也都由伶人干预，以至于大臣们纷纷讨好伶人，争着向他们送礼，以求他们在皇帝面前为自己说好话。

伶人干预朝政，国家乱成一团，李存勖不知悔改，反而开始猜忌有功的大臣，将对自己有威胁的都抓进监狱，滥杀无辜。大将郭崇韬攻灭后梁功劳居首，又率军平定巴蜀，曾被“赐铁券，恕十死”，而且爱护士卒，忠心朝廷，但李存勖听信奸佞谗言，将其下狱处死。

李存勖亲信伶人、滥杀功臣，导致在外的领兵将领人人自危。另一个大将李嗣源也受到猜忌，他害怕遭到与郭崇韬同样的命运，索性起兵造反。李存勖准备率军镇压，但他长期荒唐无道，已经让自己失去了人心，他手下的将士纷纷逃散，加入了李嗣源的队伍中。不久，李存勖日亲信的伶人郭从谦也率众造反，李存勖在镇压之时被乱箭射死，后唐也落入了李嗣源的手中。

（资料来源：《唐庄宗李存勖在历史上是个什么样的？最后是怎么死的？》，中华网，2023年5月16日）

欧阳修在《新五代史·伶官传序》中评价李存勖说："故方其盛也，举天下豪杰莫能与之争；及其衰也，数十伶人困之，而身死国灭，为天下笑。"李存勖最大的失败，就是成功之后骄傲自大，放纵懈怠，他战胜了强大的敌人，创建了丰功伟绩，却在成功之后被自己击败了。

骄傲自满是人生中最危险的敌人，它来得无声无息，让人难以察觉，却是毁坏你一切事业的根基。所以，人做事一定要懂得善始善终，越是取得成就之后，越要严格要求自己，切勿战胜了困难却被成功击败。

第四节　粗缯大布裹生涯，腹有诗书气自华

1. 看重自己的名誉而不是虚名

庄子说："山木自寇也，膏火自煎也，桂可食，故伐之；漆可用，故割之。人皆知有用之用，而莫知无用之用也。"（《庄子·人间世》）世人常常热衷于追求虚名虚誉，努力证明自己是个有用的人、有才能的人，殊不知这些名声除了满足虚荣以外，最大的"好处"就是让自己早点败亡。真正的智者一定懂得"名实相符"的道理，无论修养自己的德行，还是行事建功，他们都会从实际出发，绝不要半点虚假。

名声可贵，正如《史记·伯夷列传》中所言："贪夫徇财，烈士徇名。"越是具有节操之人，越看重自己的名节。但世人需要明白的是可贵的名声要建立在道德和能力的基础之上，有伯夷那样的节操，才可有伯夷之名，有孔子那样的德行，才配有孔子那样的声望。如果没有这些，又不去修行，而单单妄图拥有名誉，那就是缘木而求鱼，不仅不会成功，一定还会给自己招致祸患。

当今社会上很多人整日不学正道，就幻想着出名。为了出名，弄虚作假，抄袭剽窃；花钱雇人炒作，丝毫不知"惭愧"二字怎样写；更有甚者，到处哗众取宠，发表不靠谱的言论，专门靠揭别人的隐私而引人关注。这种人眼中盯着一个"名"字，却不知他们的"名"和真正君子追求的名声截然不同，这种"名"对人生没有半点好处，只会助长自己的虚荣，到头来必然害人害己。想要通过这种"名"而得到尊重、认可，是不可能的，最终必遭世人的唾弃。

【国学故事】

隐居的陶渊明

416年，刘裕调集全国的兵力，从东向西，分五路讨伐后秦。首发攻克了洛阳，西晋故都得到光复，第二年又攻克长安。长安经过百年沧桑，终于被晋军收复。陶渊明早就看透，东晋的气数已尽，刘裕篡位是迟早的事。他整天为这件事忧思，如果东晋继续存在，曾祖父陶侃的功绩就光辉灿烂，照耀家邦。一旦东晋灭亡，这一切就不复存在了。他又想一切都在发展变化，兴衰荣辱也在不断地交替更换，大到一个国家，小到一个家庭，莫不如此，这只是万事万物的规律罢了。为这些事烦恼也没有用，于是陶渊明只要弄到酒，没有一个晚上不喝他个一醉方休。他认识到，人生在世像蜉蝣，稍纵即逝，就应该坦荡从容，无忧无虑地度过。醉酒之后反而诗兴大发，书写感慨。

顺境也好，逆境也罢，注定都要伴随人类的全部进程，在不同的阶段上，人还

是要寻找不同的解脱方式。哪怕是理念上的或者是诗意上的，人也要发现一种完美的生命形态。所以到东晋末，在玄学的背景中，陶渊明的诗开始表现一种新的人生观与自然观。这就是反对用对立的态度看待人与自然的关系，而是强调人与自然的统一性，追求人与自然的和谐。这在他的《饮酒》第五首之中，表现得最为充分而优美：“结庐在人境，而无车马喧。问君何能尔？心远地自偏。采菊东篱下，悠然见南山。山气日夕佳，飞鸟相与还。此中有真意，欲辨已忘言。”凭着它那浅显的语言、富有层次感的结构、高远的意境、深蕴的哲理，这首诗几乎成了中国诗史上最为人们所熟知的一篇。全诗的宗旨是归复自然，而归复自然的第一步，是对世俗价值观的否定。自古及今，权力、地位、财富、荣誉，大抵是人们所追求的基本对象，也是社会所公认的价值尺度。尽管庄子早就说过，这一切都是“宾”，即精神主体的对立面，但对绝大多数人来说，终究无法摆脱，而陶渊明似乎有些不同。他当时刚刚从官场中退隐，深知为了得到这一切，人们必须如何钻营取巧、装腔作势，恬不知耻地丢去一切尊严。于是他从“心”出发，复归本心，寻找自己的一片安宁。

（资料来源：《陶渊明的理想生活和人生态度》，文秘帮，2022年6月8日）

当温饱已经不是这个时代困扰人们的主要话题后，享受与发展便成为人类极力追求的内容。我们用通信设备超越了地域的界限，用照片凝聚了时间的流逝，用豪宅豪车满足了自身膨胀的虚荣心，但是，精神的空虚怎么去填满？许多年轻人会觉得“迷失了”，为什么？曾经的人，或许只能够三餐温饱，于物质上并无法有更多的追求，那以什么去获得快乐？只要用心去感受这个斑斓的世界，能够有所劳动，有所收获，有一室可居，有安宁可得就已满足。当今之世，衣食无忧，可社会的发展却将人们领入了一个痛苦的循环，不断地去追求更加昂贵或是精美的物件，以致对于物的拥有程度和质量成了判断一个人是否富有的标准之一。攀比的心理也会不断加强，然而最终却并不能获得实在的满足。其实人是很容易满足的，只是“心”放大了，原本容易填满的幸福也就越来越触不可及。既然环境对一个人的心性影响这么大，那么为何我们不在自己的心里开始一次“孟母三迁”呢？要知道，在许多人的心中都期待着田园般的生活，每每靠近大自然时，人的身心都会放松，这不是一种故意表现出来的情感，而是藏在内心深处的呼唤。

日复一日追求功名利禄，房子越住越大，车子越买越贵，但是为何最终还是有些失落？为何自己像着了魔似的去一次次奢求？值得高兴的是，很多人正在回归：阳光明媚的周末，一群人会去田野重新找回农事的乐趣。几位好友也会相聚一起，端起手中的茗杯，共同分享人生的感悟。老者们也不再晒儿子、孙子，而是约上许久未见的老友，切磋书法，登高望远。其实心的空间不需要太大，不大不小正好容易填满，一本书，一杯茶，一次聚会，抑或是去乡间田野，都能够填补那些空缺，自然也就容易满足。

2. 努力提高自身修养

大智若愚，小智察察。有大智慧的人，努力提高自身的素养，却又能隐藏自己的名声；而有小聪明的人，有了一点才能就恐怕别人不知道，恐怕自己的名声不彰显，而这名声正是招致祸患的根源。

老子在《道德经》中说："名与身孰亲？身与货孰多？得与亡孰病？甚爱必大费，多藏必厚亡。故知足不辱，知止不殆，可以长久。"人之所以受辱，之所以丧身，之所以容易走向邪僻之路，都是因为名利之念、欲望之心在作怪。如果能认清这一点，就应在生活中将名声看淡点。有大智慧的人连正常的名声都不会过分在乎、追求，更何况那些通过不道德手段而求得的虚名虚誉呢？

【国学故事】

张衡求知

张衡（78—139），字平子，是我国东汉时期著名的科学家、文学家，从小就勤奋好学，加上天资聪颖，很早就闻名乡里。

据史书记载，他10岁时就"能五经贯六艺"，过目成诵。他兴趣很广泛，常常涉猎自然科学方面的读物，而且写得一手好辞赋。少年时代对日月星辰的观察，激发了张衡努力探索天文奥秘的决心。后来他两度出任兼管天文的太史令，在这方面取得了辉煌的成就。据《辞海》所记，他首次正确解释月食是由月球进入地影而产生；观测和记录了中原地区能看到的2500颗星星，并且绘制了我国第一幅较完备的星图；他创制了世界上第一台候风地动仪；造了指南车、自动记里鼓车和能飞行数里的木鸟。

渴求知识的张衡总是感到自己知识的不足，不满17岁时，他辞别父母独身一人到外地访师求学。在古都长安，他游览了当地的名胜古迹，考察了周围的山川形势、物产风俗和世态人情。在当时的京都洛阳，他结识了不少有学问的朋友，其中有一个叫崔瑗，精通天文、数学、历法，还是很有名气的书法家，张衡常登门向他求教。正是他这种虚心好学的精神使得他在各方面获益匪浅。除了在天文学方面有杰出成就外，在地震学的研究上也是举世瞩目的，他创制的候风地动仪比欧洲相类似的仪器问世早1700多年。他还是东汉六大画家之一，他写的《二京赋》"精思博会，十年乃成"，为人们津津乐道。

（资料来源：《学习励志故事：张衡勤奋好学的故事》，刀豆文库，2022年10月3日）

丁酉（2018）新春，央视第三季《中国诗词大会》的火热开播，成为中国境内一场现象级的文化盛宴，像一道清流直入人心、浸润心灵。

中国诗词，是中国人的精神礼赞。《诗经》、《楚辞》、汉魏六朝诗、宋诗词、明清诗词、近现代经典诗词……这些耳熟能详、打动人心的篇章，浓缩了中华文化的精华，展示了几千年来中国人的精神风貌，让观众在触摸中国诗歌的宏伟版图之时，不自觉地唤起渗透于每个人心中的诗歌情怀，油然地生长出文化自信心和民族自豪感。正如习近平总书记所指出的："中华文化源远流长，积淀着中华民族最深层的精神追求，代表着中华民族独特的精神标识，为中华民族生生不息、发展壮大提供了丰厚滋养。"

经典古文的知识载体作用使之与祖国的文化和历史紧紧相连。五千年光辉灿烂的中华文明，是人类知识宝库中一份珍贵的遗产，其政治军事、思想文化、天文地理、科学农医等，无不以语言文字为媒介来传承。中华民族的传统美德，如敬老爱幼、奉公守法、诚信坦荡、清正廉洁等，是为人处世的基本准则；诸子百家关于义利的思辨、荣辱的缕析、得失的剖析、美丑的辩证，至今闪耀着哲理的光芒。

第六章

知礼三千·今为我用

前圣继天立极之道莫大于礼，后圣垂世立教之书亦莫先于礼。

——《礼记集说》

由此可见，“礼”在中国传统中作为指导人们行为规范、生活道德的准则，地位是至关重要的。

第一节 传统礼俗，不可不知

习近平总书记指出，礼仪是宣示价值观、教化人民的有效方式。礼仪作为一种制度规范和价值载体，具有成风化人的教化功能。努力实现社会文明程度得到新提高的目标，需要积极推进礼仪教育，不断提升人民群众文明素养，推动全社会形成适应新时代要求的思想观念、精神面貌、文明风尚、行为规范。

礼仪是国民日常行为的规范与准则。中国是礼仪之邦，然而近代以来中国经历了一段积贫积弱、任人宰割的历史，中国传统文化受到了强烈冲击。随着西方礼仪强势进入，中国传统礼仪文化一度从主流语境中淡出，国民在社会生活中对本民族的礼仪传承与使用越来越少。

如何让中华礼仪文化绽放永久魅力和时代风采？我们首先需要了解礼仪的相关知识。

1.“礼”的起源

自古以来，礼（可以统摄于乐）既是中华文化的“心”（民族精神所系），又是中华文化的“身”（攸关社会制度），可以说是中华文化的全副精神与面目所在。两千多年来，作为传统中国人基本的生活样式，礼陶铸着万民的品格，培养着民族的元气。

礼仪是一个汉语词语，意思是礼节和仪式，出自《诗经·小雅·楚茨》：“献酬交错，礼仪卒度，笑语卒获。”意思是：举动合规矩彬彬有礼，谈笑有分寸合乎时宜。在世界民族之林中，提到中国，人民常会给它加上“文明古国”“礼仪之邦”这样的定语；提到中国人，也往往会有“彬彬有礼”“和睦谦逊”这样的印象。我国的礼仪文化起源很早，从传说中的黄帝时代起，历经尧舜禹时代及夏商王朝，“礼”经历了萌芽、产生、继承与发展几个阶段，直到周代，礼制逐步系统化，并趋于完备，成为后世的典范。在《周礼》《礼仪》《礼记》这些传承礼仪文化的典籍中，容纳了上至国家下至庶民百姓的相关内容。其中有祭祀鬼神人的“吉礼”，有邦国内部以及邦国之间相处与互助的“宾礼”和“凶礼”，有威慑邦国与百姓的“军礼”，当然还有“嘉礼”，它包括一个人从生至死的诞生礼、成年礼、婚丧嫁娶礼和社交往来之礼等，内容博杂，仪节繁复细致，令后人叹为观止。

“礼”的起源主要有三种说法，一是产生于物质文明的发展；二是产生于习俗；三是产生于原始崇拜。

《荀子·礼论》提出“先王制礼”。荀子认为，人生来就有猎取食物、渴求生存的欲望。在生产力水平较为低下的时代，人人都在为生存而拼命努力，这个时候是没有礼制的。后来随着物质水平的提高，种群部落间开始有了不平等，为了平息混乱，“先王”就指定了礼仪并传承下来。《周易 • 序卦传》也说“物畜然后有礼”。由此可见，“礼”的产生与物质文明的发展有着极大的关联。

早期的人类，为了适应不同环境的生存，就会有不同地区的生活习惯，进而发展出不同的穿衣打扮，随着文明的发展，什么时候要穿什么样的衣服也渐渐有了规定，人类由此慢慢踏上了礼仪之路。在其他领域的礼仪，比如丧葬、饮食等也是由此发展而来。而且在当时，人类认识自然和改造自然的能力相较于今天的人类来说是非常低下的，对大自然当中的一些自然现象比如风雨雷电、火山地震、山洪海啸等都没有合理的解释，所以早期的人类就认为“万物皆有灵”，并对这些加以膜拜求告，希望消除灾祸、天神庇佑等。人们在这些活动中逐渐发展形成了一整套仪式和制度，这些就是后期宗教祭祀仪式的雏形，这些仪式在发展过程中被逐渐固定下来，形成了后来祭祀天地鬼神的“礼”。东汉许慎的《说文解字》将“礼”解释为“履也，所以事神致福也”。

随着生产力和社会的发展，人类认识到自己在征服自然中的力量逐渐强大，尤其是一些人的表现极为突出，比如神农氏、黄帝、蚩尤、尧、舜、禹等，中国早期的先民对他们的崇拜无以复加，便开始对他们顶礼膜拜，这便是日后祭祀祖先之礼的起源。这样的祖先崇拜对我们的文化具有深远且广泛的影响，尤其是在伦理领域中，先秦对祖先的崇拜以及对祖先的言语的遵循，影响着以“孝”为核心的家族礼仪的形成。

关于“礼”的起源还有很多的说法，有的学者认为“礼”源于饮食，有的则认为“礼”源于礼品的交换。虽然说法各有不同，但有一点是大家公认的，那便是“礼”的产生与人民的生活是息息相关的。“礼”是区别人与兽的分界线。《礼记 • 曲礼》中说：“鹦鹉能言，不离飞鸟；猩猩能言，不离禽兽。今人而无礼，虽能言，不亦禽兽之心乎？夫唯禽兽无礼，故父子聚麀。是故圣人作，为礼以教人，使人以有礼，知自别于禽兽。”

2.“礼”的发展

清代文人纪晓岚说：“盖礼者理也，其义至大，其所包者至广。”也许在其他国家，“礼”是指礼貌或者礼节，但是在我国，礼却是用于治国安民。《左传 • 隐公十一年》：“礼，经国家，定社稷，序民人，利后嗣者也。”《国语 • 晋语》：“夫礼，国之纪也…… 国无纪不可以终。”在古人眼里，“礼”是法度的标尺，是社会活动的准则，是人际交往的方式。“礼”是中华文化世代相传的主要意识形态，具有中华文化的原始意义和普遍意义，兼具生活方式、伦理框架、社会制度的一体化内容，成为绵延千年的传统文化模式。“礼”的含义广泛、丰富，钱穆先生就说过：“要了解中国文化，必须站到更高来看到中国之心。中国的核心思想就是‘礼’。”

我国古代礼仪的发展分四个阶段；

礼仪的起源时期：夏朝以前（前21世纪前）的尧舜时期。尧舜时期已经有了成文的礼仪制度，即“五礼”：祭祀之事为吉礼，冠婚之事为嘉礼，宾客之事为宾礼，军事之事为军礼，丧葬之事为凶礼。

礼仪的形成时期：夏、商、西周三代（前21世纪—前771）。尧舜时期制定的礼仪经过夏、商、周这三个时代一千余年的总结、推广而日趋完善。周朝还在朝廷设置礼官，专门掌管天下礼仪，使礼仪臻于完备。在这个时期，礼仪被打上了阶级的烙印。为了维护自己的统治地位，奴隶主开始将原始的宗教礼仪发展为符合奴隶社会政治需要的“礼制”，将礼仪制度化，形成了典章制度和刑典法律。如：商朝甲骨文中出现了“礼”字，明确规范人们的行为。周朝时，制定《周礼》《仪礼》《礼记》，开始区分贵贱、尊卑、顺逆、贤愚等。礼仪对国家、家庭生活进行了全面规范，开始形成了古代正式的礼仪。

礼仪的变革时期：春秋战国时期（前771—前221）。春秋战国时期，诸子百家争鸣，礼仪也产生了分化。礼仪制度成为国礼，民众交往的礼俗逐渐成为家礼。《管子・牧民》中有“大礼”和“小礼”之说，注释为：“礼其大者在国家典章制度，其小者在平民日用居处行为之间。”

比较有影响的有：

儒家：以孔子、孟子为主的儒家学者系统地阐述了礼的起源、本质和功能，第一次在理论上全面而深刻地论述了社会等级秩序划分及其意义。道家：崇尚自然无为，主张废除一切礼仪。法家：推崇强权政治，主张以法代礼。墨家：主张平等、博爱、利他、以义代礼。

礼制的形成，对后世治国安邦，施政教化，规范人们的行为，培养人们的人格起到了不可估量的作用。

礼仪的强化时期：秦汉到清末（前221—1911）。纵观封建社会的发展历程，可以说历代统治者都十分重视礼仪，尤其自汉以后的历代统治者都推崇儒家的思想来治理国家、社会。汉武帝时期，“废黜百家，独尊儒术”的治国方略确定之后，礼仪作为社会道德、行为标准、精神支柱，其重要性提高到了前所未有的高度。宋朝推行“三纲五常”“三从四德”。明清时期家庭礼制逐渐完善。

在这个阶段，统治者根据自己的统治需要，在演习周礼的基础上，不断对礼制加以修改、补充、完善。让人们以“礼”为准绳，不得逾越。这种“以礼治国”的做法，对于稳定当时的社会秩序起到了重要作用。

3.“礼”与“俗”

现在人们都知道清明节要去踏青、扫墓，端午节要吃粽子，冬至的时候要吃饺子……在形容它们的时候会说，这是“礼俗”。那么，“礼俗”这个词的内涵就是指类似于这样的风俗内容吗？其实不然，“礼俗”中包含着“礼”与“俗”两个部分，现代人们提到“礼俗”时含义更倾向于“俗”。那么，“礼”与“俗”究竟是什么关系呢？

《荀子·劝学》中说：“青，取之于蓝而胜于蓝。”可以说，“礼”与“俗”的关系就是这样的。东汉经学家许慎在《说文解字》中说：“俗，习也。”风俗就是人们长期养成的生活习惯。与他同时期的学者郑玄对此做了进一步的解释：“俗谓土地所生习也。”土地是指人们的生存环境，包括地理、气候、人文等各种要素在内。人们在各自特定的环境中生活，久而久之就形成了各自的习俗。但是，随着文明的进程，这些风俗并不合乎制度的需要、统治的需要、上层人际交往的需要，于是就有必要将它们加以规范并上升为一种制度来让人们遵守，维持有秩序的生活，这就是“礼”产生的必要性。

由于风俗是人们在世世代代的生活中形成的，它有巨大的、难以一时克服的惯性，所以将风俗完全改变，另外制定一套礼仪制度让人们来遵守是完全行不通的。又由于“礼不下庶人”，“礼”是贵族及统治阶级的需要，而庶人间通行的是风俗，如果想让“礼”具有尽可能大范围的约束作用，就必须在新的制度和旧的风俗之间寻找一个结合点，这样既能让庶人喜闻乐见，也能推进社会的变革。这就必须有一个从“俗”入“礼”的过程。

在从“俗”入“礼”的进程中，儒家尽可能地保留了既有风俗的外在形式，而在提升其文化内涵上下了功夫，为风俗注入了新的人文精神。这样，总体看起来还是原先的外壳，但是灵魂已经被抽换了，这就形成了“礼”。以婚姻为例，在人类社会早期，几乎没有婚姻关系，只要是异性，就可以随便交合。后来人们认识乱伦的性关系将直接影响到人种的质量和道德观念的确立，于是逐渐有了一夫一妻制。为了进一步规范婚姻关系，儒家制定了婚姻的仪程，还对双方的血缘关系做了严格限定，将“娶妻不娶同姓”用礼的形式规定下来。“礼”产生了，但并不意味着它完全替代了“俗”，“俗”还存在于人们的生活中，它与“礼”的不同大致表现在以下三方面：

一是“俗”有地域性，它是特定生活圈内的文化。如同样过端午节，北方和南方的风俗就不同。“礼”没有地域性，如清代官员无论是谁，面见皇帝行的“礼”都是一样的。

二是“俗”有大众性，对于文化层次没有要求。而“礼”属于“雅”的层面，“礼”仪式复杂，内涵丰富，往往蕴涵着深刻的理念，所以要求行礼者有一定的文化程度。

三是“俗”属于一种生活方式，虽然有一定的规定性，但约束力比较弱。“礼”有严格的规定性，行礼的场所、礼器的组合、宾主的位置、仪节的先后等，都是不能违反的。在古代，往往以“礼”治国，“礼”甚至具有法律效力。

从“俗”入“礼”，是我国古代文明的一次飞跃；“礼”与“俗”的不同，也是我国传统文化的一大特色。

【国学故事】

中秋博饼

吃月饼是中国各地过中秋节的必备习俗，在福建厦门地区还有博饼的习俗，而且博饼被列为国家级非物质文化遗产项目，那厦门中秋博饼的来源是什么呢？

关于厦门博饼的来源历来有几种说法。流传最多的一则与郑成功有关。1660年前后，郑成功据厦抗清，其士兵多来自福建、广东等地，中秋前后愈发思亲怀乡。郑成功的部将洪旭与兵部衙堂的属员为了宽释士兵愁绪，激励鼓舞士气，利于驱逐荷兰东印度公司殖民者，克取台湾，于是经过一番推敲，巧妙研究设计出中秋会饼，让全体将士在凉爽的中秋夜晚欢快一博。每会月饼按照各级科举制度的头衔，设有“状元”1个，“对堂（榜眼）”2个，“三红（探花）”4个，“四进（进士）”8个，“二举（举人）”16个，“一秀（秀才）”32个。全会有大小63块饼，含有七九六十三之数，是个吉利数字。因为九九八十一是天子之数，八九七十二是亲王数，而郑成功封延平郡王，所以用郡王六十三之数。

博饼是闽南人中秋聚会的保留节目。当骰子在大瓷碗里落下，发出叮叮当当的清脆响声，当欢声笑语从家家户户飘出，人们脸上洋溢着快乐的微笑时，那种其乐融融的感觉总是特别温馨。

［资料来源：《中秋节（中秋博饼）》，翻百科，2023年11月16日］

第二节 待人接物，往来寒暄

1. 容礼

（1）穿着仪表

“礼貌”是如今常用的词语，我们都知道要做一个有礼貌的人。最初，礼貌是一个名词，“有礼之貌”的意思，是说一个人的容貌姿态恭敬有礼。可以说，一个人全部礼仪的开始便是端正自己的仪态和容貌。

俗话说，穿衣戴帽，各有所好。每个人喜欢什么打扮是每个人的自由，我们应该充分尊重这种个性化需求，不以自己的审美去随便评价和要求别人。但是在穿着打扮这件事上，大家都还得遵循一些基本的着装礼仪。什么场合下该有什么妆容、什么穿着，必须恰当、得体。比如你去参加教师面试，顶一头紫发，穿一身比基尼，考官一看，说你该去参加 cosplay（角色扮演），你工作就没了。再比如你去参加朋友亲属的葬礼，化一脸浓妆，穿一身艳红，当下朋友就会跟你绝交的。所以说，不能忽视面容着装之礼。一个人呈现在众人面前的，首先是面容着装，常言道：“歪戴帽子斜穿衣，一定不是好东西。”穿着仪表可谓是我们立身处世的首张通行证。

自古以来，君子穿衣着装的基本要义是讲究“正”“洁”，即冠正、衣洁。古人在正式场合，服饰讲究“三紧”，就是帽带、腰带、鞋带都要紧，人的精神状态才会显得端严振作，才能表现出对人、对事的郑重。身体放肆宽慢，就显得不庄重。《弟子规》中有训：“冠必正，纽必结。袜与履，俱紧切。置冠服，有定位。勿乱顿，致污秽。衣贵洁，不贵华。上循分，下称家。”就是说，戴好帽子系好扣，衣服鞋袜宽松有度，不宜穿太窄小或太宽大的。衣服要好好放置，不可沾染污垢。衣服但求整洁，不求华美。总之你的穿戴要与你的身份和内心的德行相称。老话说得好：“笑破不笑补。”你衣服脏了不洗、破了不补、皱了不整，说明你懒惰邋遢。衣服破旧没关系，缝补好了洗干净弄平整了，说明你简朴利落，不仅不会被耻笑，还会受人尊重。因为人人鄙视脏乱差，而简朴是素来被提倡的，只有衣冠不整、不修边幅才会被人们耻笑。

古人非常讲究“冠”即各种帽子的使用。《礼记·冠义》有云：“冠者，礼之始也。是故古者圣王重冠。”冠是古代士者身份的象征，有身份的人才能戴冠，凡已行冠礼的男子，即成年男子，出门若不戴冠，或戴冠不正，都被视为无礼。如果当众免冠，则用以表示请罪、谢罪。有时对帽子看得比生命还重要，士可死却不能摘冠。《左传》中记载了“子路正冠而死”的故事。孔子的重要门生子路在卫国从政时，逢卫国内乱，子路以“食其食者，不避其难”的态度不肯出逃。在激烈的战斗中，子路受了重伤，帽缨被人挑断，掉落在地上，他强忍着剧痛，自语道：“君子死，冠不免。”于是结缨正冠而死。子路在临死之前仍不忘重视仪表、重视礼节，在敌人的刀锋下从容地系好帽缨就死，这就是一种深入骨髓的君子修养。今天帽子对我们而言似乎意义没那么重大了，但古人“冠必正，纽必结”的态度仍很值得我们借鉴。

古代有教养的家庭对孩子的穿着也是有礼仪规定的：“童子不裘不帛，不屦絇，无缌服。”（《礼记·玉藻》）不给孩子穿貂皮大衣、绫罗绸缎，不穿过于装饰的鞋子。也就是说，给孩子穿衣戴帽以简单舒适为为宜，如果有谁家的孩子穿裘皮大衣、戴貂皮帽子、脚踩一双珍珠鞋去上学，显然是不合乎衣着之礼的，不但不会让人称赞，反而会让老师和同学觉得不庄重不本分。现在有些学生，包括一些社会上的成人，很喜欢与人攀比，比老子、比房子、比车子、比饮食……谁的衣服是什么名牌的，谁的鞋子价值不菲，“你有我也得有”，这种想法不知困扰了多少人。其实，无论多华贵的衣服总是有价的，可一个人彬彬有礼的修养和气质却是多少钱都买不到的。《弟子规》中说：“唯德学，唯才艺，不如人，当自砺。若衣服，若饮食，不如人，勿生戚。”你道德学问、才能技艺不如别人，就要不断勉励自己，努力赶上。但如果是吃的、穿的不如别人，就用不着忧愁悲伤。因为吃好穿好并不是什么值得夸耀的光彩之事，做人最重要的还是品德修养。立身处世，我们应该清楚，修养才是独一无二、真正属于自己的。我们愿意花钱买高级化妆品修饰自己的脸，买高档衣服装扮自己的身体，为什么不愿意努力提高修养来彰显自己的形象呢？所谓“富润屋，德润身”（《大学》），德行才是人最好的化妆品、最好的衣服。如果人生在世，只看重吃穿，不重视内心的修养，即使每日脚踏五彩祥云，也并不能彰显身份的高贵。

现代社会，人们的服饰打扮可谓五花八门，但总的来说，穿着打扮还是应当符合人们共同认可的审美心理。任何时代，“冠正衣洁”这一仪表原则总是不过时的。要知道，修养是自己的，不是别人的，我们以有修养的、符合礼仪的形象示人，绝不是给予别人，而是更好地展示自己。穿着打扮上有这样几点要加以注意：

一是着装要整洁。无论在什么场合，穿什么款式的衣服，都要讲究整洁，整齐与干净是美感的前提。再时髦再高档的服装，皱皱巴巴，满是污垢，也谈不上什么美感。一个穿着整洁的人总能给人以积极向上的感觉，也显示着对他人的尊重。

二是穿着要得体。服装的选择不在于材料是否昂贵，牌子是否有名，也不在于样式如何标新立异，而在于衣服的颜色、式样等是否和自身及所处的环境达到和谐的统一。能够使二者融为一体的，就是得体的服装。不论是高矮胖瘦，年轻的还是年长的，只要根据自身的特点，用心地去选择与自己年龄、肤色、体型等方面相配的服饰，就一定可以穿出服饰的神韵。

三是穿出自己的个性，不盲目跟风。年龄、性格、职业、文化素养不尽相同，自然就会形成不同的气质，我们在穿着打扮时，不仅要符合个人的气质，还要凸显出自己美好气质的一面。要根据个人主观的爱好、气质、修养、审美等，选择充分体现自身个性的服饰，给人以强烈的美感。穿出自己的个性，不盲目追赶时髦，因为最时髦的东西往往是最没有生命力的。

四是着装要与时间、地点、场合相配。着装也要讲究“天时、地利、人和”，要合乎季节，不能冬行夏令，反季节穿着会给人以怪异的感觉。要注意场合，在什么地点什么环境穿什么衣服，在学校要穿校服，在办公室要穿典雅庄重的职业装，出席婚礼要穿得明亮，参加葬礼要穿得凝重，在家中则可穿舒适的家居服。

五要注意配饰和其他细节的搭配。合适的配饰如耳钉、胸针、手表、眼镜、丝巾等，可以调节单一的服饰，能给人增加美感与神采。配饰用得好，会起到画龙点睛的作用；但如果不懂审美，胡乱搭配，则会让人感到不伦不类，从而令自己的形象大打折扣。我们要格外注意细微之处，选择那些可以更好衬托自己形象的配饰。

所以说，穿衣戴帽不仅是为了保暖，更是人类文明的表现，不论男女老幼，在衣着打扮上，一定要符合身份和场合的需要，以洁净、素朴、雅观为宜，不要盲目追求华美，不要另类与诡异。所谓“礼从宜”，冠服之礼亦在其中。

（2）表情

“冠正衣洁”的同时，要配以端庄的表情和举止。表情是人的第二张脸，人的喜怒哀乐等各种心理感情都会从表情的微妙变化中反映出来，所以在与人交往时，一定要注意自己的表情。有好的表情，还要有好的仪态举止，如果举止不端，就是徒有其表，与礼相悖了。所谓“颜色称其情，戚容称其服”（《礼记·杂记》），孔子也说：“君子不重则不威，学则不固。”（《论语·学而》）就是说，人只有庄重才有威严。表情要端庄稳重，不嬉皮笑脸。我们要让自己的表情随时保持端庄大方，不能出现轻浮放荡的神情。《礼记正义·祭义》中说：“心中斯须不和不乐，而鄙诈之心入之矣。外貌斯须不庄不敬，而慢易之心入之矣。”意思是，如果心中有片刻不平和与不快乐，那么卑鄙奸诈的念头就会进入；如果外表有片刻不庄重与不恭敬，那么轻佻怠慢的念头就会进入。我们要时时刻刻保持堂堂正正，从内心到外表都光明磊落，用礼乐来浸润自己的内心。《程董二先生学则》中也有如此要求：“容貌必庄：必端严凝重，勿轻易放肆，勿粗豪狠傲，勿轻有喜怒。”

《荀子·修身》中说：“君子贫穷而志广，富贵而体恭，安燕而血气不惰，劳倦而容貌不枯，怒不过夺，喜不过予。”意思是说，君子即使贫穷困窘，但志向还是远大的；即使富裕高贵，但体貌还是恭敬的；即使安逸，但精神并不懈怠懒散；即使疲倦，但容貌并不无精打采；君子懂得用礼法克制私意，因此即使发怒，也不过分地处罚别人；即使高兴，也不过分地奖赏别人。

要以真诚的笑容对人。人类最动人的表情就是微笑，它可以拉近人与人之间的距离，面带微笑随时向人传递着这样的信息：我很欢迎你，我很信任你，我愿意成为你的朋友，我愿意帮助你，我们会合作得很愉快……面带微笑，是自信的体现，是礼貌的表示，是坦诚的象征。古人的笑容讲究含蓄，不可放荡不羁地大笑，而应以笑不露齿为宜。“凡人大笑则露齿本，中笑则露齿，微笑则不见齿。”（《礼记·檀弓上》孔颖达疏）若大笑露齿，久笑牙齿便感到冷，所以古人以“齿冷”讥讽那些让人耻笑者。不仅如此，笑还要注意身份和场合。比如，父母病时，笑不露齿龈。为人子，不随意嬉笑。丧礼上，不可笑。今天我们在笑时也要看清环境与气氛，不可不分场合乱笑一通。

当然，今天我们的微笑不一定总不露齿，但无论是开怀大笑，还是抿嘴微笑，最重要的是要笑得真诚，笑得有礼貌，笑得适宜。有些专业的职业笑容，看起来僵硬而缺乏真情，就会令人感到不自在。当你笑不出来的时候，宁可不笑，也不要让面具一样的微笑挂在脸上，不真诚的笑容非但不能表达敬意，反倒会令礼貌失去意义。真诚之人，笑的时候眼睛微微下弯，目光平视他人的眼睛，眼神专注而热情，绝不仅是面部肌肉在笑。微笑的同时，还要注意配以热情的言行，尊重他人的感受。目光亲切，态度平和。眼睛是心灵的窗户，是人的生命之光。眉飞色舞、眉目传情、愁眉不展、怒目而视等成语都是通过眼神来反映人们的喜怒哀乐等感情。心理学认为，人的眼睛是最诚实的，透过眼神，我们可以观察一个人是含情脉脉还是无动于衷，是从容镇定还是紧张慌乱，是欣喜愉快还是悲哀沮丧，是轻松自在还是拘谨尴尬……一切尽在无言的眼神中。

孟子早就说过，看人好坏，最佳方法就是看眼睛，因为眼睛是不会说谎的，不能掩饰内心之恶。“存乎人者，莫良于眸子。眸子不能掩其恶。胸中正，则眸子瞭焉；胸中不正，则眸子眊焉。听其言也，观其眸子，人焉廋哉！”（《孟子·离娄上》）心术正不正，你眼睛里都写着呢，不管你嘴上说什么，你的眼睛说的都是心里话，是人无法隐藏的内心。所以与人交往时，注意“非礼勿视”，要有宁和、亲切的目光，既不咄咄逼人，也无怠慢敷衍之意，不要紧盯着对方，而要表情放松，露出微笑的神情，给人一种亲切感。谈话时如果双目生辉，炯炯有神，就会让人觉得你心情愉快、充满自信；相反，双眉紧锁，目光无神或不敢正视对方，就会被对方看作无能的表现。愤怒的目光能产生巨大的威慑力，柔和的目光可以产生强烈的诱惑力，诚恳、友好、坦然、坚定、专注的目光都是积极的。要避免轻佻、愤怒、轻蔑、奸诈、茫然、冷若冰霜等让人退避三舍的目光。

通常，双方见面时，我们应亲切地注视对方的眼睛或脸部，但要注意不要一直紧盯着对方的脸看，这样会使人尴尬。同时，我们还要注意自己视线的高度。视线过高，是傲慢之相；视线过低，就好像有忧虑在心，令人不安；歪头斜眼地看，更是心术不正之相。这就是《礼记·曲礼下》中所说的：“凡视，上于面则敖，下于带则忧，倾则奸。”

要丰富自己的表情。表情要端庄，这并不是要求人们要板着脸、面无表情。现代社会节奏快，压力大，很多人的标志性表情就是“面无表情”。无论别人说什么，做什么，都无视其身份以及与自己的亲疏关系，一味以“面无表情”来应对，自己还觉得这是成熟稳重的表现，这实在不是“礼仪”二字的表现。其实，和气致祥，和蔼可亲的表情、言语会给人带来好运。拜访师长、应邀访问、接待客人时，表情要丰富而热情、柔和而安详。当众讲话时，表情也要随着发言的内容做出相应的变化，不要一个表情做到底。路遇熟人、与人见面之初都要微笑示人，与人交谈、争论表情宜缓和，即使争论得再激烈，也不可面目狰狞，过于激动。

（3）姿势

姿势是一个人内在修养的最直接的外在表现，在正式场合，无论是坐还是站，都要端正。歪坐、斜站、眼睛到处乱看，都是怠惰不敬的表现。如果一个人走到哪里都喜欢倚着、靠着、躺着，就会给人以松懈、懒散的感觉，你的形象分就要大打折扣了。传统礼仪中对坐、立、行走、躺卧等日常举止，是非常讲究的，处处要合乎“礼”。“坐如钟，立如松，行如风”，就是古人所倡导的行止仪态。《韩诗外传》中说“立则磬折，拱则抱鼓，行步中规，折旋中矩”，都是强调行走坐卧要合乎规矩的端正之态。

立如松。站姿是人最基本的姿势之一，是人们日常生活中最引人注意的姿势，它是一种静态美，能在很大程度上反映出一个人的精神状态、品质修养和健康状况。良好的站姿能衬托出一个人美好的气质和风度。站得直的人通常给人自信的感觉，人们在描述一个人生机勃勃充满活力的时候，经常使用“身姿挺拔”这种词语，甚至还从一个人站得是否笔直来判断他的人品是否正直。正确的站姿要领是肩平、臂垂、躯挺、腿并。站立时两眼平视，表情自然。双肩稍微放松并保持平正，脖颈挺直，下巴微收。两臂放松，双手自然下垂。挺胸收腹，双脚并齐。女性应显得亭亭玉立，男性则应显出潇洒沉稳。《礼记·曲礼上》中就提到“立必正方，不倾听”，是说在正式场合，站立的姿势一定要正向一方，不要歪着头，探听左右。要保持文雅的站姿，不要双手环抱胸前、歪头斜脑，不要弯腰驼背，不要伸长脖子东张西望、双腿抖动，也不要随意倚靠在墙上和栏杆上。《弟子规》中说“勿践阈，勿跛倚”，人在站立时，要从整体上有种优美挺拔、精神饱满的体态，不要没事总踩着门槛，不要出现用一条腿支着身体斜靠着的无力形象。在尊长面前，不要无精打采，东倒西歪，不要倚门、靠墙、趴桌子，也不要耸肩驼背，双手插兜或叉腰而立。除了站立的姿势要保持端正之外，同时还要注意站立的地方是否适宜。如果你站不直，再美的容貌和着装也救不了你的形象。我们不必站得跟仪仗队一样板正严肃，但至少要优美悦目，在别人眼中显得神采奕奕，自己也舒服。

坐如钟。入座轻缓，身体端正。在椅子、凳子出现之前，古人吃饭、起居都要席地而坐，因此关于生活的礼仪大多与“席”相关联。在地上先铺一大块席子，叫作“筵”，在筵上面再铺上大大小小的细软的席子用来坐，叫作“席”，同时摆放一只小茶几当桌子。一块座席就是一个席位。方的叫作“独座”，多为长者或尊者而设。按照方位，分为主席、宾席、尊席、正席、偏席等。古人在招待宾客之前要先布席，有很多规矩，席位要摆正，席次要坐对，不能随便乱坐。所以孔子说：“席不正，不坐。”（《论语・乡党》）这不是矫情，而是遵礼、守礼的表现。《礼记・曲礼》中还要求“侍坐于长者，屦不上于堂”。不能穿着鞋在席上入座，进屋之前必须先脱去屦、履、屐、鞮等各种鞋，然后才能入室上席，这是“入席”的礼仪，就好比我们今天上床上炕，不能穿鞋上去。

现在我们虽然不用席地而坐了，但更需要注意坐的礼仪。坐姿要从容自然、端庄大方。在椅子或沙发上不要坐满，不要紧靠椅背。上身挺直，两肩自然放松，双手放在扶手或腿上，女性不宜分腿而坐，男性双腿可稍微分开，但不要过大，一般与肩宽大致相等，两脚自然着地。在有靠背的座椅上就座时，身体可微向后倾，靠在靠背上，但不要仰靠，露出懒散的样子。女性尤其要注意，穿短裙子不能张开双腿，东倒西歪，而应时刻保持优雅。入座要轻柔缓和，坐态要端庄优美。在正式场合和一些安静的场所，入座一定要轻手轻脚，不要猛起猛坐，不可弄得座椅乱响，影响他人。落座后保持安静，身体不要前仰后合、左右摇晃，表现出一副坐卧不宁的样子。离开座位时，要随手把桌椅摆放端正。《弟子规》中说的“勿箕踞，勿摇髀”就是这个意思，不要双腿伸直张开了坐，也不要边坐边晃大腿。“箕踞”可说是古人最随便的一种坐姿了，但在正式场合是绝对不能用的，这是一种轻视对方、傲慢无礼的姿势。古人入席之后，对坐姿有很多讲究，“蹲踞”“箕踞”“安坐”“正坐”“跪坐”“恭坐”等姿势都属于坐。其中，“安坐”是最合乎礼仪的坐姿，即跪地，两膝着地，臀部落在脚跟上。这种坐姿很有权威性，有身份的人在公开场合都要这么坐。乱坐是很不尊重人、不懂礼节的行为。有次，孔子的老相识原壤用“箕踞”这种姿势伸开双腿像簸箕一样坐着等孔子，孔子当场就发怒了，用拐杖边打原壤的小腿边骂道：“幼而不孙弟，长而无述焉，老而不死，是为贼。”（《论语・宪问》）用今天的话说就是，你从小不懂事，长大了也是废物一个，老了还不死，就是个害人精啊。《史记》中记载，荆轲刺秦王，图穷匕见，却未刺中秦王，在身负重伤的情况下，他靠着柱子大笑，“箕踞以骂”。我杀不了你，但我可以用肢体语言鄙视你，侮辱你。

传统礼仪中还有许多关于坐的礼节，今天仍然适用。例如，“并坐不横肱，授立不跪，授坐不立”（《礼记・曲礼上》）。与别人并排而坐时，不要横着臂肘，那是旁若无人的表现，会使旁边的人无法安坐。把东西给站着的人，不要坐着给；把东西给坐着的人，不要站着相授。“为人子者，居不主奥，坐不中席。”（《礼记・曲礼上》）“奥”指室中西南角，是尊者所处的地方，做晚辈的，不要占据尊长起居的位置；不要坐在席位的正当中，那样既不尊重长辈，又显得狂妄无知。“长者立，幼勿坐。长者坐，命乃坐。”（《弟子规》）在长者面前，要留意长幼有序的原则，长辈站着时，晚辈旁若无人地坐着，是很不懂礼的表现。长辈站着，我们要静静地陪站在一旁，当长辈坐下来了，吩咐我们也一起坐时，我们才可以坐下来。如果长辈没让我们坐，那我们就要侍奉在长辈旁边，服务于长辈。

另外还要注意，不同场合宜用不同的坐姿。在朋友聚会等非正式场合，坐姿可以随意一些，在坐姿端正的基础上，坐得舒服就好。参加面试时，要坐在指定座位上，坐姿要挺拔自然。在会议、座谈、谈判等正式场合，坐姿要严肃、一丝不苟，要坐得直、坐得正、坐得稳，不要有大幅度的身体摆动。与长辈或贵宾谈话时，要将身体稍稍前倾，以示专注、尊重的态度。与后辈谈话，不可以挺肚后仰的姿势示人。总之，关于“坐”，要处处体现文明懂礼，保持端庄稳重、落落大方的优雅仪态。

行如风。行走也是人生活中的主要动作之一，体现的是一种动态美。“行如风”就是形容步态轻松自然，就像风行水上一般，传统礼仪认为这种步态很优美，走路“八字脚”及歪走横行等走法都是不雅的。针对不同场合与情况，行走还应当有轻重缓急之分。东汉刘熙《释名》记有四种走相：“两足进曰行，徐行曰步，疾行曰趋，疾趋曰走。”不同的场合采用不同的走相，才符合礼的要求。

古人视“趋”为一种礼节，在尊长、贵宾面前走过时，一定要低头弯腰，以小步快走的方式对尊者表示礼敬，这叫“趋”，如趋庭、趋出、趋走、趋进等动作，无不饱含敬意。今天我们在与贵宾见面时，仍有快步迎上前去，点头致意，握手寒暄的礼节，这大概就是古之“趋”礼的遗风吧。孔子有一次受鲁国国君之召接待外宾，领命之后，他神色庄重，拱手弯腰，“趋进，翼如也”（《论语·乡党》）。用如同张翅的飞鸟一般动作来快步向前，以示尊敬。孔鲤在接受孔子的庭训时每每“趋而过庭”，后人多用“趋庭”或“过庭”来指代长辈的教训。当然，“趋”也不是到处都可以的。如《礼记·曲礼上》就要求“堂上不趋”“室中不翔”，“翔”与“趋”动作差不多，在室内如果还像张翅的飞鸟一般，就有可能四处碰壁了。

孔子非常重视人的仪表举止，他善于通过观察一个人的坐立行走，来判断此人是不是君子。《论语·宪问》里就描述过这样一段情景，有个家乡的童子来拜见孔子，等他走了以后，有人就问孔子：这小孩怎么样，是个可造之才吗？孔子当即断定，不是。为什么呢？因为孔子看见他坐在大人席位上，还跟长辈并肩而行，这不是求上进的“益者”，这是急功近利的“欲速成者”。孔子之所以否定了这个童子，就是因为一个真正有修养的人不会连基本的坐立行走之礼都不讲究。

《弟子规》有几处提到行走进退之礼，如“进必趋，退必迟”。见尊长时，要快步走上前，显示对长辈的尊重。从尊长身边告退时，则要缓慢退出，以显示对长辈的不舍和敬重。再如，“缓揭帘，勿有声，宽转弯，勿触棱”。这是说，走路拐弯时角度要大一些，不要碰着棱角，以防造成不必要的伤害。传统行走礼仪中，还有“行不中道，立不中门”（《礼记·曲礼上》）的原则。即走路不可走在路中间，应该靠边行走，站立不可站在门中间。这样既表示对尊者的礼敬，又可避让行人。

今天我们对于走姿步态的要求，仍然是稳重大方，礼让他人。走路要保持正确的姿势。虽说人的走相千姿百态，没有定式，但从礼仪的角度讲，行走应身体挺拔、精神焕发、步伐稳健、步履自然。起步时，上身略向前倾，身体重量放在前脚掌上。行走时，应目视前方，上体正直，不低头，双肩自然下垂，两臂自然前后摆动，重心可稍向前倾，迈步不要抬脚过高、落地太重，也不要走得有气无力，拖泥带水。这样走起来才显得轻盈矫健，如流水一般连贯而优美。

走路要看场合，合规矩。行走时，不能只顾姿态优美，还应该符合具体情况，符合规矩。平时走路步子不要迈得太大，速度要均匀适当，不要太快。在办公场所，行走速度可以稍快，以迎合工作节奏；在图书馆、病房等安静的场所，则要放轻脚步。也就是说，走路也要分场合，如果你什么时候都是风风火火的，别人就会觉得你毛躁不稳重，甚至觉得你不认真不仔细；但如果你总是走得拖沓过慢，又会让人觉得你打不起精神来。

走路还应观察周围环境。几个人一起行走时，应尽量同步行走；男性和女性一起行走时，男性的步伐要与女性保持一致；晚辈和长辈一起行走时，晚辈要和长辈的节奏一致。总之，行走速度与习惯不同的人，在一起行走时，要相互适应和配合。

仪表之礼是一切礼的开始，一个人有礼与否，内在修养如何，都是通过外表来体现的，想要立足于世，首先就要端正自己的仪容仪态、仪表举止。无论是穿着打扮、表情神态还是坐立行走，都要体现出一种端庄恭敬之心来，无声地表达出对他人的尊重。我们仪表端正了，举止得体了，才有与这个世界和谐相处的可能。

【国学知识】

古代八种待客礼仪

拂席：擦去座席上的灰尘，请客人就座，以示敬意。

扫榻：拂去榻上的尘垢，表示对客人的欢迎。

倒屣：急于要迎接客人，以至于把鞋子都穿倒了。

拥彗：古人迎接尊贵的客人，常拿着扫帚表示敬意。

虚左：空出左边的位子，迎接客人。

却行：向后退着走，以表示对客人的尊敬。

侧行：侧着身子前行，以表示对客人的谦让。

避行：离开座位站起来，以表示对客人的敬意。

（资料来源：《有朋自远方来，如何招待？：礼成人生》，中央民族大学，2023年3月21日）

2. 养成良好习惯

说起生活习惯，人人都知道应该养成良好的习惯，但在实际生活中却非人人都能做到，很多人对此并不积极主动。特别是现代社会，人们的生活节奏空前之快，早起早睡、收拾内外的生活习惯大概只有老人拥有。孩子的一切事务由家长包办代劳，上班一族们匆匆起床上班，地铁上吃个“热狗”当早餐，恨不能刷牙洗脸都在车上解决。不少人觉得，早起晚起，不耽误工作学习就行，屋子收不收拾，不影响写字学习就行，认为做大事之人不必拘泥于日常这等小事。民国时期，有这样一首好听而上口的歌谣："天方明，人已醒，披衣下床，日光满窗。梳洗完，至窗前，取帚拂尘，取布拭几。"对照一下，如此简单的小事情，我们每天都做到了吗？

【国学故事】

一室之不治，何以天下家国为

清代文学家刘蓉年少时在养晦堂西侧一间屋子里读书。他专心致志，遇到不懂的地方就仰头思索，想不出答案便在屋内踱来踱去。此屋有处洼坑，每经过，刘蓉总要被绊一下。起初，他感到很别扭，时间一长也习惯了，再走到那里就同走平地一样安稳。刘蓉父亲发现这处洼坑后，笑着对刘蓉说："你连一间屋子都不能治理，还能治理国家吗？"随后叫仆童将洼坑填平。父亲走后，刘蓉读书思索问题又在屋里踱起步来，走到原来洼坑处，感觉地面突然凸起一块，他心里一惊，低头看，地面却是平平整整，他别扭地走了许多天才渐渐习惯起来。刘蓉不禁感慨道："习之中心甚矣哉！……故君子之学，贵乎慎始。"意思是说：一个人学习时，初始阶段的习惯非常重要，君子求学，贵在慎重地对待开始阶段的习惯养成。

（资料来源：［清］刘蓉：《习惯说》）

所以说，不能小看良好的生活习惯所带来的积极作用，任何大事都须从点滴小事做起。生活习惯是一个人自制能力的体现，一个人生活勤勉，态度积极，做事清爽，不拖泥带水，就会传递给他人一种天天向上的正能量，令他人产生愉悦感和信赖感。相反，一个人连基本的个人卫生都搞不好，任何时候都是一副邋里邋遢的样子，恐怕很难被人接受。

自古以来，历代典籍文章、家训家规等，无不强调生活习惯的重要性，我们一起来看看。

"朝起早，夜眠迟，老易至，惜此时。晨必盥，兼漱口，便溺回，辄净手。""房室清，墙壁净，几案洁，笔砚正。墨磨偏，心不端，字不敬，心先病。列典籍，有定处，读看毕，还原处。虽有急，卷束齐，有缺坏，就补之。非圣书，屏勿视，敝聪明，坏心志。"《弟子规》中这两段话，可谓今古通用、男女老少皆宜的生活好习惯。它提醒人们，要养成好的作息习惯，早起刷牙漱口，避免口臭，大小便后要记得洗手。书房要整理清洁，墙壁要保持干净。文房四宝要摆放整齐，不得凌乱，否则墨磨偏了，心也跟着歪了，字都不能饱含敬意了，还怎么读书写字呢？再着急也要把书整理好，有破角缺损的，要满怀深情厚谊地补好。

《礼记·内则》中强调："凡内外，鸡初鸣，咸盥漱，衣服，敛枕簟，洒扫室堂及庭，布席，各从其事。”不管是侍奉父母、公婆还是其他长辈，尊卑长幼都要遵守这条规矩。鸡一叫，就都起床，穿好衣服刷牙洗脸，叠被扫地铺席子，各忙各的事。

朱柏庐的《朱子家训》篇首即讲作息习惯。很多句子我们今天还耳熟能详：“黎明即起，洒扫庭除，要内外整洁；既昏便息，关锁门户，必亲自检点。一粥一饭，当思来之不易；半丝半缕，恒念物力维艰。宜未雨而绸缪，毋临渴而掘井。自奉必须俭约，宴客切勿流连。器具质而洁，瓦缶胜金玉；饮食约而精，园蔬逾珍馐。”除了每天黎明就起床，养成良好的作息习惯，还要注意勤俭持家，自己生活上必须节约，宴请客人时要大方慷慨，不要藏匿物品不舍得拿出。餐具质朴而干净，虽是用泥土做的瓦器，也比金玉制的好；食品节约而精美，虽是园里种的蔬菜，也胜于山珍海味。

结合传统居家礼仪，今天我们应当注重培养这样几种好习惯。

一要爱护并保持自己所处的环境整洁。特别要注意整理自己的办公桌，从办公桌上的环境可以看出一个人的素质和工作态度。如果办公桌上长期杂乱无章，不加整理和打扫，就会给人以散漫邋遢、没有责任心的感觉。在家里，要保持自己的家庭室内环境干净整洁，井井有条。把自己的书房摆弄得整齐有序，把书桌上的东西整理好，把长时间不用的东西清理干净，使自己坐在桌前学习思考时感觉身心舒适、温馨、祥和、自在，感觉眼前明亮、阳光。这样会使自己的心灵变得更加宁静、平和、放松。

二要早睡早起，合理安排每天的时间。生活勤勉的人，通常都很有时间观念，善于合理安排时间，节约时间。无规律的生活习惯会扰乱人体的生命节律，降低人体的免疫力，使疾病发生率增高，对健康极为不利。因此应该起居定时，按时作息，保证充足适度的睡眠。睡前不喝茶或咖啡，进食不过饱。

三要养成良好的饮食习惯。就像《朱子家训》中说的那样：“饮食约而精，园蔬逾珍馐。”饮食最重要的是符合健康。健康的饮食是指膳食中应该富有人体必需的营养，同时还要避免或减少摄入不利于健康的成分。良好的饮食习惯包括按时进餐、坚持吃早餐、吃饭速度不要过快、睡前不吃得过分饱、吃饭时不能分心、保持良好的进食心情和气氛等。

四要坚持适当运动。生命需要运动，过少和过量运动都不利于健康。每个人可根据自己的年龄、身体状况和环境选择适当的运动种类。运动形式并不重要，重要的是量力而行，循序渐进，持之以恒。跑步、跳绳、游泳，或者参加一些球类运动，既能增强体质，又能和身边的朋友保持良好的互动。

五要注重自我形象。要注意个人形象，衣着头发要保持干净整洁、大方得体，这样既是对别人的尊重，给人以生机勃勃的感觉，又能使自己更加自信。

六要拒绝不良嗜好，保持健康的生活方式。不吸烟，吸烟是严重的不健康行为。不酗酒，酒醉伤身，也伤害智力，同时也有失风度。不痴迷于网络游戏，不做电视迷，远离毒品，不赌博，不玩物丧志。

七要保持平和心态。在学习、工作和生活中要注意让自己的思想跟上周围环境的变化，不断变换角色，调整心态。在与他人和社会的关系上要能够正确看待自己、正确看待他人、正确看待社会，保持良好的人际关系，适应社会。要树立适当的人生目标，控制自己的欲望，这样就会保持愉悦的一生。

3. 尊老爱幼

要注意长幼有序。《弟子规》中说："或饮食，或坐走，长者先，幼者后。长呼人，即代叫，人不在，己即到。称尊长，勿呼名，对尊长，勿见能。"无论吃饭喝水还是坐卧行走，都应长辈优先，晚辈在后。无论骑车出行还是步行，作为年轻晚辈，我们都应该注意不要走在老人、长辈的前面，这样有失尊敬。如果步履缓慢的陌生老人挡住你的去路，应该客气地向老人道歉后，再借路而过。长辈叫人，我们要主动代长辈去叫，要叫的人如果不在，自己立刻到长辈面前帮忙。在尊长面前，我们要谦虚有礼，不可以随便直呼尊长的姓名，也不可以炫耀自己的才能，不要认为长辈不如自己。"尊长前，声要低，低不闻，却非宜。进必趋，退必迟，问起对，视勿移。"《弟子规》中这些话，可说是我们日常生活中尊师敬长的行为守则，处处提醒晚辈在与长辈相处时勿忘恭敬。

尊贤敬老历来是中华民族的传统美德，老人、长辈和老师等人，对于晚辈来说，他们是尊者、长者与贤者，都需要我们心怀恭敬，以礼待之。尊重老人，其实就是尊重明天的自己。每个人都有自己的少年、青年、中年和老年，昨天的年轻人是今天的老人，今天的年轻人也是明天的老人。有诗曰："老来难，老来难，少年莫把老人嫌。当初只嫌别人老，如今轮到我头前。"古往今来，每个人都有老的一天。俗话说，"家有一老，好似一宝"，老人为家庭和社会做过贡献，阅历深广，经验丰富，理应得到全社会的尊重。如果老人与我们意见不一致，不要顶撞老人。如果老人不小心做错了事，不能像管教孩子那样训斥老人，任何时候都给予老人充分的尊重，展现出灿烂的笑容，才会让老人保持愉快的心情。在尊长和老人面前，要时刻注意自己的言行，不可有对他们不尊敬的言谈举止。需要格外注意的是，在老人面前不提"老"。上了年纪的人常常由于生理机能上的衰老而产生心理上的自卑感，有些人不想承认自己老了，对于"老"字非常排斥，晚辈要善于体贴老人的心理，不能漠视他们的感觉。有的人在长者面前很不注意，常以"老"自称，叫自己"老王""老李"，或者感叹"岁月不饶人"，说自己"老了""不中用了"，这样就显得在场的长者更老，会使长者非常伤感，有失礼节，所以《礼记·曲礼上》中说"恒言不称老"。另外，现在有很多老年人也不喜欢别人说自己老，老人们在心态上最喜欢别人觉得自己依然正当年，所以称呼老人也要慎用"老"字。

《礼记·内则》中说:"在父母舅姑之所，不敢哕噫、嚏咳、欠伸、跛倚、睇视，不敢唾洟。"意思是说，在父母和尊长的面前，不能随便打饱嗝、咳嗽、打喷嚏、打哈欠、伸懒腰、歪坐、斜视、吐吐沫、擤鼻涕、那是懒散、不敬的表现。如果要咳嗽、打喷嚏等，应该离开自己的席位到外面去。我们今天也应如此，直接对着老人和尊长做出这些动作都是极不礼貌的。尊重老人与长辈，还要注意尊重他们的人格尊严、权利选择、兴趣爱好和生活习惯，不干涉长辈的私事。凡事多理解长辈，多与长辈商量，听从长辈的教诲。

《礼记·曲礼》中有很多尊师敬长的行为细则。如扫地，笤帚不能朝着老人扫，"凡为长者粪之礼，必加帚于箕上，以袂拘而退；其尘不及长者，以箕自乡而扱之"。意思是说，去清扫尊长座席前面的地方时，要将扫帚盖住畚箕，以免尘污飞扬到尊长身上。清扫时，畚箕要朝向自己，不能朝着老人方向往前扫。边扫边后退，用扫帚将垃圾扫进畚箕。如出行，"从长者而上丘陵，则必向长者所视"，跟随尊长上山或者登临高处，视线一定要与尊长一致，以便随时聆听尊长的指教，或者回答他的提问。如求学，"请业则起，请益则起"，向师长请教学业，定要起立，以示尊敬，不能坐着随便发问。如果没听懂，请求师长进一步讲述，也要起立。还有同尊长说话之道:"长者不及，毋儳言。正尔容，听必恭。毋剿说，毋雷同。"听尊长说话，凡是尊长还没有提到的话题，不要抢先去谈，那样有炫耀自己比尊长博学之嫌。陪坐时，容貌要端正；听尊长说话时，神色一定要恭敬。不要袭用他人的说法，不要总是说与他人相同的话。

要关爱老人与尊长。早上起床后、上学或上班时、外出或回家时，遇到尊长或老师，要主动打招呼和表示问候。《弟子规》中说:"路遇长，疾趋揖，长无言，退恭立。骑下马，乘下车，过犹待，百步余。"走在路上遇到长辈，这个长辈可能是自己的父母、老师或者其他尊长，我们应该快步走上前跟他鞠躬作揖，以示对尊长的恭敬。如果见到长辈来了还慢吞吞地大摇大摆走上去，就会显得傲慢自大。行礼之后，长辈如果没有话说，我们就要恭恭敬敬地退立在旁边，看看长辈需要做什么，我们能帮助什么，不要在旁边讲话影响长辈。不论骑马还是乘车，遇见长辈都应下马或下车问候。推而广之，假如你正好在忙，长辈来了，应该立刻放下工作，先向长辈问好。长辈离开以后，应该站在原地，目送长辈离开百步之遥，我们才可以离开。这些见面招呼的礼节，体现的都是对长辈的恭敬之心。今天我们在家里、在学校、在公司、在机关单位，对尊长都要保持这种基本的礼节，也许看上去有些烦琐，但正是这些烦琐的礼节，才能让人和人相处起来和谐舒服，才能培养一个人的耐心、细心、恭敬之心。长期坚持养成习惯之后，自然就拥有了雍容大度的君子之风。对年岁较大、行动不便的老人和长辈，我们应给予更多的关心和照顾。比如点菜时，要先问老人口味。逢年过节人们都喜欢在饭店吃顿大餐，可是在点菜时很多人不注意规矩，老人还没说话，自己就抱着菜谱对服务员招呼上了:"来个辣子鸡!"殊不知这种行为非常没有修养。任何时候都应该让老人先开口，等老人点菜完毕后自己再点菜。在这个过程中还要注意多询问老人是否忌口，“能不能吃辣，能不能吃甜”。

从点滴做起，给老人更多关爱。吃饭的时候，主动为他们盛饭夹菜；走路的时候，时时加以搀扶，提防他们摔倒；有空时，陪他们说说话、聊聊天，给他们解解闷。

作为晚辈，不管是多么了不起的人物，都要始终明白，在长辈面前晚辈永远是晚辈，要懂得进退之礼，不可造次。要尽自己本分，尽自己所能去尊敬、关爱老人与长辈。

【现代故事】

厦门翔安五美社区：孝老爱亲传美德　邻里和睦一家亲

近邻幸福大食堂、长者生日会、公益冬（夏）令营……如今，尊老爱幼、邻里和睦、热心公益等已在厦门市翔安区五美社区群众间蔚然成风。

据了解，五美社区老龄化程度较高，年轻人早出晚归，与老人交流甚少，再加上部分老人年龄大、腿脚不便，有的老人煮一顿饭吃好几天，营养得不到保证。社区以“老龄化”问题为导向，于2017年建立厦门首个由社区发起的免费互助素食餐厅——近邻幸福大食堂，解决了社区60周岁以上老人的午餐问题，让老人们不仅吃得饱更吃得好，营养均衡、干净卫生。

为了更好地服务老人，近邻幸福大食堂每天安排至少6名志愿者当班，齐心为社区老人提供爱心午餐。食堂的大厨是两位热心的饭店厨师，在他们的助力下，食堂菜色更加多样。

看到这么多志愿者为了他们的午餐忙碌，老人们也闲不住。较“年轻”的便主动承担起了部分力所能及的事务，如择菜、洗菜、擦洗桌椅等，并为其他行动不便的老人送饭，邻里互助氛围浓厚。

“居民在幸福大食堂项目的带动之下，也纷纷参与到爱老敬老志愿服务队伍。”五美社区党委书记、居委会主任陈清楚表示，居民自发以“每日一捐”的方式，力所能及地加入近邻幸福大食堂项目中。开办5年多以来，餐厅共收到捐款近12万元，受惠用餐人数48000多人次，义工出勤5200多人次。

近邻幸福大食堂搭建了老人群体的交流平台以及志愿服务平台，将助人自助理念融入志愿服务中，增进了社区居民邻里关系，营造了良好的敬老爱老氛围。

尊老爱幼是家庭幸福的保障，幸福家庭是和睦社区的细胞，是和谐社会的基础。五美社区以善筑爱，处处可见爱心接力、美德相传，一幅幅温暖人心的画面，为新时代文明实践注入了鲜活动力。

（资料来源：《厦门翔安五美社区：孝老爱亲传美德　邻里和睦一家亲》，翔安区人民政府网，2023年5月4日）

4. 邻里之间和睦相处

俗话说，“邻里好，赛金宝”。邻里关系可以说是空间上最近的一种关系了。“孟母三迁”的故事，说明邻居对我们的影响有多大。《南史·吕僧珍传》还记载了这样一件趣事：有个叫宋季雅的人买了一栋房子，位于著名学者吕僧珍住宅的旁边，房价十分昂贵，共一千一百万钱。有人对宋季雅说，这房价太高了。而他却高兴地说：“不贵不贵，因为我希望和吕僧珍做邻居，所以一百万买房，一千万是买邻的。”如今我们不可能想跟谁成为邻居都可以，能选择地理上的环境，却无法选择人文上的环境。在邻里关系的处理上，我们应该积极主动，与邻居共同努力，营造出一个“我为人人，人人为我”的邻里氛围。

尊重，这是处好邻里关系最起码的一条准则。邻居的职业有不同，年龄有长幼，地位有高低，文化有深浅，不能“看人下菜单”，应该一律以平等的态度去对待。早晚相见，要热情地打招呼，唠起家常，要推心置腹。对待邻家的孩子，说话也要和气，如果他们做错了什么，不能随意呵斥，以免引起大人之间的不愉快。邻里之间的尊重要出自内心，不能当面一套，背后一套。特别要注意的是，不在邻居之间搬弄是非，说闲话，不在背后乱议论，不打听邻居的私事，以免引起不必要的纠纷，影响邻里团结。

邻里相处要有宽容心，我们应以和为贵，对邻居的缺点或不当之处应加以宽容和谦让，切不可“得理不饶人，无理搅三分”。

【国学故事】

六尺巷的故事

“千里修书只为墙，让他三尺又何妨？万里长城今犹在，不见当年秦始皇。”谁知道更多关于六尺巷的故事呢？

六尺巷的故事之所以成为一段历史佳话，源于张家与邻里之间的土地纠纷。

清代康熙年间的桐城境内，大学士张英的府第与吴姓相邻。吴姓盖房欲占张家隙地，双方发生纠纷，告到县衙。因两家都是高官望族，县官难以定夺。

张家人遂驰书京都，张英阅罢，立即批诗寄回，诗曰：“千里修书只为墙，让他三尺又何妨？万里长城今犹在，不见当年秦始皇。”家人得诗，旋即拆让三尺，吴姓深为感动，也连忙让出三尺。于是，两家之间便形成了一条六尺宽的巷道。

（资料来源：《清朝张英六尺巷的故事简介》，翻百科，2022年4月17日）

5. 待客之礼

“有朋自远方来，不亦乐乎。”中华民族是礼仪之邦，热情好客素来是中华儿女的优秀传统。对来客，不管是提前约好的，还是不速之客，我们都要热情欢迎，以礼相待。待客作为一种日常礼节，不仅是对客人与朋友的尊重，也体现了自己的修养。

古人十分重视人际交往的互动，有来访就一定有回访，迎来送往，是表现好客的一种礼节。从迎接宾朋好友的到来，直到送他们离去，其间始终处在一种热情好客的气氛之中。每逢有宾朋好友来访，主人必先迎于门外，向客人施礼，互致问候后，再进入门内，这是古人常用的见面礼。领客人进家，到内寝的门前时，主人要请客人先留步，自己进去为客人设席，然后出门请客人入内。此时，客人要再三谦辞，表示不敢当此大礼，主人再次恭恭敬敬地请客人入门。这就是《礼记·曲礼上》所说的："凡与客人者，每门让于客。客至于寝门，则主人请入为席，然后出迎客。客固辞，主人肃客而入。"行礼也有讲究："大夫、士相见，虽贵贱不敌，主人敬客则先拜客，客敬主人则先拜主人。"（《礼记·曲礼下》）主客第一次相见，即使有年龄、尊卑的差别，一定是主人先向客人行礼，感谢客人能屈尊前来。如果不是第一次相见，就要看双方谁为尊，客尊则主人先行拜礼，主尊则客人先行拜礼。进门之后，主人前引客人登台阶，进到堂屋中去叙谈。在登台阶时古代又有"拾级聚足"的礼节。《礼记·曲礼上》中说："主人与客让登，主人先登，客从之，拾级聚足，连步以上。"即主人前足先登上一级，后足再与之并齐。而后再登上一级，再并足。这样登台阶的目的，是照顾等人，使他能跟上主人，而不使客人感到冷落与紧张。送客时，如果对方是晚辈，那么主人站在门内道别就可以了。如果对方是尊长，那么主人则至少应该送出门。如果客人是乘车离开的，则主人应该等到车开动之后再返回。送别的路程越长，说明彼此的情谊越深。大家都知道《三国演义》里刘备送徐庶的故事，送了一程又一程，最后彼此道别，刘备依然伫立目送，不料徐庶的身影被一片树林挡住了，刘备竟下令把树林砍了，真可谓将古人的送客礼仪发挥到了极致。

古人对于迎来送往的礼仪非常重视，有条件的家庭必让孩子从小学习。

【国学故事】

裴秀学习待客之道

魏晋时期的大臣裴秀，出身于名门望族河东裴氏。他所绘制的《禹贡地域图》开创了中国古代地图绘制学的先河。裴秀自小就有君子的风度和良好的品德。家中每次请客人吃饭，母亲总是让他端饭送菜，招待客人。一次，裴秀又来招待客人。客人问他父亲："怎么让小公子端饭送菜啊？"他父亲说："端饭送菜不是谁都有机会做的，这里面有很多学问，我想让他借这个机会学学礼仪。"裴秀也很珍惜这种机会，在接待过程中，总是注意自己的每一个细节是否符合礼仪，有时候还找机会和客人交谈，说话的速度也根据需要有快有慢。客人们见他这么虚心，又这么懂礼貌，都很喜欢他。经过长期的锻炼，裴秀的谈吐非常优雅，他的名声也传开了。

（资料来源："裴秀"，百度百科，2023年9月18日）

今天，我们的待客礼仪传承了古代待客之礼的那份热情与周到，"持家不可不俭，待客不可不丰"仍是我们的待客传统，并在此基础上赋予了一些新的时代特征。常用的待客礼节仍然包括迎客、接待（敬茶、宴请）、送客等基本环节。

提前做好准备，打扫门庭，收拾房间，备好茶具并洗干净，也可准备糖果和饮料，临近约定时间，要提前出门迎接，注意着装得体，举止端庄。见面要先致敬，互道寒暄，注意称呼得当。带客人进门前要快走上前为客人开门，每门都要请客人先行。

进门后主动接过客人衣帽，请客人落座。落座时主人与客人都要注意"坐必安，执尔颜"（《礼记·曲礼上》），即坐姿要稳，容颜要正，以表示郑重。客人与长辈入座后，晚辈要帮父母招待，端上饮品或点心，主动陪客人小朋友玩，不打扰长辈的谈话。可以挨着长辈坐下，位置不能挡住长辈的视线。与客人谈话要有礼貌，不抢话，不插话，不盯着人看，不用手指人。

敬茶果时，注意"先长后幼、先生后熟"的次序。主人为客人沏茶倒水之前，尽管茶杯已经事先洗过，此时都要当着客人的面重新冲洗，以表示洁净，让客人放心饮用，同时也是表示对客人的尊敬。沏茶时，应该按照先客后主的顺序进行，这也是尊重客人的表现。倒开水时，茶杯的盖子应该仰置，否则盖子会将桌子上的灰尘带到茶水里去。要双手敬茶，随之说请，切忌用手指捏着杯口递送，既不卫生，也不礼貌。

晚辈如有自己的同学朋友来家，要先将客人介绍给家中的长辈，不要招呼长辈前来待客。如果长辈以饮食热情接待，客人致谢，自己也要致谢。如果长辈有事要忙，则向客人说明，带客人到不妨碍长辈的房间去招待。

客人告辞，要婉言相留。挽留要适度，避免过于客套和虚情假意。客人要走，应等客人起身后，再站起来，以免给人留下迫不及待送客的印象。起身后帮客人取外套，为客人开门，要向客人真诚地说"欢迎再来"。

送客通常要送到大门外或楼道口，当客人走远后才关门，关门要轻，如果客人刚出门，就听到背后"砰"的一声关上门，会让客人感到主人巴不得自己早点离开，自己是不受欢迎的。这样一来，待客时的千般热情都在这匆忙无情的关门声中失去意义。远方客，要送至村外或路口。如果是老人或幼童，可以搀扶着送下楼或送上车，目送他们走远。还要注意，如果家中有狗，主人不可以当着客人的面呵斥狗，"尊客之前不叱狗"（《礼记·曲礼上》），以免让客人觉得尴尬，有主人厌烦于他，希望他离去之嫌。

我们常说“客随主便”，其实招待客人时，应该做到“主随客变”，尽力做体贴的主人，迎合客人的习惯和要求，照顾客人的感受，让客人舒服开心。

走亲访友是我们日常交往中经常要做的一件事情。接待客人要讲究礼仪，同样，我们出门拜访别人，到别人家里做客，更需要处处讲究礼节，不给主人添麻烦，做善解人意的拜会者。

【国学故事】

不给主人添麻烦的皇甫无逸

要说起古代做客不给主人添麻烦的典范，当属唐初的清官皇甫无逸了。他曾担任益州大都督府长史，为人非常自律严谨，对下属管理十分严格，经常到各地去巡视部属。有一次，他到一个地方去巡查，夜深了，周围没有客栈，无奈之下，只得借宿在一户百姓家中。皇甫无逸向主人道谢之后，就静静地在房间里处理公务，他对待政务很小心谨慎，每次向朝廷送奏表，都要反复推敲多次，甚至要读几十遍，有时使者已出发，还要追回再行修改。夜深人静，他专注地琢磨着奏章，不知不觉间，油灯灭了，原来是灯芯燃尽了。这可怎么办呢？在别人家留宿已经很麻烦人了，夜深了，主人早已熟睡，怎么好再叫醒他给他添麻烦呢？如果私自去翻找灯芯，更不合做客之礼。他不忍心也不愿意惊动主人，可是公务又没有处理完，于是他抽出佩刀，割断自己的衣带，拧成了灯芯用。皇甫无逸如此谦恭有礼，宁可自烧衣带，也不给主人添麻烦，真是令人叹服。

今天我们去别人家拜访做客，也要注意这方面的礼节，处处留意，呈现最好的自己，不提过多要求，多为主人考虑一点。

古礼要求，到朋友家拜访，作为客人应遵守礼节，不能太随意。将要登堂时，要故意提高说话的声音，以便让室内的人知道，将要有人进来。如果房门外放着两双鞋，就要听听屋内是否有说话声，有则进，没有就不方便进去。这就是《礼记·曲礼上》中所说的“将适舍，求毋固。将上堂，声必扬。户外有二屦，言闻则入，言不闻则不入”。同时，还要注意“将入户，视必下”，即在进入堂屋时，眼睛应往下看。因为主人家虽知道客人到来，恐怕还有未及收拾的东西。这样做，可以避免给主人造成难堪和尴尬。这些礼节是非常有必要的，除了做客，还适用于很多环境。比如我们回家探望父母，虽然提前打过电话，但到父母家时如果家里的门没有关好，我们就不要悄悄地进门，而应该提高声音打个招呼让父母知道我们回来了，以免让父母没有思想准备而吓一跳。

【国学故事】

孟母教礼

孟子有一次就因为礼节没有做好，而受到孟母的教育。有一天，孟子的妻子独自在家，伸开两腿自在地坐着，孟子进屋看见妻子这个样子，生气地对母亲说："我的妻子不讲礼节，请允许我休了她。"孟母问："为什么？"孟子说："她一个妇人，竟然伸开两腿坐着。"孟母又问："你怎么知道的？"孟子说："我亲眼看见的。"孟母说："这就是你不懂得礼节了，不是你妻子没礼貌。《礼记》中不是说了吗？将要进大门的时候，必须提前问问谁在屋中；将要进入厅堂的时候，也必须提高自己的声音以便让屋内的人知道；将要进屋的时候，眼睛必须往下看。这些都是为了让人有所防备。现在你不声不响地进入妻子闲居休息的地方，看到了她两腿伸开坐着的样子，这是你没礼貌，并非你妻子没礼貌！"孟子听了母亲的训诫，很是自责，再也不提休妻的事情了。

（资料来源："孟子"，百度百科，2023年11月22日）

拜访前，最好与主人约好时间，尽量避开主人的用餐和休息时间。约好时间后，必准时赴约，到达的时间应该比约定的时间稍稍提前，不可去得太早或太迟，太早会扰乱主人的时间安排，太迟会让主人焦急等待，都是失礼的表现。如遇特殊情况不能按时赴约，要及时与主人打招呼，另行约定拜访时间。

做客时要注意着装朴素大方，尽可能带些小礼品，以表示对主人的尊重。到门外时要轻轻敲门或按门铃，主人开门后，要先互致问候，不可开门即进，要等主人让入方入。到同学或同事家做客，应礼貌地称呼其家中的老人和长辈，如称其父母为"伯伯""伯母""叔叔""阿姨"等。对其他亲属，可随同学或同事的称呼而称呼。

入座时，要待长辈入座后，按主人安排入座。入座前要从容直立，不可东张西望，入座后要注意坐相，不可东倒西歪。主人端茶送糖时，客人要起身道谢，并双手迎接，如果安坐不动，则有役使主人之感。饮食要等年长者和其他客人先取之后再取用，果皮果核不要随地乱吐乱扔，而要轻轻地以纸巾掩口，放在专用的器具或垃圾桶中。这一礼节古已有之，《礼记·曲礼上》就提道："赐果于君前，其有核者怀其核。"在尊者面前吃受赏赐的水果，果核不可随地乱丢，要先揣在身上出门后再处理，以示对尊者赏赐之物的珍重。

交谈时，要专心、大方，不忸怩羞怯，不高声大叫，也不喧宾夺主。如有长辈在座，应该用心倾听长者的谈话，不可随便插话。不经主人允许，不可随意翻动主人家里的东西。主人室内的信件文书，不能随意取看。不携一切动物上门。

去别人家拜访做客，还要懂得什么时候该起身告辞。遇到有些情况，应当早早告辞离开，如主人家中另有他客到访；主人欠伸，或看钟表；主人面带倦意，减少倒水次数或减少说话等。《礼记·曲礼上》中就有这一礼节："侍坐于君子，君子欠伸，撰杖屦，视日蚤莫，侍坐者请出矣。"意思是说，晚辈陪长者谈话，如果长者不断打哈欠，找自己的手杖和鞋，或者看时间的早晚，说明长者已经疲倦，或者有其他事情需要处理。长者的这些举动，可能是在委婉地提示客人，此时就应该尽早结束谈话，主动告辞。后世也有这样的现象，主人不想再与来客谈下去，但又不能下逐客令，以免有失体统，于是便叫仆人端茶，知趣的客人就会知道，这是送客的信号，于是赶紧告辞。现在我们去别人家做客也是如此，要学会在恰当的时候主动告辞，告辞前要向主人致谢。有些人应邀做客或主动上门享受完大餐之后，一句礼节性的"谢谢"都不说就抬腿走人，这也许是天生不拘小节，把主人不当外人才不讲客套话，但主人心里多少会感到失落。试想，如果我们是主人，招待客人之后，也一定希望听到客人的感谢。所以，我们做客后不一定非要赠送主人礼物，但真诚的道谢是必不可少的。主人送出门口时，客人迈出一步要转回身再致谢。如果主人站在门口，客人要走出几步后或在转弯处，回过身来告别，并向主人说"请回""请留步""再见"等话语。

6. 说话之礼

言为心声，人和人之间主要是通过语言来互相了解和沟通的，话说得好，可以拉近人与人的距离，达成很多目标；话说得不好，就会造成人与人的误会，产生诸多矛盾与争斗。所以君子要知言，《论语》的结束语就是关于说话的："不知礼，无以立也；不知言，无以知人也。"你不学会说话，就无法了解别人，也无法与人交往，沟通交流、待人接物，都离不开说话，即使是打哑语、写纸条，也属于无声的语言交流方式，所以说话的礼仪不可不学。说话这件事的重要性丝毫不亚于一个人的仪表举止，如果说仪表是我们立身处世的首张通行证，那么说话就是第二张通行证。说话是一门艺术，自古以来，关于这门艺术有太多的学问，我们择其善者从之，略学一二。

《弟子规》中总结了不少说话之道。"凡出言，信为先，诈与妄，奚可焉。话说多，不如少，惟其是，勿佞巧。奸巧语，秽污词，市井气，切戒之。"开口说话，诚信为先，欺骗的话或花言巧语都不要说。不要乱说话，是什么就说什么，不能妄加判断，对于自己不知道的最好不说。低俗的话、脏话都不要说。交谈礼仪不可少。与人交谈过程中，一定要时时留意自己的说话细节。表情与姿态，动作与行为，态度与情绪，这些无声的语言尤其要注意。尊重对方、有礼貌的同时，还要把握好尺度。过于疏远，使人感情淡薄，不利于沟通交流；过于亲近，难免会产生矛盾和摩擦。"见未真，勿轻言，知未的，勿轻传。事非宜，勿轻诺，苟轻诺，进退错。"眼见为真，没有见到的事情不要随意说，不确定的事更不要随意乱传播。对不合理的要求，不要轻易答应，如果轻易答应，就会使自己进退两难。在说话方式上也有讲究，“凡道字，重且舒，勿急疾，勿模糊。彼说长，此说短，不关己，莫闲管”。在说话的时候吐字要清楚，要有重点，并且条理流畅，还要注意自己的语音、语调、语速，不要太急躁，也不要模糊不清。张家长、李家短的是是非非，与自己无关的，不要乱参与。俗话说，静坐常思己之过，闲时莫议他人非。背后揭人短处、诋毁他人，是一种极不道德的行为，不可避免地会破坏团结，制造事端。

《弟子规》中短短几句话，概括出了一个人的基本说话之道，从中我们可以看出，符合礼的言谈话语有两个基本点：一是诚言，二是慎言。《礼记·曲礼上》说：“礼不妄悦人，不辞费。”说的也正是这两层含义。诚言，说话要讲诚信。所谓“修辞立其诚，所以居业也”（《周易·乾·文言》）。直言、坦言也罢，谨言、不言也好，并无统一的法则，但有一条是不变的，那就是以诚为本。所谓“诚于中，形于外”（《大学》），只有内心真诚，言谈举止等外在表现才能自然得体。

《论语·乡党》中记载了孔子在各种不同场合下的说话方式，无一不是“修辞立其诚”的典型写照。例如：“孔子于乡党，恂恂如也，似不能言者。”这段话记载孔子回到故乡，在乡亲父老面前憨厚、踏实，似乎说不出话的样子。项羽有句名言说：“富贵不归故乡，如衣绣夜行，谁知之者！”（《史记·项羽本纪》）可是孔子的表现正相反，低到尘埃里去，因为他的内心从容淡定，不需要喋喋不休地证明自己、展示自己，在最熟悉最亲切的乡党面前，表现出的还是自己最率真朴实的内心，胜于千言万语，这正是“诚于中，形于外”的最佳说明。

《论语》全文中有很多说话之道，多次强调说话要求真务实，言而有信。如“与朋友交，言而有信”（《论语·学而》），“言必信，行必果”（《论语·子路》），“言忠信，行笃敬”（《论语·卫灵公》），“君子有九思……言思忠”（《论语·季氏》），“君子欲讷于言，而敏于行”（《论语·里仁》）。俗话说满瓶不响，半瓶咣当，正是这个道理。人生时光有限，花在讲闲话上的时间多了，做正事的时间自然就少了，况且言多必失，反而害事。“巧言令色，鲜矣仁”（《论语·学而》），越是巧舌如簧，眉飞色舞，离“仁”的境界就越远。所以孔子说“予欲无言”，他不想说话了，他认为老天啥也没说，但四季更替，万物生息，啥也没耽误。这大概就是“贵人语迟”的道理吧。

说话要慎言。口为祸福之门，说话要慎重，要经过考虑。“仁者，其言也讱”（《论语·颜渊》），孔子认为，真正有仁德的人，他的言谈一定是慎重的，行为一定是认真的，一言一行都符合礼。孔子多次强调“敏于事而慎于言”（《论语·学而》），即使是朋友，也不能太随意，规劝也要有度，“忠告而善道之，不可则止，毋自辱焉”（《论语·颜渊》）。朋友有不对的地方要尽心地劝告和开导，如果不听，也就算了，不要自取其辱。

慎言并不是要求我们少言或不言，而是说话要视具体情况，当说则说，当默则默。孔子说：“可与言而不与之言，失人；不可与言而与之言，失言。知者不失人，亦不失言。”（《论语·卫灵公》）说的就是这个道理。当说不说，就会失去他人的信任；不可说时又乱说，就很冒失。聪明的人既能取信于人又不失言。“侍于君子有三愆：言未及之而言谓之躁，言及之而不言谓之隐，未见颜色而言谓之瞽。”（《论语·季氏》）孔子将说话的三种过失形容得非常贴切，第一种是抢话：没轮到你说话你却争着说，这是急躁；第二种是瞒话：该你说话了你却故意不说，或者吞吞吐吐、遮遮掩掩，不跟人说心里话，让人很不舒服，这是有意隐瞒；第三种是瞎话：不看对方脸色只顾自己说自己的，这完全就是“睁眼瞎”。这并不是孔子教人说话要多么圆滑世故，而是君子推己及人的精神体现。

慎言还表现在言行一致，不轻易给别人承诺。“古者言之不出，耻躬之不逮也”（《论语·里仁》），“君子耻其言，而过其行”“其言之不怍，则为之也难”（《论语·宪问》），“居其位，无其言，君子耻之；有其言，无其行，君子耻之”（《礼记·杂记》）。君子不随便答应做不到的事，言过其行、言过其实都会引以为耻。“言之不怍”，表示轻许诺。轻许诺的原因，是做不做无所谓，当然不会好好做了。在现今社会中，说一套、做一套，说得天花乱坠、做得一塌糊涂的人大有人在。孔子曾称赞闵子骞说：“夫人不言，言必有中。”（《论语·先进》）他不说则已，一说就能说到事情的关键上。这正是我们需要学习和历练的。为人处世，特别是重大场合中一些关键问题的讨论，千万不要乱说，要想好了再说，要说就“言必有中”，就像射箭打靶一样，一箭射去就正中红心，说到点子上。

学会“听话”。人的内心深处，都有一种对被重视和被理解的渴望。我们对别人说话时，一定希望别人能认真倾听我们所说的话；同样，别人对我们说话时，我们也要留心静听，以表示接受和尊重别人的意见。同时还要注意，不可随便插言，打断别人说话。平日要时时保持这种礼貌，比如开会时，别人发言，我们要留心听着，如果有意见要发表，要等别人说完后再发言，这既是对别人的尊重，也是对会场秩序的尊重。

了解了基本的说话之道，再掌握一些必要的说话技巧和交谈礼仪，我们在与人交往的过程中就可以少走些弯路。

跟不同身份的人说话要注意不同的礼节。跟长辈说话，声音不能太大，否则有吼长辈之嫌，让长辈心里不舒服。正如《弟子规》中说：“尊长前，声要低。”当然，《弟子规》里还说：“低不闻，却非宜。”说话声音像蚊子嗡嗡，让长辈听着费劲，就是你的不对了。万事有度，说话音量也得合理掌控。对晚辈说话，则要注意平易近人。男女之间谈话要注意文雅，对不熟悉的异性不可乱开玩笑。“见失意人，不说得意语；见老年人，不说衰丧话。”（李炳南《常礼举要》）不和失恋的人大谈你与爱人的甜蜜感情，不在老年人面前唉声叹气，说些丧气话。说话一定要顾及人之常情，把握人的基本心理，顾及对方的心情与感受，不做谈话的“瞽者”。比如虽然你满腹经纶，可是你谈话的对象也许因为文化程度不高的原因并不喜欢你那些学问，这时你就要把所学的东西用通俗的语言表达出来，让别人更容易理解。一些进入农村基层工作的大学生，讲话过于文绉绉，甚至让对方听不懂，与农民无法沟通。有谦虚的态度，也有渊博的知识，可是却不会有效地运用，那就是大大的浪费了。

说话要注意语气，要轻而和气，不慌不忙。相传东晋王献之就是这样一个人，任何时候说话总是和颜悦色的。有一天夜里，他正睡着觉，一个窃贼偷偷进了他的房间，王献之惊醒了，知道窃贼已偷了不少东西，他轻轻地说："那一条毛毯，是我家的旧东西，请你不要带去吧。"窃贼听了他的话，急忙逃走了。我们在任何场合下，说话都不要慌张，要处乱不惊，气定神闲。

说话态度要诚恳亲切，表达要大方得体。说话时精力要集中，不要东张西望或兼做其他事情，也不要做一些小动作，如抠弄耳鼻指甲、搔痒挠头、抖动腿脚等，这样做不仅失礼，也显得猥琐。谈话中打哈欠、伸懒腰也是很不礼貌的行为。说话要文明，不说脏话、粗话、伤人的话。当与别人意见不一致时，不要出言不逊，强词夺理。不要直说"你不懂"这样的话，容易让人心生不快。

说话要注意目光与视线。交谈时，眼睛应注视对方，语调平缓，不能强词夺理，摆出一副盛气凌人的架势。还要注意，目光要照顾到在场的每个人，不冷落任何人。《仪礼・士相见礼》中专门讲到跟尊者说话时的目光问题，到今天仍然很符合交谈时的心理特点。"凡与大人言，始视面，中视抱，卒视面，毋改。众皆若是。若父，则游目，毋上于面，毋下于带。若不言，立则视足，坐则视膝。"与尊者说话，开始时要注视尊者的面部；听到中间，视线要下移到尊者的胸部；最后仍将视线移到尊者的面部，不再变化。这是专心听讲的必然表现。如果目光游移不定，东张西望，就显得漫不经心。如果彼此不说话，则站着的时候视线要落在对方的足部，坐着的时候视线要落在对方的膝部。

说话要看场合。要学会审时度势，什么场合讲什么话，要做到心中有数。要随时考虑你说的话是否与所在的环境相符合。正式场合宜说些正式话题，不适合讨论些家长里短、声色犬马之类的话题，守丧时不能谈娱乐之事。这就是《礼记・曲礼下》中所说的"在官言官，在府言府，在库言库，在朝言朝，朝言不及犬马"，"居丧不言乐，祭事不言凶"。

《礼记・少仪》之中，对于语言交谈的礼节，乃至谈话的艺术，都有着很具体的指导。如"不窥密，不旁狎，不道故旧，不戏色"，与人交谈时，不窥视别人的隐私，不与人逗闹或过于亲热，不揭别人的短处，不要有嬉笑、侮慢的神态。这一礼仪对今天的我们尤其重要。现在有的人喜欢无事生非，专爱打听别人隐私，未经同意就擅自翻阅他人邮件、日记；有的人把别人的伤心往事当作笑料，四处宣扬，丝毫不顾及别人的感受；有的人喜欢瞎起哄，参加集体活动时不是喝倒彩，就是制造噪声；还有的人举止轻浮，言谈粗俗……一个人要想得到别人的尊重，就先要懂得尊重别人，一个盛气凌人、随意插话、口不择言的人是不会被人喜欢、被人尊重的。"言语之美，穆穆皇皇”（《礼记·少仪》），说话贵在恭敬而温和。古语说得好：人敬人，无价宝；人抬人，万丈高。希望每个人在与别人交往时，都能掌握说话艺术，做说话让人爱听的人。

7. 社交礼仪

（1）相识

我们在与人交往中，经常会遇到互换名片的情况，古代称之为“谒”或者“名刺”，是用来写自己身份信息的简牍，后世又称“名纸”“名帖”。名片是现代社会人际交往中自我介绍的媒介品，可以运用于邀请、答谢、拜客、拜贺等各种场景。

传统名刺一般是自己制作，有着相对固定的样式。宋代似有一种成规，见长者用名纸，敌者（同等）以下用刺字。刺字也叫手刺。名纸、手刺所用纸张大小不同，其制作方法也有所区别。传统名刺纸张上不印图案。现代社会名片上除了纸张自身的纹路以外，还可以加印所在机构的标志。除此之外，不宜印其他图案。民国时期，黎元洪夫人曾在名片上压出一双翔凤展翅凸型花纹，殊不知，那是上海长三堂子姑娘们的“花样经”，她当时贵为元首夫人，却如此轻率，把此种名片送给各国公使夫人，实在有失体统。

现代社会，名片尺寸及其字体大小都有成规可循，不必标新立异，而姓名文字尤其不宜过大。晚清李鸿章访问美国时，曾因名片字体大小出过一个小意外。李鸿章以翰林名刺投美国某大臣，而清人翰林名刺字体比普通大得多。某大臣以为李鸿章是故意凌辱自己，他就以更大字体的名片还了回来。李鸿章见此，以为对方存心欺辱，异常气愤，就还以更大号字的名片。总之，名片及其姓名的大小不宜超过常规标准，否则可能会致使对方产生误解。

礼尚往来，社交场合经常交换名片，需要注意以下礼仪：

递交名片，从本质上讲，属于传统礼仪中授受的范畴。授受时要尽可能方便对方，同时要表达对对方的尊敬。授受前，如果双方都是坐着的话，就不必站起来递交，除非相隔较远；如果双方都是站着的话，就不要坐下来再递交。名片有正反、有文字，递交时应该正面朝上，文字正朝着对方，这些都是方便对方的表现。递交时，要双手持名片，不可单手，双手的高度要适中，在胸前比较合适，过高或过低都不合适。递交名片时，体态、容色要谦恭，不可傲慢，同时可以说“请多指教”“请多关照”之类的话。这些都是尊敬对方的表现。

当别人递交名片时，应该立即停止其他的事情，双手接过名片并致谢。接过名片后，要略看一下名片上的信息。对方有言语表示时，可以回应“岂敢”“客气”等。看完名片后，可以轻轻放在桌面上或者收藏起来，然后递交自己的名片。切不可把对方的名片随手丢在桌面上，或拿来做别的事情。

传统礼仪中，“士无介不见，女无媒不嫁”（《孔丛子·杂训》）。介，指中间人、介绍人。两个陌生人如果要结识，一般都要经过介绍人居中联络，互通声气。如果没有中间人先通消息，便不会贸然前往拜谒。为什么要这样呢？我们可以设想一下，假如乙未经中间人联络，便登门拜访甲，而甲此时没有任何准备，对乙完全陌生，委实不知应该如何应对，就会陷入尴尬的境地。假如甲对乙早有耳闻，但并没有与乙结交的意愿，勉强接见，只是虚与委蛇，乙岂不是自讨没趣；若甲把乙拒之门外，不予接见，那么乙就会颜面扫地，深受欺辱。另外，如果对方的名望或地位比较高，不经介绍，自己贸然前往拜谒就有趋炎附势的嫌疑。

礼仪的规定只是就一般情况而言，人与人之间当然也存在倾盖如故的可能。孔子在去郯国的路上遇到了程子，两人停下车来交谈，不知不觉交谈了一整天，就像是老朋友重逢有说不完的话题。临分别时，孔子命子路取一束帛送给程子。子路觉得老师的举动有些过了，就以“士无介不见”为由提出了自己的质疑。孔子说：“仲由啊，《诗经》不是说过吗？‘有美一人，清扬宛兮。邂逅相遇，适我愿兮。’这位程子是名满天下的贤士，此时不赠，恐怕将来就再也没有机会了，你还是听我的吧。”孔子与程子志趣相投，无介而自亲，自然不可用一般的礼仪规定来限制。

现代社会虽然崇尚人人平等，但人与人之间还是存在种种差异，我们仍会面临交往时不对等的情况。比如一方年长或德高望重，在这样的情况下，如果卑者已经请求我们为他们介绍尊者，此时，我们应该征得尊者的同意后，再做介绍。若卑者并没有表达结识尊者的意思，而我们希望介绍两人认识时，应该先征得尊者的同意，然后向卑者说明。介绍时，我们应该先向尊者说出卑者的姓名，再把尊者介绍给卑者。如果是在公务场合，可以根据职位来界定尊卑。如果不是在公务场合，就不必以职位定尊卑，也不宜提及职位，而应该以年齿定尊卑。我们要恪守“朝廷莫如爵，乡党莫如齿”（《孟子·公孙丑下》）这一原则，否则不仅公私不分，且有趋炎附势之嫌，令人生厌。如果两人尊卑相当，介绍时应该先疏后亲，这是人之常情。

很多人认为只有西方强调女士优先，其实在这方面东西方是相通的。介绍时，要先向女方介绍男方。

现代社会人们在寒暄时常常只说一句“你好”，这显得会有一些单调。传统社会人们则会互相说“久仰”或“幸会”，这都蕴含着尊人之意。刚结识时也不要上来就问别人“您在哪里高就”等类似的问题，若刚巧碰到对方失业或者工作不顺心，言者无心，听者有意，可能就会伤害到对方。

（2）就餐

中国有句老话叫“民以食为天”，吃饭可是天大的事情，两个人一见面，最常问的一句话就是“吃了吗”。何事情都可以与吃有关，说人受欢迎叫“吃香”，说人无用叫“吃闲饭的”，问人干哪一行的叫“吃什么饭的”，男人女人通称“人口”，谋生叫“糊口”，中国人几乎什么都能用吃来打比方，“吃醋”“吃豆腐”“吃皇粮”“吃枪药”……吃的重要性可见一斑。

就连“礼”，据说也是从吃中诞生的。《礼记·礼运》中说：“夫礼之初，始诸饮食。”数千年来的饮食文化，自然形成了许多饮食方面的礼数。不按礼数好好吃饭，轻则被人讥笑为“饭桶”，重则让你“吃不了兜着走”，还有可能“吃官司”呢。

【国学故事】

各自为政

古代就有一个人因为疏忽了饮食之礼，差点送命。春秋时期的一个晚上，宋国军队主帅华元正在犒劳三军，准备迎战郑国军队。空气中弥漫着诱人的羊肉香味，士兵们兴高采烈地捧着羊肉大啃特啃，只有华元的马车夫羊斟在一边什么也没吃到。原来华元军务繁忙，忘了交代分给羊斟一份了。羊斟见其他人吃得满面红光，不禁气不打一处来，就此对华元怀恨在心。

不多久，宋军与郑军决战。就在两军激战正酣的时候，羊斟忽然一甩鞭子，驾着马车风驰电掣般向郑军营地驶去。车上的华元大惊，对羊斟喊道：“你晕头了吗？那边是敌营啊！”这时羊斟回头说了一句流传至今的“名言”：“畴昔之羊，子为政；今日之事，我为政。”当初分羊肉，你说了算；如今去哪儿，我说了算！这就是成语“各自为政”的由来。

羊斟驾着战车径直到了郑军大本营，郑军一哄而上把华元捆了个结实。可怜华元堂堂宋军主帅，就这样轻易地被郑军活捉了，宋军失掉了主帅，惨遭失败。华元分羹不均，致使羊斟因一碗羊肉以私败国，他用实际行动说明了什么叫“民以食为天”，看来这饮食礼仪还真不可不注意。所以，无论是在家中用餐还是外出聚餐，人人都要懂得些基本的饮食之礼。

（资料来源：“各自为政”，百度百科，2021年11月5日）

就餐前，入座有顺序，上座必让长者。这一礼节可谓东西南北古今通用，不管是在家里还是在饭店等场合，晚辈都应等长者、尊者依次入座后，再按指定位置入座，不可争抢。大人还未入座时，孩子们不要先入座。若有老人行动不便，应主动搀扶他们入座。古代主宾之间就特别重视这一礼节，得再三客套才能坐定。《礼记·曲礼上》说：“客若降等，执食兴辞。主人兴辞于客，然后客坐。”用餐之前，主宾要互相谦让之后才入座，任何一方不经谦让就坐下是失礼的行为。如果主人安排客人坐在尊处就食，客人要起身辞谢，说不敢当，希望换坐于下处，然后主人起身阻拦，请客人回尊处安坐。此时，客人才能在尊处坐下。

古代就座时的这番谦让，今天仍然十分有必要。比如我们外出参加宴会，无论是什么规格，都会涉及座次，通常都是按礼仪惯例来排列的。懂得这些礼仪的人，一眼就能看出谁是主人，谁是贵宾，谁是普通客人。如果你是普通客人，却不经过一番谦让，随意找个居中位置坐下了，甚至坐在主人位置上，那么别人轻则觉得你不懂规矩、冒失莽撞，重则认为你是心存不满、故意挑衅，日后你再怎么努力弥补都很难挽回了。所以，不论在哪里就餐，我们都要事先了解座次排法，依礼而坐。

入座后，坐姿要端正，不横肱，不仰足，不踮脚晃身，不随意变换座位。如果有客人共同就餐，饭桌坐不开了，应主动让座，请客人坐到上座，自己则坐在另外的桌子上，切不可争饭桌，有失礼节。《礼记·曲礼上》关于入席时的礼节要求是："主人不问，客不先举。将即席，容毋怍。两手抠衣去齐尺。衣毋拨，足毋蹶。"意思是说，主人不发话，客人不先说话。客人将就席的时候，表情要端庄。双手提一下衣服，下摆适当离地，不要让衣服摆来摆去，脚步也要轻缓。还需要注意的一点是"当食不叹"，就餐时要保持自己的情绪、表情与整体气氛一致，不要随意唉声叹气。如果你是主人，叹气就有不欢迎客人之嫌；如果你是客人，叹气就会让主人觉得招待得不好。

使用餐具讲究多。筷子和勺子是中国人最主要、最常用的餐具。筷子，是我国饮食文化的重要象征，筷子的使用有着非常多的传统习俗与禁忌，我们应该有所了解。简单来说，要注意用筷姿势，不可将食指向外伸出；饭前不可用筷子敲打碗碟；用餐时不可将筷子竖插碗中；不可用带有饭粒或菜叶的筷子夹菜；夹菜之前，不要举着筷子在菜碗之间游移，应该选好吃哪样菜再举筷；不要用筷子指人；夹菜时，只取向自己一方的，不可起身去夹离自己很远的菜，不可向碗盘顶心夹取，不可在盘中乱搅一通挑着吃（"拨草寻蛇"），不可站起来伸向盘子对面处夹取（"飞象过河"）；不要把筷子当叉子用，也不要当牙签用，在嘴里掏来掏去；放筷子时，应摆放整齐，不要交叉成十字摆放。使用勺子时，尽量不要发出叮当的响声，勺子要从外向里舀。不要举得太高，不要盛得太满，不要把汤水洒在自己杯盘的外面。舀出来的汤，切忌再倒回碗里或盆里。用筷子和勺子用餐时，都不要整个塞入口中，筷子夹菜送到牙齿边，勺子仅沾唇边，既合卫生，又很文明。

开始用餐时，吃相要优雅。要注意，每个细小的用餐动作都是代表你修养的分数。用餐时，要待主人或长辈开始用餐时再动筷，不可抢在前面，如果是主人亲自烹调，须向主人致谢后再开动。即使饭菜做得过咸、过淡，或者不合自己的口味，也应该尝一些，这是对主人劳动的尊重，而不应该当主人的面说出来，那样会使主人难堪。《礼记·曲礼上》有一段经典的用餐礼仪，有很多我们今天仍在使用："毋抟饭，毋放饭，毋流歠，毋咤食，毋啮骨，毋反鱼肉，毋投与狗骨，毋固获，毋扬饭，饭黍毋以箸，毋嚃羹，毋絮羹，毋刺齿，毋歠醢。"意思是说，不要抓一大把饭抟成个大饭团子来吃，这是自私的表现；已经抓取的饭食不要再放回去，你手上有汗有味道，放回去别人怎么吃呢？喝汤时要慢慢地一勺一勺地喝，不要喝得满嘴流汤；吃饭时不要吧唧嘴；吃带骨的肉食，不要像动物一样啃出声音来；咬过的鱼跟肉不要再放回公器中；不要吃了骨头扔在地上给狗吃，那样有贱看主人食物之嫌；一桌子菜，不要因为某一个菜好吃，就专门只吃这个菜，这是贪心的表现；饭如果很烫，要从容地等会儿吃，不要又扇又扬的，显得好几天没吃饭了；要正确地使用餐具；不要不嚼羹汤里的菜或肉就呼噜呼噜喝下去，会显得吃相很贪婪；不要自己往羹里加盐和调料，这样有嫌主人的汤味道不好之嫌；吃完以后不要拿东西当众剔牙，让人恶心；酱要蘸着吃，不要喝，否则会使主人觉得调的酱太淡没有味道。

用餐动作要文明，尽量少说话，说话时要轻柔，要避免唾沫溅入公器中。在吃饭时大谈大笑，容易使食物误入气管或鼻腔内，特别是鱼刺、碎骨之类的，一旦误入气管就很危险，所以孔子说“食不语，寝不言”（《论语·乡党》）。当然，不说话也不现实，可以少说，轻说，注意着说。今天有些场合用餐，如果只顾埋头专心吃饭，一句话也不说，不与在座的人有任何交流，也是不礼貌的。用餐时发出声音是非常不受欢迎的事情，比如喝汤时呼噜呼噜的声音、吃菜时吧唧吧唧的声音等，都要避免，以免给人留下粗俗的印象。如果要咳嗽或打喷嚏，要以肘掩嘴，转身向后。用餐时，要注意细嚼慢咽、闭口嚼食，这样既显得文雅，又利于食物消化。

用餐过程中，不要玩手机。如果一直低头玩手机，会给人一种无视他人的感觉。没有特殊事情，尽量少接、打电话，如果确实有急事，可以跟在座的人说声类似“对不起”“不好意思”“请稍等”这样的致歉语。

用餐过程中，尽量自己添饭，并主动给在座的老人、长辈添饭、夹菜。还要注意“共食不饱，共饭不泽手”（《礼记·曲礼上》），意思是说，如果全桌的主食盛在同一个食器中，要看看是否够吃，自己不要吃得太多，以免别人吃不饱。如果是从同一个食器中取食品，不要用沾水的手或出汗的手去取用，以免弄脏食品，影响别人食用。

用餐完后，要轻轻放下碗筷。如果自己先吃完，要与同桌之人打个招呼，说声“请慢慢吃”，再离开座位，不能一推饭碗，二话不说就离桌而去。《礼记·曲礼上》也有这一礼节：“卒食，客自前跪，撤饭齐以授相者。主人兴辞于客，然后客坐。”食毕，客人应该主动将剩余的饭菜撤除，交给旁边的侍者。此时，主人要起身阻拦，请客人安坐，然后客人才坐下。

做主人的，要照应客人用餐，客人食未毕，主人不能先起身离开。宴会结束时，要等老人先走，晚辈才可以走。这就是孔子听说的，“乡人饮酒，杖者出，斯出矣”（《论语·乡党》）。这一礼节与入席可谓首尾呼应，都以长者、尊者为先。

用餐结束时，主人要逊言慢待，客人要起身道谢。如果是在家中用餐，待大家都用餐完毕，晚辈应主动收拾餐具，洗刷碗筷，擦净桌面地面。不可扬长而去，或坐在一边任由长辈忙碌，自己无动于衷，这是不礼貌、不懂事的表现。

（3）饮酒

俗话说“无酒不成席”，酒文化也是我国饮食文化的一个重要组成部分。有些饮酒方面的古礼，因为不合时宜，如今的酒宴上已经不用了，但有一些饮酒礼仪的重点，不管时代怎么变迁，都不会变化，这就是敬人谦己的酒之礼。

自古以来，饮酒最重要的礼节是要有节制。《说苑·修文》中说："凡人之有患祸者，生于淫泆暴慢。淫泆暴慢之本，生于饮酒。故古者慎其饮酒之礼，使耳听雅音，目视正仪，足行正容，心论正道。故终日饮酒而无过失。"意思是说，一个人的祸患来自淫乱暴虐，这些都是因为饮酒，因此古人很注重饮酒之礼，时时谨慎，使自己的眼耳口足都符合礼节，才能终日饮酒而不犯错。古人饮酒，提倡有节有度，十分讲究酒态，"君子饮酒，三杯为度"，饮第一杯，表情要严肃恭敬；饮第二杯，要显得温文尔雅；饮第三杯，要神情自然，知道进退。酒过三巡，仍无节制，就叫失态。各人酒量不同，因此不必限量，但有一个原则，就是不能喝醉，也就是说不能喝到"乱"的程度。现代人虽然并非要做到酒饮三杯而止，但也不能一醉方休，不加节制。因为通过饮酒，可以看出一个人的自制力，从而反映出一个人素质高低。别人劝你喝酒，劝多少喝多少，就显得没有原则，缺乏自制力，别人就很难信赖你。所以不能把饮酒作为目的，而应当作为调节气氛、增进感情交流的一种手段。

酒宴通常都有一个主题，轮到自己敬酒的时候，要先站起来，右手端起酒杯，也可以用右手拿起酒杯后，再以左手托扶杯底，这样显得优雅，然后要面带微笑，目视敬酒的人，说几句简短友好的祝酒词，但时间不宜过长，以免让同桌之人干等。一定不要说一些叫对方下不来台的，话这样很不礼貌。劝酒要适度，切莫强求，否则会使对方很为难。

别人倒酒或敬酒时，我们要马上站起来，略微低一下头，表示敬意，切不可一边举杯，一边夹菜。别人快敬到自己时，就应停箸提前做好准备。不可用手捂酒杯或倒扣酒杯，或用手乱挡住酒瓶，不要因为自己不想喝了，就耍小聪明，偷偷倒掉已经倒好的酒，这都是很不礼貌的行为。即使不饮酒，也应允许对方象征性地为自己倒酒，喝酒的时候要看对方喝多少，尽量做到和敬酒的人喝得差不多。如果不能喝，应礼貌地说明，并象征性地轻抿酒杯。主人或其他宾客敬酒致辞时，要专注地聆听，注意坐姿端正，不可与旁人交头接耳。

轮到自己倒酒或敬酒时，要面面俱到，对于每一个在座的人要一视同仁，绝对不可有挑有拣，只为个别人斟酒，自己的杯子少倒酒，或者干脆故意不倒酒，这样很容易引起别人反感。敬酒时要按照一定的次序，通常是先给长者尊者敬酒，不可越过身边的人敬酒，这等于告诉对方，你对我并不重要，这是很不尊重人的行为。与人碰杯时，要让自己的酒杯举起的高度低于对方的杯沿，以示敬重和谦虚。如果对方距离较远，可以用酒杯底部轻碰桌面的方式表示碰杯。

喝酒要讲究规矩。在过去，晚辈在陪长辈喝酒时，如果长辈递酒给晚辈，晚辈要站起来向长辈行拜礼后再接过酒，长辈对晚辈这一礼节表示谦虚和推辞，而后晚辈回到席上饮酒。如果长辈没有把杯中酒喝完，晚辈不能先喝。这就是《礼记·曲礼上》讲到的饮酒礼节："侍饮于长者，酒进则起，拜受于尊所。长者辞，少者反席而饮；长者举未釂，少者不敢饮。”晚辈在长辈面前饮酒，不能面对面地干杯，而要微微侧转身体，表示不敢当，然后再饮酒。今天这一礼节，在我国大部分地区已经基本不用了，但在我国朝鲜族居住的一些地区、韩国等地，年轻人和长辈在一起喝酒，要首先敬长辈或前辈，长辈和前辈先喝，后辈则端起酒杯，转过身侧过脸去喝，以表示对长辈和前辈的尊敬，大概就是这一礼节的遗风吧。

未成年人禁止饮酒。现在逢年过节，有些大人喜欢用筷子蘸几滴酒喂给孩子，这种早期错误引导会使孩子逐渐染上酒瘾，损害身体。酒精会麻痹神经，小孩子的生理机能还未发育完全，过早接触酒精饮品会损害身体的发育。因此，自古以来，未成年人都是禁止饮酒的。

在酒桌上要始终保持文明礼貌的姿态，言语、动作不可放肆，不要大声喧哗，要避免与人争吵、强行灌酒等行为，不仅有失身份，还会给人留下粗鲁的印象。

（4）打招呼

人与人见面相识，第一件事就是互相打招呼。招呼打得成功与否，关乎我们在别人眼中的第一印象，也直接关系着此后的交往，不容小觑。

自古以来，见面之礼就不是简单随意的事。士与士的相见，从约定见面，到登门拜访，再到回访，整个过程都有着十分复杂的礼仪，这些礼仪大多记录在《仪礼·士相见礼》中。简单说来，见面前先要约见，不约而贸然闯入对方家中是极失礼的表现，而且必须有介绍人，即通过一个人从中代为沟通传达，这个人就叫“将命者”。求见一方得到主人一方的同意之后，要带着“挚”即见面礼亲自上门拜访。见面礼不能乱送，要送一种象征君子品格的野鸡，即“不以挚，不敢见”。主人再三辞谢之后收下礼物，互相行礼，互道寒暄，如此客气一番后辞别。第二天，要进行回访，“来而不往非礼也”，这是尊重对方的表现。回访时，要把之前收到的礼物真诚地奉还对方，以示谦虚。收到礼物与奉还礼物，都是出于内心的恭敬，郑重的交往之礼、浓浓的人际之情，尽显于这一来一往之中。相见之礼处处传达着自谦而敬人的郑重态度，来往之间无不散发着古朴而文雅的君子风范。

今天，见面打招呼比古代程序简化了很多，不变的仍然是其中的谦恭之礼。

打招呼要大方得体。打招呼是礼貌和友好的表示，一个小小的招呼可能只需要几秒钟，却能体现出一个人的性格、修养和交际能力，所以不容忽视。打招呼时要注意态度热情大方、亲切主动，给人以优雅从容的印象，拉近与对方之间的距离。要得体适度，符合身份，适可而止，不卑不亢，既不显得冰冷淡漠，又不显得虚假客套。打招呼不是聊天，时间不宜过长。打招呼时，应注视对方的眼睛，目光亲切，面带微笑，声音饱满，音量适度，手势自然，最好不要把手插在衣袋里，可以举手致意或挥手道别。双方见面时，通行礼仪是男性先向女性打招呼，晚辈先向长辈打招呼，下级先向上级打招呼。熟人相见，谁先看到对方，谁先开口，不用过于拘泥。

打招呼要分对象。不同的人要用不同的招呼方式。对同事叫名字或姓加职务即可，态度要尊重，用语要正式。对尊者，如果正在开车，要下车问候；如果正在做事，要放下手头的事情，起身问好。晚辈对长辈打招呼要谦恭有礼，可以相应的辈分称呼，如“伯伯”“阿姨”之类。关系密切的人之间打招呼，用语可以轻松随意些。此外，我们还应根据对方的性格特点来选择打招呼的方式和用语。

打招呼要分场合。在下面这些场合，应当主动打招呼。进入新环境，与人初次见面时；路上、车上、商场、公园、餐厅等公共场所遇到熟人时；在公司遇到领导、部门同事时；在家中接待进门的客人时；参加聚会、做客离开或中途退场等场合。在公共场合打招呼，表情和语调不要夸张，引人注目。在一些安静的场所，不要大喊大叫影响他人，微笑着点点头、挥挥手即可。有些特殊场合，打招呼就要三思而行。比如两人在厕所相遇，尤其是领导和下属在厕所相遇，简单的一个表示，点点头表明看到对方即可。在葬礼上遇到熟人，也不必言语，点头或以目光示意即可。其他特殊情况，如对方正伤心或难堪时，要暂行回避，以免对方尴尬。一定要说话谨慎、态度自然、合乎情理，避免使对方觉得奇怪或无聊，甚至怀疑你有不良动机。

我国传统的招呼用语可谓五花八门，最熟悉的莫过于那句连外国人都明白的“你吃了吗”，其他用语还有“你干什么去”“你要上哪去”“你在哪儿发财”“最近忙吗”“最近好吗”……很多招呼语虽然一直在使用，但基本上已经没有了原来的意思，只是一种问候形式了。比如“你吃了吗”，就是表示“我看见你了，跟你打招呼呢”，并不是真的问你吃没吃饭。当你与人擦身而过，为了表示看见对方，挥下手说句“你干什么去”，往往是脱口而出，并不是真的发问。所以，当对方对我们用这些招呼语的时候，不必真的回答。有些人会当真，顺着对方的招呼很认真地回答：“我还没吃呢，今天一直忙到现在，最近乱事真多……”这也是不合礼节的，会让对方不知所措，无言以对。

说这些招呼用语的时候要注意时间段，要随时间变化而变换招呼语，早上说“早上好”“早安”“今天天气……”，中午说“上午很忙吧”“吃过了吗”，晚上说“晚上好”“下班了”等，“您好”则是随时可以使用的招呼语。

见面招呼除了说话，肢体动作也是标配之一。动作也有礼仪规范，不能乱来。先来看看古人有哪些寒暄动作。“三叩九拜”“顶礼膜拜”是古人在特定场合时所行之礼，不属于日常生活当中的常规礼，就不赘述了。古人日常生活中，主要行礼动作一是揖手礼，即身体直立，两臂合拢向前伸直，右手微曲，左手附其上，两臂自额头下移至胸，同时上身鞠躬，这一礼节主要用于比自己地位高的人。二是拱手礼，跟揖手礼基本相同，只是身子和胳膊不用动，通常用于同级之间。三是答礼，即颔首致意，也就是点点头，主要用于上级对下级。

【国学知识】

古代礼仪的八种手势

1. 拱手礼：在胸前拢手，由前向后收，呈拱手形。向前推，不躬身。用于日常相见礼、送别礼。

2. 揖礼：在胸前抱手，轻于抱拳，重于拱手。略躬身或不躬身。用于日常行礼，敬长上，同学朋友互敬。

3. 一拜礼：展臂，至胸前合拢手。男左手前，女右手前。躬身30度。手臂随腰部动，头不动。用于初相见，敬长上，行家礼。

4. 两拜礼：展臂，至面部前拢手。躬身 45度。手臂随腰部动，头不动。用于向长上行大礼。

5. 叩首礼：只用于特定大礼，如敬天敬地敬祖先，特定场合敬先师敬父母辈等，结婚时夫妻对拜。不可以随便行此礼。

6. 鞠躬礼：垂手，躬身。鞠躬幅度可大可小，越下越敬。颔首、躬身。长者用于还礼。

7. 执手礼：双手平伸并出，晚辈手心向下，长辈手心向上，长辈握住晚辈的手。长辈可以坐着，执晚辈之手。

8. 抱拳礼：一般为习武之人所用的见面礼。

（资料来源：《古代礼仪的手势》，百度知道，2022年3月30日）

（5）称谓

与人说话，要从称谓开始。称谓表示对方与自己的亲属关系、辈分关系、事业关系等。称谓一定要得当，不能叫错。传统称谓对于今天的人来说复杂而深邃，需要很长时间的学习和积累，我们先来了解一些今天仍然通用的主要传统称谓用语。

中国是礼仪之邦，这一点在称谓上表现得尤为突出，即：敬称人，谦称己。人们在对话时喜欢“尊人而卑己”，用谦称来称呼自己以及与自己相关的，用敬称来称呼对方以及与对方有关的，以表现自己的谦逊和对对方的恭敬。比如，称呼对方的孩子为“令郎、令爱”，而对人称呼自己的孩子则是“犬子、小女”。当然，谦称是一种谦卑的说法，并没有糟践自己和家人的意思。“犬子”并非真把自己的孩子当成犬，而是谦称自己的孩子如同犬子一样不堪教育。

在人前称呼自己时要谦虚。今天自称“我”就是“我”，古时的“我”却有很多，“余、吾、予、朕、台、卬”都是“我”，但是对长辈或平辈说话时，不能用这些第一人称来称呼自己，而要使用谦称。例如：用“不聪明”“不贤能”的自称以示谦虚，如“鄙人、散人、小人、愚兄、愚弟”等。用辈分高低来谦称自己，如“老粗、老朽、老脸、老身、小弟、小侄”等。用地位卑下来谦称自己，如“臣、妾、奴、仆、在下、小可”等。司马迁在他的《报任安书》中自称“仆”“牛马走”，仆就是奴仆的意思，日本人至今还用“仆”作为对自己的谦称；“牛马走”，意思是像牛马一样供驱使奔走的人。用自己的身份加职务来称呼自己，有时还前缀谦辞“卑、小、贫”等，如读书人或文人自谦用“弟子、学生、小生、晚生、不才、不肖”等，官吏自谦用“下官、小官、卑吏、卑职”等，和尚自谦用“贫僧”等。

今天也是如此，我们称呼自己时不可以用先生、小姐，也不可以用职务或其他头衔。“您好！我是王先生。”“我是李小姐。”“我是赵局长。”“我是张董事长。”这样的称呼会显得自己自大、无知，缺乏文化修养。正确称呼自己的方法是，面对长辈或亲朋好友时，可以用自己的名字或小名自称。向不熟悉的人进行自我介绍时，要用全名自称，也可以用姓自称，如“我姓李”。介绍自己职务或身份时，当然已不能像“贫僧、卑职”那样称呼自己为“贫科”“卑局”，可以说“我叫某某，是某公司的负责人”，这样既大方又不失身份。

谦称已还表现在，在人前说到和自己有关的人物、事情或物品时，也要使用谦虚的说法。称呼自己的亲友：称自己的父亲为家父、家严或家君；称自己的母亲为家母或家慈；称自己的兄和姐为家兄、家姐；称自己的弟与妹为舍弟、舍妹；称自己的妻子为内人、内子、贱内、拙荆、山荆；称自己的丈夫为外子；称自己的儿子为犬子、豚子、犬儿、贱息、小子；称自己的女儿为小女；称自己的朋友为敝友等。称呼自己的物品或与自己相关的事物时多用小、拙、敞、鄙等谦辞。如，谦称自己的家为寒舍；谦称自己的店铺为小店；谦称自己的文字或书画为拙笔；谦称自己的文章为拙著、拙作；谦称自己的见解为拙见、鄙见；谦称自己的姓为敝姓；谦称自己所在的学校为敝校；官吏称自己所供职为待罪；请他人吃饭要说“略具菲酌”“粗茶淡饭”；称自己给别人的东西则用菲、芹、寸、薄等谦辞，如“菲仪”“薄酒一杯”“聊表寸心”“聊表芹献”等，谦虚地说自己的东西微薄、不值钱；希望对方收下礼物，则要说恳请笑纳、敬请哂纳等，意思是让对方见笑了。

敬称往往含有恭维的意思，是用美好的辞令向对方表示敬意。例如“夫人”，本义是专指古代诸侯的配偶，后来称呼一般人的配偶也为夫人，就是为了表示尊敬。称呼别人要用敬称。今天我们称呼对方，只有“你”和“您”二字，在古代，“你”可以是“汝、尔、若、而、乃”等，但是与谦称同理，对长辈和平辈说话时，是不可以直接用这些词的，用敬称才合乎礼节。例如：用“德行佳”“人品好”尊称对方，如“圣、子、夫子、先生”等。用辈分高低来称呼对方，如“父老、父、丈人、母亲、温、老伯”等。称对方的身份和职务时加上“尊、贤、高、仁”等字眼，如“尊父、尊翁、贤侄、贤婿”等。用对方的部下来代称对方，以表示尊敬对方，不敢直接称呼，如“陛下、殿下、阁下、足下”等。称对方的字、号等。古人有名、字和号，在成年以后，名只供长辈和自己称呼，自称其名表示谦逊，是谦辞，而字和号才是让社会之人称呼的。因为名是父母所取，不称名是为了表达对父母的尊敬。即使是在超级愤怒的时候，也不会对人“直呼其名”。比如三国时的马超，出身将门，修养极好，他给刘备上书时说“臣门宗二百余口，为孟德所诛略尽”（《三国志》），曹操杀了他家二百多口，他提到曹操时还称他为孟德，这就是有礼教的表现，是骨子里的一种君子修养。直呼其名、指名道姓，表达不尊敬甚至蔑视对方的意思，即使在今天也是要避讳的。在单位，相信没有谁敢对上司“指名道姓”，就算对同事，叫全名也不如叫名字或昵称显得亲切。在家中，谁也不能对父母师长直接叫名字，有时候父母对孩子也是如此。曾经有网友发起过一个小调查：“小时候父母要教训我们的前奏是什么？”有网友回答：“叫我们全名。”这个回答一下子引起大家的共鸣，想想还真是如此呢。

说到与对方有关的行为、人物、事情或物品时，也要使用敬辞。称呼对方的亲友：称对方的父亲为令尊，母亲为令堂，妻子为令正、尊夫人，儿子为令郎，女儿为令爱。称人父子为乔梓，称人兄弟为昆玉，称对方的学生为高足。称呼与对方相关的事物、物品或行为时多用“尊、贵”等敬辞。如，敬称别人的姓、名和字为贵姓、大名、尊讳、尊字等；敬称别人年龄为贵庚、尊庚、春秋、芳龄、高寿等；敬称别人的来信为大函、惠示、大教；敬称别人的诗文为华章、瑶章；敬称别人的住处为尊府、湿府、尊寓、华居等；敬称别人的身体为玉体、龙体等；敬称别人的亲属去世为驾鹤、仙逝、仙游等。

这样的谦辞和敬辞不胜枚举，无不体现着我们中华民族谦和待人的美德。但一定要注意的是，敬称和谦称不能混用，否则就与礼相悖了。例如，不能对外人称自己的父亲为令尊大人，不能对别人称自己的妻子为夫人，也不能出现“你家母”“我令尊”这样的称呼，别人谦称自己儿子说“犬子如何如何”，你不能顺着说“你家犬子……”诸如此类，既贻笑大方，又易引发矛盾。

如今，我们学习传统敬称谦称，并不是为了单纯地依样使用这些词汇，更重要的是领会其中的精神内涵，懂得“敬称人、谦称已”的意义所在。尽管社会习惯发生诸多改变，但社会交往中对人对己的称谓依旧是需要人们好好斟酌的事情，称呼是否得体，往往决定着他人对你的第一印象如何。

正式场合中对人称呼要恰当。在正式场合，可以按对方的职务以姓相称，如“王教授”“张主任”等。不要随便用自创的绰号称呼同事，即使关系很近也不宜用，有失庄重。在对称呼有特定习惯的单位，应按照惯例称呼别人，比如在一些外企中彼此直呼其名。在非正式场合，也不可以随意称呼别人。比如，对女服务员称“小姐”，就会被视为侮辱和调戏，今天“小姐”“同志”这些称谓由于一些众所周知的原因，也不能随便用了。称呼别人前，应先了解当地习惯，考虑自己与对方的关系。在公共场合称呼陌生人，应根据对方的年龄和性别进行称呼。

和任何人说话都要使用适当的称呼，无论熟人还是陌生人，不用称呼都是不礼貌的。如果不使用称呼，只是用眼神、动作来告诉别人你是在叫他，有涵养的人会认为你是不好意思而不和你计较，自尊心或虚荣心强的人则会认为你轻视他而明里暗里地责怪你。想向陌生人求助，你突兀地靠近直接说话，对方会被吓一跳，接着为你的莽撞而不悦，从而不愿意提供帮助。

【国学故事】

礼貌待人

从前有一个士兵骑马赶路，行至黄昏，发现前不着村后不着店，正在着急时，突然看见一位老汉，便在马上高声喊道："喂！喂！这里离客店有多远？"老人回答："五里！"年轻人策马飞奔，一口气跑了十多里，还是不见人烟，他认为老人欺骗了他，自言自语道："五里五里，什么五里。"突然，他恍然大悟，原来老人是说他无礼。于是，他掉转马头，找到那位老人，下马亲切地叫了声："老人家……"老人没等他说完就告诉他："客店已走过头，如不嫌弃，可到我家一住。"称呼之重要性可见一斑。

称呼没有几个字，不费时也不费力，但不能不费点心思，因它包含了一个人对另一个人身份的肯定和最起码的尊重，所以称呼之礼不可忽视。

第三节　公共生活，今日之礼

公共礼仪体现社会公德。它不仅是一座城市的名片，更是每一位市民应该遵循的行为方式。在公共场所，和谐友好地与他人相处，彼此礼让、包容、理解、互助，是做人的根本。在社会交往中，良好的公共礼仪可以使人与人之间的交往更加和谐，使人们的生活环境更加美好。近代以来，不少学者曾经撰文指出，中国人缺乏公德心。林语堂认为，中国人缺乏公共精神，儒家学说强调五伦，却忽略了对陌生人的社会义务。林语堂甚至认为，中国人对待朋友及熟悉的人并非无礼貌，但超出了这个界限，则会对其旁人采取积极的敌意的行动；如果他是公共汽车的同车乘客或者是戏院买票间附近的客人，彼此的争先恐后，不让于世界大战时火线上相遇的勇猛。林语堂的笔锋犀利但也失之偏颇，传统文化虽然强调五伦，但是对待陌生人还是遵循宾主交接之道来行事，我们对待陌生人也是采取友善的态度而非敌意的态度。缺乏秩序的行为虽然存在，但也是因为从传统跨越到现代的历程中，人们还不能及时适应。我们应该从传统文化当中挖掘出礼学依据，来解决现代社会中公共道德缺失的问题。

1. 通信之礼

（1）书信

相对于聚餐会友、迎来送往方面的礼节，书信之礼可谓是不见面的礼节，在日常生活中，人们由于种种原因不能见面，只能将各种情感诉诸笔墨，托诸邮驿。因为不见面，古时又没有手机、网络等通信方式，书信文字就成为人们生活中最为普通的一种沟通方式。我们先来看看，古人如何写信。

古人凡事讲究“自谦而敬人”的原则，书信之礼自然也不例外。从抬头到结尾，无不体现出一种温文尔雅、彬彬有礼的君子风范，揖让进退之态都在字里行间游走，甚至比见面更显得别有情趣，从而渐渐形成了独特的富于中华魅力的书信文化。我国的书信文化经过历代的传承和发展，渐渐形成了大家广泛认同的书信格式，简单来说，一封通常意义上的书信，至少要包含以下内容：称谓语、提称语、思慕语、正文、祝愿语、署名。小小书信礼节多，写给不同的人，这些内容也要区别使用，弄错了不仅贻笑大方，还会失礼于人。

提称语：在称呼之后，一般要缀以相对应的词语来表达敬意。例如称父母的“膝下、膝前”，称师长的“函丈、坛席”，称平辈的“足下、台鉴”，称晚辈的“如晤、如面”，称女性的“慧鉴、芳鉴”等，都是常用提称语。给父母写信，“膝下”一词用得最多，据说源自《孝经》中“故亲生之膝下，以养父母日严”一句，是说人幼年时，时时依于父母膝旁，后来转为对父母的尊称。

思慕语：写书信除了说事之外，还要沟通情感，所以在提称语之后不能直接进入正文，要用简练的文句表达自己的思念或仰慕之情。有的从天气情况说起，比如“仲春渐暄，离心抱恨”“朔风突起，寓中安否”等；还有的从思念切入，比如“别后月余，殊深驰系”“自违芳仪，荏苒数月”等。

正文：这部分要注意书写格式，首行要顶格，在提及父母长辈时，书写方式有一定变化，以示尊敬。通常格式有“平抬”“挪抬”等。

祝愿语和署名：两人见面即将分别之时，要互道珍重，这一礼节表现在书信中，就是祝愿语和署名启禀词。比如用于父母的“恭请福安、叩请金安”等，用于师长的“敬请教安、敬颂诲安”等，用于平辈的“即问近安、敬祝春祺”等。祝愿词中，禔、祉、祺等都是福的同义词，绥是平安的意思。明白这些就可以视需要选择、搭配使用，但要注意对方的身份，有些祝愿词是不能乱用的。

信封用语：信封的书写也有很多讲究，书写收信人的称谓也一定要用尊称，之后使用“俯启”“赐启”等谦辞用语，表示谦虚地请求对方开启信封，千万不要用“敬启”“拜读”这样的敬辞用语。

今天我们的书信用语中，还保留着许多传统书信的用语。比如在信封上，寄件人名字后面写的“缄”字。最初的信札是写在树片、竹简上的，为了防止别人偷看，就用木板覆盖在上面，然后用绳子捆好打结，这就是“缄”。所以今天信封上写的“某某缄”，即意指信已封好。今天常用的“请柬”“信笺”“信札”等词，都来自古代对书信的别称，比如简、牍、柬、素、笺、函、札、八行书等，指的都是信。鸿雁传书、双鱼寄情、尺素表心等美丽的词语都和书信有关。

在今天这个网络、电话、传真神速的时代，人们似乎很少提笔写信。其实我们生活中还是有很多地方需要写信，一封情真意切的家书会给家人无比的温暖，一封诚挚恳切的道歉信能让朋友冰释前嫌，一封措辞严谨的求职信则能让你找到一份好工作。网上购物时，有些卖家随物品附上一纸亲笔信，面对这样的诚意，作为买家的“亲”又怎么好意思不给好评呢？不管是写给什么样的人，一封亲自动手书写的信件，总能让收信人体会到别样的感动，产生一种“见字如见面”的亲切感。即使是用电脑写电子邮件，与传统书信的结构、敬语、称呼等也是一样的，也不可随意乱写。书信如此重要，书仪当然不应被忽略，能够掌握些书信的礼仪，熟练使用书信的格式、用语，写出来的信自然显得高雅、生动，给人一种美的享受。

现代书信礼仪需要注意这样几点：

不用红笔、铅笔和圆珠笔写信。红笔写信通常表示绝交；铅笔、圆珠笔写信显得不庄重，有不尊重对方之嫌。

字迹工整，书写规范。这是写信最基本的要求。除了彼此约定，正式场合写信最好不用草书书写，像大夫写病历一样，写成的“天书”大概没几人能看懂。整齐规范的钢笔字，会为你的书信增色不少。

篇幅简洁，行文流畅。信的篇幅不宜过短或过长。如果一页纸好像电报一样，只有两三句话，看上去就有应付敷衍之嫌。过长也不适合，所谓"笺牒简要，顾答审详"（《千字文》），写信内容要重点突出，不要开篇好几页，正事还没说。另外，写信不是写诗，分行分段不宜过多，字数不宜过少，整页信应看上去和谐悦目。

写信要分清类别，不同的收信方宜用不同的书仪。书信大体上可分为私人和事务两种。私人书信对象包括家人、亲友、恋人、师生、同事、同学等，内容多为日常交往。语言可以口语化，不拘一格，畅所欲言。事务信件包括邀请信、慰问信、求职信、介绍信等，其对象是公司、企业、团体、机关等，主要用于谈公事、谈业务、表示礼仪等。通常要求措辞严谨而明确，逻辑性强，行文简洁，多使用书面语且形式严格。一般要求篇幅短小，语言规范。另外，如果收信人是国外华商或港澳台同胞，用语要注意符合当地汉语书信的表达习惯。

现代书信也有固定的书写格式，通常包括开头、正文、结尾、落款、日期五个部分。

开头包括敬语、称呼和启词。敬语和称呼写在信纸的第一行顶格，通常形式为敬语加称呼，称呼后加冒号。如"尊敬的老师："“亲爱的妈妈："等，还可加上提称语，如"尊敬的某某先生台鉴"等。启词可写问候语，如"您好""见信好"等，写在称呼的下一行，空两格。对于公务信函，启词还可用"兹为、兹因、兹介绍、兹定于"，"顷闻、顷悉、顷获"，"欣闻、欣逢、值此"以及"据了解、据报、据查实"等一系列公文用语，以提领全文。

正文可接在问候语后面写，也可另起一行空两格写。这一部分是信的主要内容，无论是交代事情还是询问情况，或是表达思念，都要写得清楚明白。正文也是最能发挥写信人文采和感情的部分，但如果是写公务信件，就不要过于随便发挥，也不能同时写多件事，而应该一事一信。

结尾是正文结束的标志，通常以表示祝愿、勉励或敬意的祝颂语做结尾。私人关系可写"祝你健康""祝你愉快""工作顺利"等，公务关系可写"诚祝生意兴隆""万事如意"等。之后，通常在正文下一行空两格写上"此致""敬礼"等字样。也可用谦辞敬语来宣告正文的结束，如"纸短情长，不胜依依""临书仓促，不尽欲言""匆此草就，祈恕不恭"等。

落款部分写上自己的姓名。私人信件可根据双方关系写上你的姓名或昵称，公务信件就要完整地写出所在单位的部门和自己的姓名，如"某公司某部某某"，署名后可写上"谨上、谨呈"等具名语，以示尊重。

日期写在落款下面，除了年月日，还可写上写信地点，有时候私人信件的日期写得很详细，让人能感受到写信人的细心，如"2016年1月1日下午6时于某某寓所"等。此外，如果信已经写完，发现还有话要说，可以在信的后面写上"又及""另""附言”等，然后补充遗漏的内容。

书写信封时要注意，信封上应依次写上收信人的邮政编码、地址、姓名及寄信人的地址、姓名和邮政编码。收信人的姓名应写在信封的中间，字号要略大一些。信封上收信人姓名后的称呼不同于信中的称谓，它不是发信人对收信人的称呼，而是邮递员（送信人）对收信人的称呼，应以收信人的社会职位而定，不应在收信人名字之后加上私人关系称谓，如“某某姐姐收”“某某大爷启”等，都是错误的写法。喜欢传统书信格式的人，还可以在信封上写“某某先生将命”“某某先生将命考”“某某先生茶童收”“某某先生书童收”等，意思都是表示不敢让对方直接收信，而只能将信交给手下人代为转达。这是一种自谦，写信人明知收信人没有将命者、茶童、书童之类的助手，仍要如此书写，一来是为了表示敬意，二来也可以为书信增添一些雅趣。

书信体现着一个人的文化素质和个人涵养。一封字迹工整、措辞得当、格式完整、行文流畅的书信，可以完美地展现出书信人的文学修养和优雅气质，让人读来赏心悦目、怦然心动。一个把信写得乱糟糟的人就不会给他人留下这种好印象。见信如见面，见字如见人，书信像是我们举手投足的缩影，又像是代为沟通彼此感情的使者，怎能随意待之呢？

（2）电话

信息社会，电话是我们日常生活与工作中必不可少的通信工具，几乎每个人每天都要接打电话，看上去是平常小事，可其中也有许多容易忽视的礼仪。

打电话时间的选择，应以对方为中心。我们大概都有这样一种体会，有时深更半夜或者天还未亮时，电话铃声大作，迷迷糊糊中接起电话，以为对方出了什么事，结果并不是，挂断电话仍觉惊魂未定，心下不免生厌。所谓“己所不欲，勿施于人”，我们在给他人特别是不相熟的人打电话时，要尽量选择别人方便的时间，一般情况下，上午8点之前（节假日9点之前）、晚上10点以后不宜打电话，以免干扰对方或家人的睡眠；三餐时间也不适合打电话，免得打扰对方的就餐心情；许多人有午睡的习惯，不是事关紧急，不要在中午打电话。尽量不要打扰别人周末和节假日的休息时间。如果是越洋电话，要计算好时差。

除了遵循通用的时间规则，我们还要考虑对方的工作性质和个人习惯，从而更好地推测和判断对方方便的时间。当对方接起电话时，应先询问对方：“请问您现在方便接听吗？”如果感觉对方很忙，应主动告诉对方：“打扰了，等您方便时我再打吧。”

注意语调和声音。通话时，只闻其声不见其人，彼此的印象和感觉全凭说话的内容和声调。无论是打电话还是接电话，声音应当清晰而柔和，语调应亲切自然、平稳柔和，不要装腔作势，娇声嗲气，更不要嘴里吃着东西讲话。一定要微笑着说话，虽然对方看不见，却能听得出。卡耐基（Dale Carnegie）说过，“用电话做生意时，也不能忘记微笑”，微笑能顺着电话线把你的愉快情绪和积极态度传达给对方，美化你的电话形象，使你的声音听起来更为友好热情，如同面对面谈话一样。

用语礼貌，长话短说。打电话时要使用礼貌、规范、谦恭的语言，要符合自己的身份和特点，要正确使用“您好”“请”“谢谢”等礼貌用语。吐字清晰，语速适中，句子要简短而准确，不重复啰唆，不东拉西扯。应遵循“通话三分钟”原则，时间尽量控制在3分钟以内，最长不要超过5分钟。打电话时，嘴部与话筒之间应保持3厘米左右的距离，这样对方才能听得最清晰。

通话过程中，要保持良好的耐心。接听电话要学会站在对方的角度倾听与理解，这样才能促进有效沟通。要耐心地听对方把话说完，不要抢话。通话期间可以通过提问来探究对方的需求与问题。如果对方不够礼貌，我们要防止被对方的不良情绪污染。如果你带着恶劣的情绪与人通话，会让对方心里很不舒服。一个具有良好电话沟通能力的人，应该在任何情况下都能让对方如沐春风。

通话时应不卑不亢，对领导和地位高的人不必谄媚，对普通人不要倨傲怠慢。不推诿责任，不低声下气，不趾高气扬。要以平常心和平等心对待每一个通话者，“看人下菜单”会给人留下趋炎附势、欺软怕硬的印象。

给不太熟的人打电话时，应主动自报家门，说明自己是谁、找谁、有什么事。如果你不说自己的姓名和意图，反而先问对方“你是准”，就会惹对方不快。如果电话是由对方总机接转，或由别人代接，要使用“您好”“烦劳”“请”之类的礼貌用语。

接电话一般控制在响铃三声之内接听，否则会被认为失礼。但第一声响时不要急着接起，这样容易掉线，或吓着对方。电话在第三声铃响之前接听，会让打电话的人觉得你很重视他的时间，不希望让人久等。也许你手边正在忙其他事情，但打电话的人并不知道你在忙什么，只会觉得电话没人接听。迅速接听电话可以为你在别人心目中的形象加分。如果接听得有些晚，拿起电话应当首先说：“对不起，让您久等了。”及时向对方表达歉意。

代接电话也要有礼貌。当对方要找的人不在时，未经允许，不要自作主张告诉对方他要找的人去了哪里、手机号等详细个人信息，可以先告知对方“他不在”，再问“您有什么事需要转达”，顺序不要颠倒，以免让对方怀疑受话人故意不接电话。对方请你代为传话时，应做好相关记录，如姓名、时间、地点、事由等细节信息，都要准确详细，并在挂断电话前对来电要点进行复述，避免误事。

感情再深，也不可能不放下电话。那么，应该由谁先放下呢？通常是由打电话的一方先挂机。与上级或长辈通电话时，应由对方先挂断。在通话结束前，如果你有事要处理，不方便长谈，应向对方致歉并告知对方：“不好意思，我有事要处理，等我处理好，再给你打电话。”免得让对方觉得受到冷落和慢待。通话结束时应轻轻放下听筒，不要用力过猛，“咔嚓”一声挂断电话，这是不礼貌、不文明的。

（3）网络

随着互联网的普及，网络已经进入千家万户的生活，丰富多彩的网络世界为人们获得更多资讯提供了前所未有的便利条件。但网络是把双刃剑，既有有益于人们生活的一面，也有消极影响的一面。良好的网络环境是靠全体网民共同维护的，每个人都是互联网文化的推动者和影响者。网络的传播面之广、影响力之大，是别的渠道无法比拟的，我们在网络世界里的一举一动都随时可能诞生新的网络语言，促成新的网络红人，也随时可能引发网上骂战或网络事件，对自己和他人造成伤害。

健康上网，不沉迷网络。网络游戏被现代人称为“电子海洛因”，不少上瘾者沉迷其中不能自拔，严重影响身体和心理健康。某大学生在网吧连续玩了十几个小时的游戏后，一出门突感头疼，继而昏迷，呼吸停止，医院诊断为“脑死亡”。这样的事例太多，已算不上新闻。长期坐在电脑前沉迷于网络，会导致一系列的疾病，如心血管疾病、神经衰弱、眼疾、头疼、焦虑、忧郁等，严重的会导致死亡，还会造成“网络上瘾”“网络孤独”等网络性心理疾病，年轻人是多发群体。他们对除了电脑网络以外的任何事物都毫无兴趣，极力逃避现实，将网络世界当成现实生活，脱离时代，封闭自己与外界的沟通，从而表现出孤独不安、情绪低落、思维迟钝、自我评价降低等症状，更严重的会发展到对自己或他人的肢体进行攻击或摧残。所以，网络生活一定要注意保持良好的习惯，健康上网。比如，利用业余时间上网，上网时间每天控制在两个小时以内，不深更半夜上网，不打破正常的饮食与生活习惯。上网要有明确的目的，有选择地浏览自己所需要的内容，不要漫无目的。上网过程中应保持平稳的心态，消除猎奇心理，不宜过分投入。不依赖网络聊天，不痴迷网络爱情。不为了打发时间而泡在网上，其实生活中打发时间的方式很多，比如和朋友聊天、打球、看书等都是很不错的休闲方式。

注意网络安全。一方面，我们要洁身自好，杜绝网络犯罪。不浏览非法网站，不利用虚假身份进行恶意交友、聊天，不进行传播病毒、黑客入侵、网络诈骗等行为。同时，我们还要注意保护自己在网络世界的安全。在网络上行骗的人比比皆是，骗子总会披着美丽的外衣。如果有任何文章或广告看起来太过于美好，甚至令你开始怀疑真实性，那就要小心了，通常这些都是假的。面对网络上五花八门的诈骗手段，我们除了需要擦亮慧眼，还要提高自己的防骗意识和能力。远离网络犯罪分子，要注意远离色情、赌博、非法分享等网站，避免访问那些看起来可疑或不三不四的网站，这些网站通常都是恶意软件的来源。不要在网络上过度分享你的个人信息。你不会知道有谁正在窥视着你的隐私，想要窃取你的数据、金钱，甚至你的身份。如果不够小心谨慎，那你在网上说过或做过的事情就有可能被用来危害你。在社交网站上告诉大家你的每一个行踪，这是一种非常危险的行为。此外，在网络上分享个人琐事要时刻保持清醒，最好时不时地问问自己，这些分享出去的内容会不会影响到自己的声誉，甚至对自身安全或周围的人构成威胁。

上网要注意约束自己的行为。在日常工作和生活中，大多数人都会自觉遵纪守法、文明有礼，但不少人在网络世界就会肆意发泄，言行毫无顾忌，表现出无底线的粗俗、残暴、猥琐，成为丧失道德规范的、“闲居为不善，无所不至”的“小人”。这些人普遍有这样一种心理：我躲在电脑后面，鼠标是我的，键盘是我的，我想干什么都没关系，反正只有“天知地知我知”。其实，我们不应因为看不到别人，就忽视了别人的存在。每台电脑前都有一个真实的人，你说出的每一句不负责任的话，都可能对网络另一端的别人造成伤害。因此，在网络上发表言论、进行讨论时，要注意文明用语，一些不尊重别人的言语很有可能就是结束讨论开启谩骂的发端，网络礼仪就会在这一瞬间消失殆尽，每个人都变成了强词夺理的怪兽，说到最后已经不知道最开始在讨论什么了。在网络中要学会就事论事，在一种认真、执着、良性的环境中开启“知书识礼”的网络讨论。要尊重与自己意见不一致的发言者，不妄加揣测别人的动机、背景、经历。如果自己错了，立刻修正自己的言论。不以一个或数个问题上的分歧给别人贴标签，下定义。不过度使用流行而不贴切的词汇。不站在道德的制高点上评判别人。不扭曲、妄造别人言论观点，不故意引导旁观者对争议双方的心理感受。

维护良好的网络环境，还应注意尊重他人，不要“出口成脏”。看到不想看的内容，不要张嘴骂脏话，要为自己的言论负责，不信谣，不传谣，不浏览、不传播低俗内容。谣言一张嘴，辟谣跑断腿。不确定事情的真伪，就不要盲目转发和分享，伤害到他人要及时道歉。不做伸手党，能自己解决的问题尽量自己解决，尊重网友的智慧与劳动，在索取网络资源的同时，也要积极为他人献策献力。

总之，在网络世界里要保持慎独，就算网络另一端的人不知道我们是何人，依旧要保持自身语言及行为上的风度与克制，这就是一种网络修养。上网时、工作时、独处时我们都要一样地约束自己，“诚于中，形于外”，网上网下的行为始终保持一致，在现实生活中怎么做，在网上也要怎么做，甚至做得更好。生活中说话讲礼仪，网上也应如此，如果一句话你当着对方的面说不出口，那么在网上也不要说，现实生活中有多文明，请在网上继续保持吧。

【现代故事】

网络用语

小张是一个非常喜欢使用网络的年轻人。一天，他在社交媒体上看到了一个很感兴趣的话题，便开始在评论区发表自己的看法。他发了很长一段话，表达了自己的观点，并引用了某些来源来支持它。发出之后，他觉得自己的论述非常完整，并且很期待其他人的回应。

然而，他发现他的评论被删除了。这让他非常生气和困惑，他觉得自己并没有违反任何规则。后来，他看到了管理员的留言，原来是因为他的评论中包含了一些不礼貌的言语，所以被删除了。

小张感到非常惊讶和懊悔。他意识到他的言语过于激烈，可能会引起不必要的争端。从那以后，他更加注意在网络上的言行，并始终遵循网络礼仪。

这个故事告诉我们，尽管在网络上我们可以畅所欲言，但是也需要注意自己的言行，避免使用不适当的言语，并尊重他人的观点和言论。这样，我们才能建立起和谐、友好的网络环境。

2. 公共生活之礼

每个人每天几乎都要出门，出门就要融入大众里，一举手一投足，你是彬彬有礼、温文尔雅，还是举止粗俗、自私自利，尽在众目睽睽之下，一览无余。所以出门在外，不能像在家里一样随便，公共场所应当时刻注意自己的礼仪是否合乎大众要求。《论语·颜渊》中有这样一段话，子曰："出门如见大宾，使民如承大祭。己所不欲，勿施于人。在邦无怨，在家无怨。"意思是出门与人见面，要像接见贵宾一样充满敬意，役使民力要像承担大祭一样心怀诚意。凡是自己不愿意不喜欢的，就绝不加诸他人。这样你无论在外还是在家，都能与人和睦相处。时移世易，今天我们学习古代礼仪的目的，不是为了按照古人的做法一成不变地生搬硬套，我们要学习的是其中的观念与思想精华，"出门如见大宾""己所不欲，勿施于人"，其中蕴含的对人对众这种恭敬真诚和处处为他人着想的心，今天的我们尤为需要。出门对众，我们应怀有一颗包容天地万物的仁爱之心，把对父母、对亲人的爱，推及共同生活在这天地之间的全人类乃至自然万物，从而去关爱众人、关爱社会、关爱整个世界。这就是《弟子规·泛爱众》篇起首即说到的："凡是人，皆须爱。天同覆，地同载。"

我们在社会上立身处世，要面对各个群体形形色色的面孔，同各种各样的人打交道，有没有一个法则是可以通行的呢？孔子的学生子贡，有一天也提出了同样的问题："有没有我们终身可以奉行的一句话呢？"孔子回答说："那就是'恕'吧，己所不欲，勿施于人。"《弟子规》对这句话做了补充说明："将加人，先问己。己不欲，即速已。"我们对人说话、做事之前，都要先问一问自己，如果是自己都不愿意不喜欢的事，就快快停下，不要强加给别人。

可见，"己所不欲，勿施于人"，是一种"恕"的精神，一种设身处地、推己及人的待人原则，它让我们学会宽容。宽容就是对己严，而待人宽，类似于今天心理学当中的"同理心"之意。同理心的重要原则就是要站在对方的角度去理解问题，将心比心，这样你就知道对方为什么会那么想，从而更能理解对方的做法，减少误会和冲突。今天更多时候，"己所不欲，勿施于人"却成了一些人要求别人、指责别人的砝码，每当对别人的一些做法不满意时就会说出这八个字，像是给人扣了顶道德大帽子，让人无言以对。

有包容万物之心，自然而然就会善待他人。自古以来，心存仁爱，与人为善一直是我们的传统美德。“与肩挑贸易，毋占便宜；见贫苦亲邻，须加温恤。”（《朱子家训》）“心要慈悲，事要方便，残忍刻薄，惹人恨怨。手下奴仆，从容调理，他若有才，不服侍你。”（《小儿语》）都是教人要心存善良，善待他人。孔子家中的马棚失了火，管家急急忙忙跑去报告孔子，心中暗暗地想：“这可怎么好，马匹烧了可是一大损失啊。”没想到，孔子得知后却只焦急地问：“人伤到没有？赶快先救人。”孔子“问人不问马”，正是他爱众人的体现。汉朝的刘宽也是如此。刘宽是东汉时期的宗室兼重臣，据《后汉书》记载，刘宽性情温和善良，从未发脾气，他的夫人为了试探他的度量，就想办法激怒他。有一天早上，正当刘宽穿戴整齐准备入朝时，夫人命侍女端早餐给他，故意将肉羹翻倒，弄脏刘宽的朝服，而刘宽神色不变，仍旧和颜悦色地对侍女说：“没事，烫到你的手了吗？”还有一次，家中来了客人，刘宽叫仆人出去买酒，过了多时，仆人却大醉而归，客人非常生气，骂仆人为畜生。仆人走后，刘宽叫左右的人去看他，并且对人说：“奴仆也是人，骂他是畜生，这是最侮辱人的话，我担心他受了侮辱想不开，所以叫人去看看他。”刘宽温和到这种程度，使得天下的人都尊称他为宽厚的长者。

《礼记·曲礼上》说：“夫礼者，自卑而尊人。虽负贩者，必有尊也，而况富贵乎？富贵而知好礼，则不骄不淫；贫贱而知好礼，则志不慑。”礼的本质，是要我们谦卑而尊重别人，即使是小商小贩，也一定有值得尊敬的地方，何况是富贵的人呢？富贵而又懂得礼，就不会骄奢淫逸；贫贱却又懂得礼，就不会志怯心疑。今天我们对上司、对领导、对家人、对尊长、对有利于我们的人都懂得要以礼相待，但对陌生人，对需要帮助的人，对那些在大众眼中过得不如我们的人，却未必能做到。其实，真正有修养的人，在社会生活中懂得尊重每一个人，善待每一个人。不论对方地位高低，我们都应该怀着谦卑之心，以礼相待。待人粗鲁无礼，只能说明自己缺少修养。有句话说得很有道理，看一个人的修养，最直接的方式就是看他对服务人员的态度。

网络上有个视频，北京大暴雨，到处被淹，一个外卖小哥因为送餐晚了，被一个男客户开门指着鼻子辱骂了很久，骂得很难听，外卖小哥一直在低头说对不起，对方还是不肯罢休，骂过瘾后才摔门而入。最后外卖小哥离开的背影让人心酸。这样的事情，全国各地几乎每天都在发生着。为什么他们敢这样拿服务人员撒气呢？为什么这些服务人员都不反抗？因为他们身为服务行业从业人员，不允许跟顾客有冲突，更不允许打顾客。有句话叫“顾客是上帝”，这本来是服务行业对自己的要求，是自谦自律的话，很多顾客却把这句话当成欺负服务人员的许可证，既然我是上帝，我骂你、打你、羞辱你，你都得受着。这样的人，想当上帝之前，应该先学会如何做人。

我们花钱消费，买的是服务，而不是服务人员的人格，并不能说明我们就高人一等，服务人员就低人一等。服务行业为我们的生活提供了太多的帮助，理应受到全社会的尊重，而不是歧视。很多时候，我们欠服务人员一个尊重、一声谢谢、一个微笑。比如公司的保洁人员、送快递的服务人员、列车上的工作人员等，不要觉得我们的态度对他们是无所谓的，很多时候一个笑脸、一声问候、一句感谢，可能是支撑他们一天工作的动力，是他们一天辛苦中唯一可见的阳光。

除了这些，在社会生活中，我们还可以做一些体贴别人的顺手之举。比如，在外面用餐结束时，顺手收拾一下碗筷，用纸巾把桌面稍擦一下，以方便服务人员收拾。开会结束时，顺手把桌面清理干净，把椅子摆放好，以方便保洁人员收拾。扔垃圾时，把一些带刺的东西，如榴梿皮、图钉、碎玻璃等都包起来，防止环卫工人伤到手。开车的时候，不往车窗外扔烟头、纸巾、果皮等任何东西，尊重环卫工人的劳动。像这样的小举动，对我们来说真的是稍加注意就可以做到的举手之劳，对于他们来说却是难得的体贴。

在社会生活中，我们还要懂得感谢他人。俗话说，“受人点滴之恩，当涌泉相报”，我国历史上有不少这样的典故，比如成语“一饭千金”说的就是韩信知恩图报的故事。

【国学故事】

一饭千金

韩信少年时父母双亡，日子过得很艰难，常常没地方吃饭，只好到城下淮水边钓鱼，钓到了可以卖几个钱，钓不到就饿肚子。淮水边上有一群漂洗棉絮的老大娘，各自带着饭篮在这里干活。其中一个大娘见韩信饿得有气无力，就把自己的饭分给他吃，一连很多天都这样。韩信非常感激，对大娘说：“我将来一定要好好报答你。”大娘却生气地说：“我是看你可怜才送饭给你吃，哪图什么报答！”韩信后来追随刘邦，建功立业，与张良、萧何合称“汉兴三杰”。他设法找到了当年那位大娘，送给她一千两黄金作为报答。

（资料来源：“一饭千金”，百度百科，2023年2月15日）

当我们身处谷底需要帮助的时候，有人拉我们一把，一定要找机会向他表达感谢。诚恳而主动地说一声“谢谢你”，绝不是见外的表现，而是真诚地告诉对方：有你真好，你的帮助对我来说很重要，谢谢你对我的好。这会给对方带来意料不到的快乐，能让对方真切地感受到你的感激和尊重。如果对方给了你很大的帮助，你连声“谢谢”也没有，就从此消失在茫茫人海中，会让对方怎么想呢？说声“谢谢”很容易，但你是否每次都能及时说出来呢？致谢，是懂得感恩的表现，我们往往只记得曾经受过的伤害，却容易忘记曾经接受过的帮助，渐渐把别人对我们的付出都调成了默认状态，把我们享受过的一切照顾都当成是理所当然。懂得感恩，才会让我们内心深处永远保持柔软。在生活中，要记得随时感谢那些帮助过我们的人。学会感恩亦是人生的一门学问。

我们常说公德心，公德心究竟是什么呢？什么行为是有公德，什么行为是无公德呢？社会公德的定义是这样说的："社会公德是全体公民在社会交往和公共生活中必须共同遵循的行为准则，是社会普遍公认的最基本的行为规范。"我们可以这样理解，人群社会是一个相互交织的关系网，世界上没有一件事物可以离开别的事物而单独存在，社会上也没有一个人可以离开其他的人而单独生存。所以，我们必须时时关心大众的利益，竭力去做有益于公众的事情，这就是公德心的体现。不要把私人的利益看得太重，而忘记了我们所依存的社会群体，应该将个人融入社会群众中，为社会群众谋福利，也就是"人人为我，我为人人"。这种时时为他人着想的心，就是公德心。

对天地自然、万物众生皆要有公德心。公德心古已有之，《礼记·月令》就强调"毋变天之道，毋绝地之理，毋乱人之纪"。要顺应四季变化，不能夏用冬令、春用秋令，而要注意天时与地利。例如，孟春之月，"禁止伐木。毋覆巢，毋杀孩虫、胎、夭、飞鸟。毋麑，毋卵"。人与自然是共生的，破坏大自然就是破坏人类的生存条件。因此，人类要顺应自然，注意保护生态环境，与万物共生共荣。春天，万物复苏，各种动植物开始繁衍、生长，这时不要砍伐树木，不要捣毁鸟窝，不要虐杀幼虫、怀孕的动物、刚出生的小兽、嗷嗷待哺的小鸟。

《礼记·曲礼上》有很多礼仪规范，都要求我们说话做事要懂得为他人着想。比如"邻有丧，舂不相；里有殡，不巷歌。适墓不歌，哭日不歌"，意思是说，一个人的言笑举止要注意场合氛围。邻居家有丧事，居家时就不要唱歌助舂；街上有人家出殡，作为街坊就应有悲戚之色。参加丧礼、去墓地这些场合都不应嬉笑唱歌。再比如，"登城不指，城上不呼。将适舍，求毋固"，登城不要用手指画，在城上不要呼叫，以免惊扰他人。外出就宿旅舍，不要像平常在家一样随意。

现代社会，公德的范围很广，涵盖了公共利益、公共秩序、公共安全、公共卫生等领域，主要内容包括文明礼貌、助人为乐、爱护公物、保护环境等方面。举例来说：一、出门对众谦让有礼，懂得使用文明用语，如接受别人帮助后要说"谢谢"；二、到图书馆阅读公用书籍懂得爱护书籍并放回原处，不高声说话，不在图书馆接打电话；三、开车停车时懂得避让，不妨碍交通，不乱鸣笛；四、使用公共游乐设施懂得照顾谦让别人；五、在超市购物不用手触摸裸露食品，不拆开商品包装，看过商品后放回原处；六、在商场试衣服时不弄脏衣服，试完整理好挂回原处；七、住旅店不大肆浪费，不用毛巾、窗帘、床单等擦皮鞋，不穿浴衣在大堂里穿行，不把酒店多余的一次性物品带走；八、在公园里不攀爬雕塑、栏杆等设施，不留"到此一游"字迹，不攀折花草树木，不在公园长椅上躺卧站踩；九、在公共泳池中不在有人游泳的水域跳水；十、观看演出时保持安静，不到处走动，不中途离场，不乱扔荧光棒，不喝倒彩，垃圾要带走；十一、携宠物上街避免妨碍行人，要训导好自己的宠物，妥善处理动物粪便；十二、在公共场所野餐完毕要清理场地；十三、不在公共场所随地吐痰、吐口香糖，不乱扔烟头等垃圾；十四、在动物园中不乱给动物投喂食物；十五、爱护有益于人类的动物，不虐待和残害动物。

这些行为都可以说是具有公德心的表现，反之就是没有公德心的表现。这些只是社会公德当中很小一部分内容，公共礼仪涉及面非常广泛，渗透到社会生活的每一处，“不知礼，无以立”，我们出门对众如果不讲究这方面的礼仪，轻则影响我们的立身处世，重则有生命之忧。

社会生活中有种种规则，大规则小规则，成文的不成文的，都需要人们共同遵从。可总有人漠视规则，随意破坏规则。

2016年7月24日，北京八达岭野生动物园一名女性游客在猛兽区下车，被老虎拖走，并咬成重伤；她妈妈为了救她，被老虎咬死。这个新闻用最血腥的事实告诉我们，不守规则的后果有多可怕。事实上，这类新闻并不是第一次出现，很多不守规则的人付出了生命的代价。有为抄近路翻墙进动物园被老虎咬死的，有在禁入区看飞机起飞被撞死的，还有大批人因闯红灯被撞死。在中国，高达37%的交通死亡事故是行人闯红灯造成的，每天都有人死于闯红灯。

然而这些教训似乎对那些无视规则的人不起作用，除了这些理直气壮地拿生命开玩笑的人，还有更多人喜欢破坏规则，给别人添堵。他们把电影院当成自家客厅，把广场当成自家院子，把电梯当成吸烟室，插个队闯个红灯更是平常之举；他们为拿到学分而作弊，为找到工作而学历造假，为买房而伪造纳税证明，为躲避交通罚款而套牌。他们不以遵守规则为荣，而以钻规则的空子为荣；不以遵循程序办事为准则，而以操作潜规则达到目的为本事——这是一些人在公共生活中信奉的“规则”。对他们而言，规则是用来约束别人以方便自己的。他们任意地享受着破坏规则的好处和便利，嘲笑着那些遵守规则的人。很多时候，在不守规则的环境中，想老老实实做一个守规则的人反而困难重重，而当你想阻止别人破坏规则时，可能会遭受指责和漫骂，在这种环境下，能坚守规则很不容易。

【现代故事】

1140次不逾矩的男生

某高校有这样一个事例，老师让学生自行申报“三好”学生，一个原先不积极的学生也申报了，在“个人表现及事迹”一栏中只写了一句“在校食堂用餐两年，没有插过一次队”。开会讨论时，其他同学对此不以为然。于是这名学生算了一笔账，两年来，除去假期，他在学校用餐一共是1440次；在每天都看到其他人“随便”

的情况下，他坚持不插队这件事，重复做了1440次，每一次都循规蹈矩，一丝不苟。账算完，投票时，全班同学都举起了手。

（资料来源：《学习之友》2015年第5期，第7页）

有时，我们也常抱怨社会风气不好，自觉守秩序的人太少。细想来，在抱怨的同时，我们自己又是怎么做的呢？规规矩矩排队，耐心等绿灯亮起，不乱扔垃圾，在公共场合保持肃静不大声喧哗，这些显然都不是大事，但又都是我们没有做好的“小事”。网上流行一种说法，说“中国式过马路”，就是凑够一拨人就可以走了，和红绿灯无关。这从一个角度说明人们在破坏规则时的从众心理：大家都这样，我这样也不算什么。人人都如此：社会规则又怎能得到维护呢？相反，如果人人都自觉遵守秩序，让“中国式过马路”的人群里，少了一个又一个的身影，这种现象自然就不复存在了。因此，遵守公共秩序，最重要的一条是要从我做起，不因别人不守秩序自己也不守秩序。

公共生活中，谁都不是独立的个体，彼此的行为总是互相关联和影响的。没有规矩不成方圆，规则之于社会，正如规矩之于方圆。身处公共场合，就应当对公共规则心存敬畏，自觉遵守；如果不以为意，听之任之，公共规则就得不到维系和保障。一个缺乏公共规则的社会，人人都可能是受害者。所以，尊重公共规则，尊重的就是我们自己。

孔子说：“君子不重，则不威。”（《论语·学而》）一个人举止轻佻，就不具有威严，难以获得别人的尊敬，在公共场合，举止尤其要稳重。

仪表整洁，保持微笑。出门对众，不一定要穿着华丽、珠光宝气，但衣履要整齐清洁，朴素大方，不可邋遢随便。仪容要端庄，要保持心情愉快、情绪安详，对人微笑有礼，讲话心平气和，不可以把脾气发泄到别人身上，也不能把自己的烦恼、不良情绪传染给别人。平时在家可以闲散、放松，但是一旦出门，就要容光焕发、精神奕奕，所谓“在家一条虫，出门一条龙”，说的就是这个道理。出门在外，一定要打起精神，说话铿锵有力，目光炯炯有神，带着饱满的精神和愉快的心情，充满信心、专注地投入一天的工作和生活中。

爱护公共环境卫生。不随地吐痰，不随手乱扔垃圾，这是我们从小就懂得的礼仪规范。出门上街，到处都有这样的提示标语，可人们早已熟视无睹，照吐不误。说到底，还是缺乏一种从我做起的意识。每个人都应当认识到，自己是公众的一分子，有责任和义务维护公共环境。我们把公共场所当成自己的家，就不会在公共场所随地吐痰，乱扔垃圾。虽然公共环境的卫生不需要我们去打扫，但是需要我们去维护和监督，看到不文明的行为要及时制止。爱护公共环境卫生，人人有责，环境清洁，家家受益。

不在公共场所聚众围观，不做“吃瓜群众”。生活中，你是否见过这样的场景：

远处人声嘈杂，听起来像是有人在打架斗殴，人们纷纷跑去观看；许多人围着高声叫卖的小商小贩，争抢着领礼品抓大奖；前方出了车祸，行人驻足议论，开车人停车观看，聚集的人越来越多，围得水泄不通……这些做法容易使场面更加混乱，交通更加堵塞，为人为事平添了麻烦，同时给人一种乱凑热闹、没有修养、没有自制力和是非观的印象。公共场所不是自家院子，不是说书卖艺的剧场，应该自觉避免到人多拥挤的地方，不要对人群聚集之处趋之若鹜，更不要刻意制造噱头，引路人驻足。如果你与人结伴而行时见热闹就凑，不仅浪费大家的时间，还会给人留下糟糕的印象。因此，聚众围观是非常失礼的行为。

进门出门，礼让为先。进出门是生活中最日常的行为，其中礼仪也是最容易被人忽视的。进出门也要遵从规则，讲究礼貌，有很多细节需要留意。虽然先到者先行是进出门的一般基本原则，无论男士还是女士，上司还是同事，年长还是年幼，谁先抵达谁应先走，但是在特殊情况下替他人着想，为他人方便，给他人拉门，让他人先走，是有修养的表现。比如身旁是一位长者或孕妇；比如身旁的人手中拿满了东西，腾不出手来；比如作为主人接送客人……都应当毫不犹豫地让他们先行，或者先行两步，主动地为他们拉门，并等他们进入或出外后方才进入或出外。切不可争先恐后、推搡他人，夺门抢先，动作粗野。当他人遇到不便或困难时，我们应该慷慨地施以援手。如果遇到老弱妇幼病残孕等，应该主动提供力所能及的帮助。孔子说："见义不为，无勇也。"（《论语·为政》）只要是合乎道义的事情，我们就应该勇敢地去做。"躬自厚而薄责于人，则远怨矣。"（《论语·卫灵公》）面对他人失礼的行为，我们也应该抱有宽容的态度，不可肆意嘲弄，严以律己，宽以待人。如果他人冒犯了我们，也不可怒目而视、恶语相向，不可武断地认为他人是故意针对自己，那样只会显得粗鲁无礼。

进出门的礼仪并不是西方礼仪之专属，《礼记·曲礼上》就有开关门要求："户开亦开，户阖亦阖。有后入者，阖而勿遂。"进门时，如果门本来是开着的，那么进门后就还让它开着；如果本来是关着的，那么进门后就还让它关着。如果后面有人，就将门虚掩而不要关紧。这一礼节真是非常为人着想的贴心之举。尤其是弹簧门，如果不注意后面是否有人，就砰的一声关上门，很有可能迎面弹向后面的人，这样不仅容易让他人受伤，更有冷漠之嫌，是非常没有修养的表现。所以我们凡事都要想到下一个人，进出门时要自然地向后看看是否有人，扶住门扇让他人先走，或者提醒后面的人扶好门扇后再撒手。如果这是一扇旋转门，进出门的人要注意协调配合，掌握速度和节奏。行动迟缓可能会耽误他人的时间，而急停止步就像急刹车，可能会对他人造成危险。另外还要注意一般一格一个人，不要一格多个人，除非旋转门的门格空间很大。出入电梯时也要注意，自觉排队站在电梯门两侧，电梯门打开时应先等里面的人出来后再依次进入，不可争先恐后。当电梯关门时，不要扒门或强行挤入。电梯宜快进快出，不要倚靠在电梯门上休息，更不要把住电梯门与人闲聊。

不站在妨碍他人的地方。公共场合，我们站立的姿势要注意端正，同时更要注意站立的地方是否适宜，如甬道或其他多人进出通行的地方，不可站立停留，以免妨碍他人行走。在开会、看演出或参观的地方，不要争抢着站在他人的前面，以免遮挡他人的视线。日常生活中，公司的门口、楼梯电梯口处，我们经常看到这样的情况，两三个人聊得很起劲，完全不注意周围，甚至在路口转弯处也如此，既妨碍车辆行驶，又对自身安全造成威胁。

不扰乱别人。要时时想着，在学校、单位和其他公共场所，我们的一举一动都会影响到别人，当别人正在专心做事时，我们要留心不使自己的行为妨碍别人。《弟子规》中说："人不闲，勿事搅。人不安，勿话扰。"比如，别人正在读书时，我们就不要大声说话或与人嬉戏，要问人问题的时候也应等别人不忙时，等别人把自己的事做完了再请教，无论对长辈还是平辈都应如此。还是那句话，"己所不欲，勿施于人"，我们自己做事时不愿意被别人扰乱，就不要这样对待别人。

一个人在日常工作、学习和社会生活中，都离不开行路，道路是最基本的公众场所，因此不可忽视行路礼节。一个人行路的时候，能不能自觉地遵守行路公德，恰恰反映了他的修养如何。在这平常的"走路"中，同样包含着一系列的礼仪要求。

遵守法规，各行其道。城市道路一般分为机动车道、非机动车道和人行道。人车分流，各行其道，这是常识和基本的交通规则。行人走人行道，可保证行人安全，同时可保证车畅其流，维护正常的交通秩序。有的人却不走人行道，偏要走非机动车道，甚至上机动车道，不仅妨碍交通，也很容易出现安全事故。因此无论是开车还是步行，都要遵守交通规则。步行要走人行道，不走自行车道或机动车道，不走马路中间，不与汽车争路。

红灯停，绿灯行。这条交通规则如此重要，却又如此被人特别是行人轻视。现在许多行人还没有养成遇到红灯停下来的习惯，漠视规则，看到红灯亮了，还要强行通过。为什么总有这么多的人心怀侥幸，不顾生命安全，漠视红绿灯呢？须知红绿灯规则绝不仅仅是车辆需要遵守的。有红绿灯的路口，要等绿灯亮并且两边没车时再通过。要走人行斑马线或过街天桥，不要在车流中穿行，不要为抄近路践踏草坪或冒险翻越交通隔离设施和护栏。在没有红绿灯的地方横过马路应小心谨慎，先向左右看清楚，遇到车辆安全礼让。动作要迅速，不要拖延迟缓。任何时候都要注意，不要没看清路上车辆行驶的情况，便突然起跑横穿马路，特别注意不要从车辆的后面突然起跑横穿。

【现代故事】

马路上的悲剧

深圳市小学生陈洋下午放学回家，经过一个十字路口时，被后面的一辆轿车撞倒在地。出事后，司机紧急将他送到附近医院，他父母随后又将他送到更大的医院，可这一切都无法挽回陈洋的生命，第二天陈洋便离开了这个世界。可是对他父母来说，更大的打击还在后面。因为陈洋当时是在机动车道上行走，没有做到各行其道，所以交警判定他要负事故的主要责任，司机负次要责任。

（资料来源：《“安全伴我行”主题班会》，应届毕业生网，2023年2月25日）

步态端正，文明行路。走路时步履自然、矫健，不拖着脚走路，更不要在马路上手舞足蹈。目光一般正视前方，或自然顾盼，不要东张西望。行路时应与他人保持适当的距离，过于接近他人（伸手可及、抬腿可及），易造成他人紧张和不自在，易产生误会。路上人多时还要注意保持一定的速度，不可挡住后面人的去路。

举止文雅，讲究卫生。边走路边抽烟、吃东西，特别是糕点、冰激凌之类的食物，既不卫生，也不雅观。还要注意爱护环境卫生，不要随手乱扔包装纸等垃圾，不要随地吐痰、擦鼻涕。如确实是肚子饿或口渴了，可以停下来，在路边找个适当的地方，吃完后再赶路。

并行时候，讲究位置。应把尊贵、安全的位置留给长者、尊者、女士，因此男士或年轻者往往走在外侧。一般情况下，在马路上不应三四人并排同行，“横行霸道”，影响他人行路。在比较拥挤的地段，要有秩序地依次通过，所谓“逢桥须下马，过渡莫争船”。

相互礼让，与人方便。在拥挤的路上，应主动给老弱、妇幼、病残者让路，不可争先恐后，抢道而行。行走中提着东西时，要留神不要让自己提的东西阻挡或碰撞他人。万一不小心推了别人或踩着别人的脚，要主动道歉。如果是别人踩了自己或碰掉了自己的东西，应表现出良好的修养和自制力，切不可口出恶言，厉声责备，说诸如“干什么”“你没长眼睛啊”之类的粗言，而应该宽容和气地说：“慢一点，别着急。”

路遇朋友，热情有度。在路上遇见朋友、熟人可打招呼，但在车多繁杂的地方，应点头致意，不要高呼狂叫，惊动旁人。如果遇到久别重逢的朋友，寒暄之后还想交谈几句，应站在路边安全地带，不要立在路上久谈，以免妨碍他人行走。

路遇残疾人不嘲笑。我们和残疾人同在一个蓝天下，所不同的是他们曾有过一段不幸的遭遇，而我们却很幸运，肢体健全，但这不该成为我们骄于残疾人的资本。要知道，我们当中的不少人不具有残疾人的毅力和品质。对于别人的不幸应该同情、帮助，应该伸出援助的手，让残疾人感到社会的温暖，绝不能做“雪上加霜”的事情。孔子格外注重这方面的礼节，《论语·乡党》中说他，“见冕者与瞽者，虽亵，必以貌”，见了尊者和盲人，即使是私下场合，也要正色以对，礼貌待之。一句嘲笑的话，一个厌恶的表情，对于正常人来说瞬间就会忘却，可对于残疾人来说，却会刺痛他们的心，经久难忘。

特殊场合要注意。在医院、办公室、会议室、实验室这些特殊场合走路要控制脚步的轻重，尽量不发出声音，以维护这些场合肃静的气氛和安静的环境，不影响病人休息和他人的工作。切忌穿钉有铁掌的鞋子在这种场合走路。上下楼道或夜深人静时，也要注意脚步不能太重。

问路有礼，乐于助人。俗话说：“走路叫声哥，少走十里多。”问路要注意礼貌用语，称呼要恰当，可说“请问”“劳驾”等，切忌使用“喂”“嗨”“老头”等不敬的称呼，别人指路后应真诚致谢。还要注意“骑下马，乘下车”，骑车或开车时问路，要下车后再问。

【现代故事】

三个问路的人

问路，在日常生活中是再平常不过的事，你的姿态显示了个人的教养，也会让你得到不同的结果。下面，分享一个一家包子铺三个问路人的故事。

第一个问路者，是一位三十岁左右的男子。他站在包子铺外面，对正在忙着给食客拾包子、调豆腐脑的老板，连喊了几声唉。老板仿佛没听见似的，继续忙碌着手里的活计。问路者见老板没理，便走到了铺子门口，又唉了一声，老板还是没应。问路者显然有些生气，大声喊道：“卖包子的，你耳朵是不是有毛病，问了你几声咋不说话？”老板愣了一下，看了问路者一眼：“你说啥？”“我问你，到汽车站咋走？”老板用手指了指朝东的方向，又继续忙碌起来。站在门外的问路者便顺着老板指的方向走了。

老板把调好的豆腐脑端给我时，我便忍不住说了一句：“汽车站在西边，你咋给那人指东边？”老板笑了笑说：“那人唉了几声，我都装作没听见，直到他喊我卖包子的，我实在没法再装下去，才给他指了指。他背着包，问汽车站，估计是去坐车，我有意给他指东，让他多跑点路，长长记性，一个没礼貌的家伙。反正老汽车站在东边，即使他返回来责怪我，我还可以责怪他没说清，到底问的是新汽车站还是老汽车站。”说完，嘿嘿一笑，继续忙活。

第二个问路者，是一位中年妇女。老板正忙着给食客拾包子、盛饭，问路的妇女站在门口，直到老板忙活完，才轻声问：“师傅，附近哪儿有建行？”老板想了想说：“前面第一个十字路口左拐有一家，前面第二个十字路口西南角也有家。不过，两家距离差不多。”妇女连声道谢，老板摆了摆手，说不客气。

第三个问路者，是一位五十多岁的男人。男人走进铺子，在一张餐桌前坐下，对老板说，来两个包子、一碗稀饭。老板把包子和稀饭放下时，男人问老板去行政中心咋走。老板扫了男人一眼说：“如果急，可以打的，十块钱。如果不急，坐公交，出门右拐一百米，有公交站，坐316路可直达，车票二元，但得自备零钱。”男人听了，连声道谢。男人吃完早餐，在给老板用微信支付时说：“老板，我身上没零钱，我微信付你十元，你找我四元（两个包子三元，一碗稀饭三元），可以吗？”“可以。”说着，老板便从放钱的盒子取出四元给了男人。男人出门时，老板走出门店，给男人朝公交站牌方向指了指说：“看，那就是公交站。”男人连声道谢，随后转身向公交站牌走去。

同样问路，不同的姿态，不同的结果。

（资料来源：《问路（故事）》，百家号，2021年12月2日）

此外，若遇到他人问路，要热心相助，假使自己不知道，也不能置之不理，应如实相告，并向对方致歉。

文明行路“十不要”：一不要横冲直撞，逆向而行；二不要翻越护栏；三不要嬉戏打闹，你追我赶；四不要边走边舞弄或抛玩手里的东西；五不要在大街上狂奔大叫；六不要几人横成一排，见人不让；七不要勾肩搭背，歪歪倒倒；八不要边走边吃或东张西望；九不要践踏草坪，攀折树枝花木；十不要随地吐痰，乱丢垃圾。

3. 公共交通之礼

探亲访友、上下班、假日游玩，免不了要乘坐汽车、地铁、火车、飞机等各种交通工具，乘车时无论人多人少，都应当遵守公共秩序，讲究文明礼貌。在孔子生活的时代，人们就有关于乘车行车的礼仪了。《论语・乡党》中说：“升车，必正立，执绥。车中，不内顾，不疾言，不亲指。”上车时，一定要先直立站好，拉着专用索带，就是我们今天说的系好安全带。在车中，不要回头张望，不要急着说话，不要用手指指点点，否则不仅有失仪容，更会干扰车夫。这一乘车礼仪今天我们仍然在使用着。虽然我们乘坐私家车是不需要站着了，但坐地铁、公交车时仍有很多时候需要站立乘坐，车内广播每一站都会提醒我们：“上车的乘客请您扶好站稳……”越是文明的国家，公交车和地铁上越是安静，这些都是乘车礼仪的良好体现。

公共汽车是最常用的交通工具，同时也是公共场所之一。一个人是否有修养讲礼仪，通过他在公共汽车上的所作所为完全可以看得出来。因此乘坐公共汽车，必须讲究礼貌。乘公共汽车，应当排队按顺序上车，不要争先恐后，乱挤乱撞。不要以为自己有要紧事就可以不排队，要知道谁都不是来挤公共汽车玩的。如遇老人、抱小孩的妇女和残疾人等应主动让其先上车，遇到行动不便的人要主动帮助。急于冲上车为女朋友占座的小伙子，殷勤献的不是地方，文明的女孩子应该阻止男友这么做。上车后即向后移动，不要堵在车门口，以免妨碍后面的乘客上车。上车后应主动刷卡或投币购票，千万不要逃票。有时个别乘客没有卡也没带零钱，其他乘客可帮忙垫付车费，一元两元钱并不多，这种小举动会让人感觉很有爱心。

在车上遇到孕妇、病人、老人或抱孩子的妇女，年轻乘客应主动让座。让座这个话题属于老生常谈的话题，经常引起热议。我们坐车时，常会看到因不让座引发争执，甚至因为对方不让座而大打出手的现象。在这个问题上，我们不应对他人进行道德绑架，应当彼此都怀着谦恭的态度，多从人情出发，礼让三先，而不是被逼无奈。让座的人应表现得自觉主动、积极热情一些，被让座的人也不要表现出理所应当、心安理得的样子，而要立即表示感谢。倘若自己并不打算坐下，应有礼貌地向对方说明，如“谢谢，我马上要下车了”。遇到不让座的人，应给予理解，可能对方身体正不舒服或有其他隐情，不要动不动就上升到道德制高点来谴责、批评甚至辱骂对方。

乘车时要彼此包容，以礼相待。公交车不是私家车，人多拥挤，你碰我一下，我碰你一下是很正常的。关键还是彼此的态度问题，有时一个急刹车，不小心踩到别人的脚，应马上致歉，而不应无动于衷、一副不关我事的样子。被踩的一方也要显示出宽容的态度，不要张口骂人，不依不饶。要为其他乘客着想，不要把包或物品放在身边的座椅上，带孩子的人不要让孩子站立在座椅上，以免弄脏座位，更不要让孩子在车上小便。

举止要文明得体。即使车上人不多时，也不要将腿长长地伸到旁边座位或通道上，自己舒服，别人看着却不舒服。在车上不要打打闹闹，更不要高声谈笑，即便你自以为讲的事情非常有趣，别人也不一定想听，年轻人尤其要注意这一点，这是良好乘车礼仪的重要体现。在车上咳嗽或是打喷嚏容易唾液四溅，谁也不想沾到别人的口水，所以想打喷嚏时一定要以肘掩口并转身低头，以示回避。恋人们还要明白，车上是公共场所，不能像在家中一样亲热过度。车上如果有旁边的乘客在读报、看手机，不要伸过头去“凑份子”。如果别人发觉后把报纸、手机移开了，你就会难以下台。

乘坐公共汽车还要注意看管好自己的财物，尤其是上下车拥挤的时候，要防止小偷趁乱下手。坐车时，尽量把手机放在包内层，把包放在身前或视线能看到的地方。

下雨天乘车，在上车前应把雨伞折拢，伞尖朝下，不要把别人的衣服弄湿。乘车不要穿油污衣服，不带很脏的东西，以免弄脏别人的衣服，必须带上车的，要注意包装好并放到适当的地方，提醒别人注意。

另外，不要在车上吸烟、吃东西，不到处吐痰或把脏东西随地乱扔，不向车窗外扔东西，也不要把头和胳膊伸出车窗外，不与司机攀谈以免影响司机驾驶。这些都是常识，是基本的乘车礼仪，要谨记公共汽车是公共场所，请怀揣一颗为他人着想的心上车。

火车是我们出行常用的交通工具，乘车时要遵守列车上的规范制度，并保持以礼待人。

上车时，如有同行之人，应由男士或年轻者先上车，找好座位，放好行李之后，再照应长者、妇女和儿童上车。下车时也应由男士或年轻者开道。

上车后，要对号入座，不能见座就坐，更不能抢座。不要随意更换车厢，如果想调换座位，要有礼貌地征得对方的同意，待其允许后，方能入座。

进入车厢后，不一定向在座的人做自我介绍，客客气气地向邻近的乘客点头致意即可。临别时可以向附近乘客道别，但不应随便要求他人留下地址、电话等个人信息。在车上可以和其他乘客交谈，但应以不妨碍他人为宜，要观察他人是否有交谈的意愿。不要打听他人的年龄、婚否、工作等个人隐私情况。谈论车祸和低俗故事也是不足取的。假如身旁的乘客正在阅读书刊或闭目养神，就不要大声谈笑、自言自语或播放影音。未经允许，不要取阅他人的书刊；如果他人不看了，再向人借取。

车上再热也不能赤膊上阵，不要穿背心、短裤和拖鞋上车。在车上也不要随意脱鞋，或把腿伸到对面座椅上。对于车上未见过的设备要请教使用方法，不要乱摸乱动，以免损坏。

车上最好不要食用有刺激性气味的食品，如大葱大蒜、韭菜饺子等。果皮纸屑要放入专门的垃圾袋中。自觉遵守车上的吸烟规定，不要对禁止吸烟的告示熟视无睹。即使车上有指定的吸烟场所，在公共场所吸烟对他人来说也是不礼貌的行为。

要看管好自己的孩子。孩子在列车上的表现几乎就是父母教育的写照。要叮嘱孩子注意安全，不要四处跑动，尽量保持安静，不要乱动乱拿车上及他人的物品，即便别人说“没关系”也是不可取的。要使孩子养成去洗手间大小便的习惯，吃东西时注意保持车内卫生。

如果是在卧铺车厢，晚上他人正在宽衣就寝时，要适当回避，不要注意他人睡前的准备和睡相。自己脱衣整理时，应背对其他人，日间换衣服应去洗手间。女士不宜当着其他人的面化妆或整理衣裙。

飞机也是我们出行时经常乘坐的交通工具，人人都有必要了解一些乘坐飞机的基本礼节。

乘坐飞机要提前一段时间去机场。国内航班至少要提前一小时到达，而国际航班至少应提前两小时到达，以便留出办理行李托运、检查机票、身份证和其他旅行证件的时间。

乘飞机的行李要尽可能轻便。国内国际航班对行李的重量都有严格规定，超重的部分要加收费用。手提行李一般不超过5公斤，其他能托运的行李要随机托运，尽可能把几个小件行李集中放在一个大袋中，这样可以节省时间，又避免遗失。

上下飞机时，乘务员会站立在机舱门口迎送乘客，作为乘客要有所回应，可点头致意或者问好。不将超大行李和有异味的物品带上飞机。上机后尽快放好随身行李，保持通道畅通。不要抢座位，应根据飞机上座位的标号按秩序对号入座，坐卧的姿势以不妨碍他人为宜。如果感到闷热可以打开座位上方的通风阀。

飞机起飞前，乘务员通常会给乘客示范如何使用降落伞和氧气面罩等，以备意外情况之需，不管你已经看过几次，都要认真观看。当飞机起飞和降落时，要系好安全带。登机后主动关闭手机等无线电设备。有的飞机上禁止使用移动电话、便携式电脑、游戏机等设备。在飞机上不要吐痰、吸烟。享用免费食品要适可而止。

起飞后，乘客可看书看报或与同座交谈，不必通报姓名等个人信息。与人交谈时，要避开那些可能吓着别人的话题，如劫机、坠机等空难事件。

飞机上的物品不要随意取拿，设备也不要乱摸乱动。如果有特别需要就按座位旁边的按钮呼叫乘务员，不要在机舱内大呼小叫。接受乘务员服务应致谢。在飞机上进餐时，主动将座椅椅背调至正常位置，以免影响后排乘客进餐。

保持舱内卫生清洁，因晕机呕吐时应使用机上专用呕吐袋。飞行过程中，尽量不要脱下鞋子，以免异味影响他人；如果是长途飞行，脱下鞋后应在外面再罩上护袜。机上读物阅读后整齐放入面前插袋。

遇到飞机误点或改降、迫降时不要紧张，更不能向空乘人员发火，对待他们要怀着尊重与感激。飞机出现故障或者延误并不是由他们造成的，他们在尽力地为你服务，无论什么事情给你带来不便，请恭敬地询问并且为得到的帮助而表示感谢。

停机后，带好随身携带的物品，按次序下飞机，不要抢先出门。

【现代故事】

女子醉酒打闹飞机

这一天，在西宁飞往杭州的飞机上，乘客们按照乘务员的指示，有序地进入机舱。不久后，飞机正常起飞，没有人注意到一个精神恍惚的女子正坐在靠近舷窗的座位上。

飞行到一半的时候，机舱里突然传来一阵呼喊声。许多乘客纷纷探头看发生了什么事，一些乘客脸上显示出恐慌和惊吓。

女子在飞机上完全失控了，在座位上又哭又笑又骂。周围的乘客本想劝说女子，当看到女子猛向乘客吐口水时，大家都愣住了，不敢上前。就在大家不知如何是好的时候，乘务员迅速赶过来处理，女子的情绪更加激烈了，她突然伸手，做了一个更危险的动作。只见女子对着身边的舷窗猛挥拳头，这一举动将所有人都吓坏了。要知道，这不是公交车的玻璃，而是飞机舷窗的玻璃！

如果舷窗被打破，全舱乘客该有多危险？有些人吓得脸色苍白，甚至发抖。就在这危险的时刻，乘务员及时制止了女子的举动。为避免女子再做出更过激的行为，乘务员一直在安抚女子的情绪。

经一番检查，飞机舷窗内侧的玻璃已被女子砸碎，所幸没有造成更严重的后果。最后，飞机紧急备降。机场民警迅速赶到，将女子控制住。原来，这个29岁的女子在登机前因与男友感情出现矛盾而分手，喝了两瓶250毫升的白酒。之后，女子登上飞机，独自从西宁飞往杭州。飞行途中，她的情绪越来越低落，酒劲上来了，情绪失控，打碎了舷窗内侧的玻璃。

没有什么比生命更珍贵。女子的行为确实应该受到谴责，她最终也要承担相应的责任。

（资料来源：《河南一女子酒后大闹飞机，砸碎舷窗玻璃，飞机紧急备降郑州机场！》，网易，2023年6月15日）

4. 旅游景区之礼

近些年来，随着物质和文化生活水平的不断提高，消费观念的转变，旅游越来越成为大众喜欢的活动项目。要成为一个文明有礼的旅游观光者，就应懂得些旅游中的行为举止礼仪。

做好出行前的准备。预先了解景区气候温度，带好合适的衣物、简易药物与急救用品以及其他个人生活必需品。

爱护旅游景点地区的公共设施。具体地说，旅游景点内大到公共建筑设施和文物古迹，小到花草树木，都须珍惜和爱护，不能随意破坏。另外还要特别注意爱护亭廊水榭等建筑物，不要用脚去踩，以免把鞋印留在上面。不要为了抄近路而翻越围墙、栏杆、篱笆。在柱、墙、碑等建筑物上，不能乱写、乱画、乱刻，“某某到此一游”是最不讲旅游礼仪的一个表现。在风景区，不要用棍棒捅逗或用东西投掷动物取乐。

保持风景区的优雅环境和清洁的卫生。进入旅游观光区，不可高声喧哗，更不要随处嬉笑打闹，不可随地便溺，不可随意将果皮纸屑、杂物弃置在地上或抛入水池中，影响观赏和卫生。如果和亲友在野外野餐，要将垃圾收拾干净，附近若没有垃圾桶也不可随便丢弃。

遵守景区相关规定，如不在景区禁止拍照的地方照相等；注意人身和财产安全，注意景区内的危险地带、场景和危险动物，观察景区提示，不要入夜仍滞留景区，以免受不法之徒侵害；景区人多时，有序排队，不拥挤，防踩踏。

尊重当地民俗风情，特别是少数民族的风俗。许多少数民族的旅游景区有他们独特的风俗习惯，游客在不知道不了解的情况下，不要随意去评说或做一些无知的行为。

在旅途和观光过程中要多关心别人，尽量少给别人添麻烦。在游览、拍照过程中若是游客较多应礼让。拍照时不要长时间占用景点，穿过别人拍照地点时，应先示意或是等别人拍完后再通过。

要多为别人着想，多为别人提供方便。如途经曲径小路或狭窄的小桥时，要主动为老弱妇孺游客让道，不要抢行。不要自管自地躺在长椅上休息睡觉，也不要用脚踩踏凳面。见到老、弱、病、残、孕妇或怀抱小孩者，应主动让座或请人入座。还要注意在划船时不要故意去碰撞别的游船，也不可把水溅到其他船上的人身上。带孩子到儿童乐园去玩耍时，不可让自己的孩子长时间独占游乐场里的设施，作为大人，当然更不应该去占用供孩子游乐的设施。

年轻情侣在旅游观光时，还应特别注意自己的举止行为是否得体。要热情有度，行为举止合乎我国的风俗习惯和大众审美标准，不可在大庭广众之下过分亲昵，以免被人认为无礼。

跟团旅行时，要挑选有信誉的旅行社，注意不要加入非法的黑旅行团、聘请黑导游。要严格遵守旅游团规定的时间，不要迟到，以免耽误别人的时间，给团队其他游客带来麻烦。游览过程中要跟紧导游，遵守导游强调的注意事项，以免发生意外。

出国旅行更要注意礼仪。我们谁都不希望在外国旅行时听到对中国游客不好的评价，这就需要每个出国的人都从个人礼仪做起，认真维护和树立对外的良好形象。在出国旅行前，了解一些涉外基本礼仪十分有必要。涉外礼仪古已有之，《礼记·曲礼上》记载："入境而问禁，入国而问俗，入门而问讳。"入境就是进入别人的领地，入国指进城，入门就是到别人家里。任何一个国家、任何一个地方都有禁忌规俗，都有常规通行的做法，到了当地应认真了解并遵照执行。

中国游客出国礼仪虽然比过去好很多，但一些细节上的问题依然存在。其中在公共场合大声喧哗是一个最大的问题，国外很多公共场所虽然每天游人如织，但大家都保持着相对较低的语音语调，以免破坏周围的氛围。我们出国旅行，一定要注意消灭以下几个陋习：一、脏。一些游客缺乏最起码的公德心，不注意公共卫生，所到之处留下垃圾无数。二、吵。一些游客在飞机上、车船上、餐厅，甚至在酒店大开着房门，无顾忌地大声喧哗。三、抢。一些游客排队意识差，不愿遵守秩序，任意抢占资源。四、粗。在一些游客身上，看不到他对别人最起码的尊重及礼仪。如，问完路连句"谢谢"也不说就转身走了。五、俗。一些游客在公共场合旁若无人地脱了鞋，赤脚踩椅子，或盘腿而坐。六、差。不协调、有落差之意。不注意举止细节，有些人穿睡衣出入酒店门口。七、野。一些游客火气特别大，一言不合不是恶语伤人就是拳脚相加。

出国在外，一定要牢记，从踏出国门的那一刻起，我们的名字就叫"中国人"，我们来自礼仪之邦，代表的是中国的形象。

如果是移民海外或者在异国长期居住，不可以轻易改变自己固有的礼俗。礼仪规定"君子行礼，不求变俗"（《礼记·曲礼下》）。比如祭祀之礼、居丧服饰等，都要像在祖国一样，遵守先代礼法，审慎实行，这是坚守自己的文化传统，不忘本的表现；否则，如果轻易抛弃掉自己的礼俗，一切都遵从他国的习惯，就成了忘本之人。

每个人都是不同文化区域的个体，我们要珍视自身文化传统而又尊重他人文化传统，如果人人都能做到这两点，世界将会变得更加和谐美好。

后　记

20世纪六七十年代，唐君毅先生基于自己的经历，感叹中华民族传统的生活方式正在消失，遂提出重建礼乐文化的生活主张。何谓礼乐文化？唐先生说：“礼乐文化生活是指人的自然生命与日常生活本身成为文化的，而文化亦是日常生活中的，亦是属于自然生命的。”也就是说，礼乐文化生活是要将人的生命和礼乐融入在一起浸润涵养，进而转化为文化文明。

当代大学生肩负着时代的重任，但同时现代年轻人受到所处时代的诱惑也是相当多的。物质极大丰富的今天，要把生活变得更富有仪式感，进一步提升道德水准，对于我们自身、对于国家来说都是至关重要的。值得庆幸的是，每个人的内心都涌动着对文化生活的渴求，流淌在中国人血液中的沉睡已久的文化基因开始觉醒，中西方文化交汇的今天，我们只有守住民族的根，才能更好地拥抱未来的世界。